레전드
독일어
필수단어

랭귀지북스

NEW 레전드 독일어 필수단어

개정판 2쇄 **발행** 2024년 5월 20일
개정판 1쇄 **발행** 2023년 7월 10일

저자 김보형
감수 Johanna Schmidt
기획 김은경
편집 이지영 · Margarine
디자인 IndigoBlue
삽화 서정임
성우 김현정 · 오은수
녹음 Charm (주)참미디어

발행인 조경아
총괄 강신갑
발행처 랭귀지북스
등록번호 101-90-85278 **등록일자** 2008년 7월 10일
주소 서울시 마포구 포은로2나길 31 벨라비스타 208호
전화 02.406.0047 **팩스** 02.406.0042
이메일 languagebooks@hanmail.net
MP3 다운로드 blog.naver.com/languagebook

ISBN 979-11-5635-202-0 (13750)
값 18,000원

쉽고 재미있게 시작하는 **독일어** 필수 **단어**

Hallo! 할로! 안녕하세요!

독일어 공부를 시작한 분들이 종종 듣는 말이 '독일어 엄청 어렵다던데'입니다. 네, 맞습니다. 단어마다 성도 있고 성에 따라 형용사도 변하여, 한국어와 문법적으로 많이 달라 생소합니다. 그래서 독일어 단어는 성과 함께 정확히 공부해야 합니다.

어떤 언어든 말하고, 읽고, 듣기 위해 단어를 많이 알아야 한다는 점에서 독일어 학습자에게 좋은 소식 두 가지가 있습니다. 먼저 서게르만어에 속한 독일어는 영어와 비슷해 'positive 포지티프흐', 'Information 인프호마찌온'같이 발음만 익혀도 구사 가능한 단어가 많습니다. 그리고 독일어는 'das Spiel 다쓰 슈필 (놀이)'과 'der Platz 데어 플랕츠 (장소)'가 합쳐져 'der Spielplatz 데어 슈필플랕츠 (놀이터)'가 되는 것처럼 많은 단어가 기본 단어들의 조합으로 만들어져서 필수 단어만 외워도 단어를 확장해 익히게 됩니다. 이 책은 이런 독일어 특징을 고려해 성별 표기 대신 모든 단어 앞에 성별에 따른 관사를 붙여 하나의 단어처럼 외우도록 했으며, 실생활 기본 단어들로 구성했습니다.

'시작이 반'이란 말처럼 이 책을 펼쳐든 여러분은 이미 반을 왔습니다. 자신감을 갖고 한 단어 한 단어 알아가는 재미에 빠지길 바랍니다. 유학, 일, 여행 등 독일어를 공부하는 이유는 모두 다르겠지만 독일어를 처음 알아가는 과정에 함께할 수 있어 정말 기쁩니다. 여러분의 독일어 첫걸음에 이 책이 단단한 디딤돌이 되길 바랍니다.

그리고 요청할 때마다 흔쾌히 도와준 우식이, 항상 응원해 주는 가족들에게 감사한 마음을 전합니다.

저자 김보형

Eigenschaften des Buches 이 책의 특징

독일에서 가장 많이 쓰는 필수 어휘를 엄선하여 모았습니다. 일상생활에 꼭 필요한 어휘 학습을 통해, 다양한 회화 구사를 위한 기본 바탕을 다져 보세요.

1. 독일어 필수 어휘 약 2,800개!

왕초보부터 초·중급 수준의 독일어 학습자를 위한 필수 어휘집으로, 일상생활에서 꼭 필요한 대표적인 주제 25개를 선정하였고, 추가로 11개의 주제를 포함하여 약 2,800개의 어휘를 담았습니다.

25개 주제별 어휘 학습 후 '꼭 써먹는 실전 회화'의 짧고 재미있는 상황을 통해 회화에서 실제로 어떻게 응용되는지 확인해 보세요. 그리고 6개 챕터의 마지막에는 간단한 '연습 문제'가 있어 테스트도 할 수 있습니다.

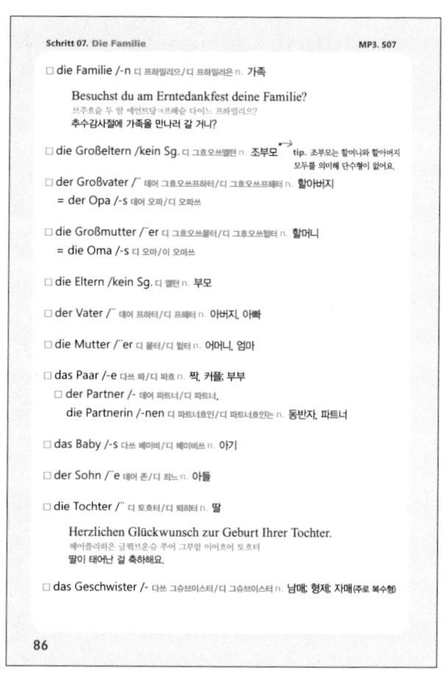

Schritt 07. Die Familie MP3. S07

□ die Familie /-n 디 프하밀리으/디 프하밀리은 n. 가족

Besuchst du am Erntedankfest deine Familie?
브주흐슽 두 암 에언트당크프혜슽 다이느 프하밀리으?
추수감사절에 가족을 만나러 갈 거니?

□ die Großeltern /kein Sg. 디 그흐오쓰엘턴 n. 조부모 — tip. 조부모는 할머니와 할아버지 모두를 의미해 단수형이 없어요.

□ der Großvater /¨ 데어 그흐오쓰프하터/디 그흐오쓰프헤터 n. 할아버지
= der Opa /-s 데어 오파/디 오파쓰

□ die Großmutter /¨er 디 그흐오쓰뭍터/디 그흐오쓰뮐터 n. 할머니
= die Oma /-s 디 오마/이 오마쓰

□ die Eltern /kein Sg. 디 엘턴 n. 부모

□ der Vater /¨ 데어 프하터/디 프헤터 n. 아버지, 아빠

□ die Mutter /¨er 디 뭍터/디 뮐터 n. 어머니, 엄마

□ das Paar /-e 다쓰 파/디 파흐 n. 짝, 커플; 부부
□ der Partner /- 데어 파트너/디 파트너,
die Partnerin /-nen 디 파트너흐인/디 파트너흐인는 n. 동반자, 파트너

□ das Baby /-s 다쓰 베이비/디 베이비쓰 n. 아기

□ der Sohn /¨e 데어 존/디 쬐느 n. 아들

□ die Tochter /¨ 디 토흐터/디 퇴히터 n. 딸

Herzlichen Glückwunsch zur Geburt Ihrer Tochter.
헤어플리히은 글뤽브운슈 쭈어 그부엍 이어흐어 토흐터
딸이 태어난 걸 축하해요.

□ das Geschwister /- 다쓰 그슈브이스터/디 그슈브이스터 n. 남매; 형제; 자매(주로 복수형)

86

□ die Trennung /-en 디 트흐엔눙/디 트흐엔눙은 n. 별거; 분리, 구분
□ sich trennen 지히 트흐엔는 v. 헤어지다

□ sich entfernen 지히 엔트프헤어는 v. 멀어지다

□ verlassen 프헤어라쓴 v. 떠나다

□ die Ehetrennung /-en 디 에흐트흐엔눙/디 에흐트흐엔눙은 n. 이혼
= die Scheidung /-en 디 슈아이둥/디 슈아이둥은
□ scheiden 슈아이든 v. 이혼하다; 떠나다, 헤어지다

□ der Witwer /- 데어 브잍브어/디 브잍브어 n. 홀아비
□ die Witwe /-n 디 브잍브/디 브잍븐 n. 과부

□ verwitwet 프헤어브잍븥 adj. 배우자와 사별한

꼭! 써먹는 **실전 회화** 07. 가족

Lukas: Elisabeth, hast du Geschwister?
엘리자벹, 하슽 두 그슈브이스터?
엘리자벳, 다른 형제가 있니?

Elisabeth: Ja, ich habe einen großen Bruder und eine kleine Schwester.
야, 이히 하브 아이는 그흐오쓴 브흐우더 운트 아이느 클라이느 슈브에스터
응, 오빠 1명과 여동생 1명이 있어.

Lukas: Ist dein Bruder verheiratet?
이슽 다인 브흐우더 프헤어하이흐아틑?
오빠는 결혼을 했니?

Elisabeth: Nein, er ist noch ledig.
나인, 에어 이슽 노흐 레디히
아니, 아직 미혼이야.

Schritt 07. 가족

91

Kapitel 2. 사람

연습 문제 Übung 위붕

다음 단어를 읽고 맞는 뜻과 연결하세요.

1. der Charakter •	• 감정
2. die Freude •	• 기쁨
3. das Gefühl •	• 미워하다
4. das Gesicht •	• 사랑
5. hassen •	• 성격
6. das Hobby •	• 스포츠, 운동
7. der Körper •	• 슬픔
8. die Liebe •	• 신체, 몸
9. mögen •	• 얼굴
10. die Musik •	• 음악
11. der Sport •	• 좋아하다
12. die Trauer •	• 취미

1. der Charakter – 성격 2. die Freude – 기쁨 3. das Gefühl – 감정
4. das Gesicht – 얼굴 5. hassen – 미워하다 6. das Hobby – 취미
7. der Körper – 신체, 몸 8. die Liebe – 사랑 9. mögen – 좋아하다
10. die Musik – 음악 11. der Sport – 스포츠, 운동 12. die Trauer – 슬픔

80

2. 눈에 쏙 들어오는 그림으로 기본 어휘 다지기!

1,000여 컷 이상의 일러스트와 함께 기본 어휘를 쉽게 익힐 수 있습니다. 재미있고 생생한 그림과 함께 학습하는 기본 어휘는 기억이 오래 갑니다.

Schritt 12.

동물 & 식물 Das Tier und die Pflanze 다쓰 티어 운ㅌ 디 프플란쯔

□ das Tier /-e
다쓰 티어/디 티어흐
n. 동물

□ das Haustier /-e
다쓰 하우쓰티어/
디 하우쓰티어흐
n. 애완동물

□ züchten 쮜히튼
= aufziehen 아우프흐찌흔
v. 사육하다, 기르다

□ bellen 벨른
v. (개가) 짖다

□ miauen 미아우은
v. (고양이가) 야옹거리다

□ der Hund /-e
데어 훈ㅌ/디 훈드
n. 개(특히 수컷)

□ das Hündchen /-
다쓰 휜ㅌ히은/디 휜ㅌ히은
n. 강아지

□ die Katze /-n
디 캇쯔/디 캇쯘
n. 고양이(특히 암컷)

□ der Kater /-
데어 카터/디 카터
n. 수컷 고양이

□ das Rind /-er
다쓰 흐인ㅌ/디 흐인더
n. 소

□ das Schwein /-e
다쓰 슈브아인/디 슈브아이느
n. 돼지

□ der Hase /-n
데어 하즈/디 하즌
n. 토끼

□ das Schaf /-e
다쓰 슈아프흐/디 슈아프흐
n. 양

□ das Pferd /-e
다쓰 프헤얼/디 프헤어드
n. 말

□ das Zebra /-s
다쓰 쩨브흐아/디 쩨브흐아쓰
n. 얼룩말

134

3. 바로 찾아 즉시 말할 수 있는 한글 발음 표기!

기초가 부족한 초보 학습자가 독일어를 읽을 수 있는 가장 쉬운 방법은 바로 한글로 발음을 표기하는 것입니다. 독일어 발음이 우리말과 일대일로 대응하지 않지만, 여러분의 학습에 편의를 드리고자 독일에서 사용하는 표준 발음과 최대한 가깝게 한글로 표기하였습니다. 초보자도 자신 있게 말할 수 있습니다.

4. 말하기 집중 훈련 MP3!

이 책에는 독일어 알파벳부터 기본 단어, 기타 추가 단어까지 원어민의 정확한 발음으로 녹음한 파일이 들어 있습니다.

독일어만으로 구성된 **'독일어' D버전**과 독일어와 한국어를 이어서 들을 수 있는 **'독일어+한국어' K버전**, 두 가지 파일을 제공합니다. 학습자 수준과 원하는 구성에 따라 파일을 선택하여, 자주 듣고 큰 소리로 따라 하며 학습 효과를 높여 보세요.

MP3

blog.naver.com/languagebook

Inhalt 차례

기초 다지기

Kapitel 1 인사

Kapitel 2 사람

Kapitel 3 가정

Kapitel 4 자연

Kapitel 5 장소

Kapitel 6 여행

Kapitel 7 기타

찾아보기

1. 독일어 알파벳
2. 인칭 대명사
3. 명사의 복수형

독일에 관하여

✔ **국명** 독일 연방 공화국(Bundesrepublik Deutschland 분데스흐에푸블릭 도이츄란ㅌ)

✔ **위치** 중부 유럽

✔ **수도** 베를린(Berlin 베얼린)

✔ **언어** 독일어(Deutsch 도이츄)

✔ **면적** 357,340㎢ (유럽에서 4번째로 넓은 나라)

✔ **인구** 약 8,448만 명(2023년 기준)

✔ **GDP** 3조 8,699억 유로(2022년 기준)

✔ **화폐** 유로(Euro 오이흐오)

✔ **국가번호** +49

✔ **지리적 특징** 9개국과 국경을 접하고 북해 및 발트해와 맞닿아 있음
(인접국: 프랑스, 스위스, 네덜란드, 벨기에, 체코, 룩셈부르크, 덴마크, 오스트리아, 폴란드)

*출처: 독일 통계청, deutschland.de, 외교부

1. MP3. S00

독일어 알파벳

독일어는 26개의 기본 알파벳(Alphabet 알파벹)으로 구성되어 있으며, 여기에 철자 부호 '¨'(Umlaut 움믈라웉)'이 붙은 변모음 3개가 더 있고, [ㅆ] 소리가 나는 독일 특유의 자음 ß 에쓰쩰이 있어요.

독일어의 가장 큰 특징은 알파벳을 '규칙에 따라 그대로' 읽으면 된다는 거예요. ei 아이, eu 오이 같은 몇 가지 예외를 제외하면 아주 간단명료하죠. 지금부터 쉽고 자세하게 알려 드릴게요.

1. 모음 das Vokal 5개 + 3개

A/a 아	E/e 에	I/i 이	O/o 오	U/u 우
Apfel 앞프흘 사과	**E**ssen 에쓴 식사	**I**dee 이데 아이디어	**O**pa 오파 할아버지	**U**-Bahn 우반 지하철
Ä/ä 애			Ö/ö 외	Ü/ü 위
Ärger 애어거 불만, 화			**Ö**l 욀 기름	**Ü**bung 위붕 연습

2. 자음 der Konsonant 21개 + 1개

A/a 아	B/b 베	C/c 체	D/d 데	E/e 에
	Bier 비어 맥주	**C**ent 쎈트 센트	**D**ame 다므 귀부인, 숙녀	
F/f 에프	G/g 게	H/h 하	I/i 이	J/j 요트
Frau 프흐아우 여자; 아내	**G**abel 가블 포크	**H**aus 하우쓰 집		**J**acke 약크 재킷

K/k **카**	L/l **엘**	M/m **엠**	N/n **엔**	O/o 오	P/p **페**
Karte 카르트 카드	**L**iebe 리브 사랑	**M**utter 뭍터 엄마	**N**ase 나즈 코		**P**alast 팔라스트 궁전
Q/q **쿠**	R/r **에흐**	S/s **에스**	T/t **테**	U/u 우	V/v **파우**
Qualität 크브알리탵 품질	**R**egen 흐에근 비	**S**aft 자픝 주스	**T**isch 티슈 책상, 식탁		**V**ater 프하터 아빠
W/w **브에**	X/x **엑쓰**	Y/y **윕실론**	Z/z **쩨트**		ß **에스쩨트**
Wetter 브엘터 날씨	**X**ylophon 쒸로프혼 실로폰	**Y**acht 야흩 요트	**Z**ebra 쩨브흐아 얼룩말		Fu**ß** 프후쓰 발

3. 발음

(1) **A/a** 아는 '아'로 [ㅏ] 소리예요. 이중 모음 **Ä/ä** 애는 [ㅐ] 소리예요.

- ä 애와 u 우가 함께 쓰인 **äu** 오이는 예외적으로 [오이]로 발음해요.

  예 **A**pfel 압프흘 사과/ **Ä**rger 애어거 불만, 화/ B**äu**me 보이므 나무들

(2) **B/b** 베는 '베'로 [ㅂ] 소리예요. 단, 단어의 마지막 글자일 경우 [ㅍ]로 발음돼요.

(3) **C/c** 체는 '체'라고 읽지만 함께하는 철자에 따라 발음이 달라집니다. c 체가 e 에, i 이 앞에 올 경우에는 [ㅆ] 발음이며, a 아, o 오, u 우 앞에 올 경우에는 k 카와 같은 [ㅋ] 소리가 나요. 단, 독일어에서 c 체로 시작하는 단어는 대부분 외래어예요. 독일어 고유어 단어에서 c 체는 대부분 h 하와 함께 ch 히 형태를 취하며 'su**ch**en 주흔'처럼 모음 뒤에 와요(en 은은 동사의 어미이니 ch 히 앞의 u 우를 기준으로 발음해요). ch 히의 경우 e 에, i 이 뒤에 오면 [히] 소리가 나고, a 아, o 오, u 우 뒤에 올 경우 [흐] 소리가 나요.

예 **C**ent 쎈트 센트/ **C**abrio 카브흐이오 오픈카/ **C**ousine 쿠지느 사촌/
Si**ch**t 지힡 시야, 관점/ su**ch**en 주흔 찾다/ Na**ch**t 나흩 밤

⑷ **D/d** 데는 '데'로 [ㄷ] 소리예요. 단, 단어의 맨 끝에 오면 [ㅌ]로 발음돼요.

예 **D**ame 다므 부인/ **D**eutschlan**d** 도이츄란ㅌ 독일/ Aben**d** 아븐ㅌ 저녁, 밤

⑸ **E/e** 에는 '에'로, 위치에 따라 단어의 첫 글자 또는 첫 모음으로 쓰일 때는 [ㅔ]로 발음되고, 단어의 마지막 음절에 올 때는 [ㅡ]로 발음돼요. e 에와 r 에ㅎ가 결합해 **er** 에어로 올 때, 음절의 맨 앞에 쓰이면 [에어]로 읽고 중간이나 마지막에 쓰이면 [ㅓ]로 읽어요.

- 예외로 e 에와 i 이가 함께 **ei** 아이로 쓰일 때는 [아이]라고 발음하고, e 에와 u 우가 함께 **eu** 오이로 쓰일 때는 [오이]라고 발음해요.

예 **E**ss**e**n 에쓴 음식/ **Er**inn**er**ung 에어인너흐웅 기억, 추억/
Eis 아이쓰 얼음, 아이스크림/ **Ei**ns 아인쓰 하나, 1/
Eule 오일르 부엉이/ **Eu**ro 오이흐오 유로/ L**eu**te 로이트 사람들

⑹ **F/f** 에프는 '에프'로 [ㅍ]와 [ㅎ] 중간 소리예요. 이 책에서는 [프ㅎ]로 표기했어요.

예 **F**abel 프하블 우화

⑺ **G/g** 게는 '게'로 [ㄱ] 소리예요. 단, 음절 끝에 오면 [ㅋ]로 발음되기도 해요.

- 예외로 i 이와 g 게가 함께 ig 이히로 쓰일 땐 [이히]라고 발음해요.
'모음+ng 응'은 [응] 소리가 나요.

예 **G**abel 가블 포크/ mö**g**lich 뫼클리히 가능한/
fert**ig** 프헤어티히 완성된/ **G**a**ng** 강 걸음, 진행/ Zahlu**ng** 짤룽 지불

⑻ **H/h** 하는 단어의 맨 앞에 올 때는 [ㅎ] 소리가 나지만, 그 외 자리에 위치할 땐 묵음이 되면서 h 하 앞의 모음을 길게 늘려 발음해요.

예 **H**aus 하우쓰 집/ Ze**h**n 체-엔 열, 10/ se**hr** 제-어 매우

⑼ **I/i** 이는 [ㅣ] 소리예요. 그리고 ie 이- 또는 ih 이-일 경우 길게 늘려 발음해요.

예 **I**dee 이데 아이디어/ S**ie**ben 지-븐 일곱, 7/ **Ih**nen 이-는 당신(들)에게

⑽ **J/j** 요트는 단독으로는 발음되지 않고, 뒤에 오는 모음과 결합하여, **ja** 야, **je** 예, **jo** 요, **ju** 유와 같이 이중 모음으로 바꿔 줘요. 단, 외래어일 경우 [ㅈ] 발음을 내기도 해요.

예 **Ja**cke 약크 재킷/ Ob**je**kt 옵예클 사물/ **ju**ng 융 젊은/
Journalist 저날리스트 저널리스트

(11) **K/k** 카는 '카'로 [ㅋ] 소리예요.

(12) **L/l** 엘는 '엘'로 [ㄹ] 소리가 나요.

(13) **M/m** 엠은 '엠'으로 [ㅁ] 소리가 나요.

(14) **N/n** 엔은 '엔'으로 [ㄴ] 발음이에요.

(15) **O/o** 오는 [ㅗ] 발음이에요. 이중 모음 **Ö/ö** 외는 입술 모양은 [ㅗ] 발음하듯 동그랗게, 입 안은 [ㅔ]를 발음하듯 좌우로 조금 길게 만들어 발음해요. Ö/ö 외는 정확한 발음을 한글로 표기하기 어려우니 이 책에서는 편의상 [외]로 표기할게요.

예 **O**pa 오파 할아버지/ **Ö**l 욀 기름

(16) **P/p** 페는 '페'로 [ㅍ] 소리가 나요.

(17) **Q/q** 쿠는 대부분 u 우와 결합하여 **q**u 크브 형태로 오며 [크브] 소리가 나요.

(18) **R/r** 에흐는 어려운 발음에 속하는데, 연구개라고 부르는 입천장 깊숙한 곳, 목 뒷부분에 공기를 마찰시키며 긁는 소리로 이 책에서는 편의상 [흐]라고 표기할게요.

- 예외로 묵음이 되거나 [ㅓ] 발음이 나는 경우가 있는데, 이는 r 에흐가 음절 내에서 모음 뒤에 오는 경우예요.

예 **R**egen 흐에근 비/ g**r**oß 그흐오쓰 큰/
Mä**r**chen 매어히은 동화/ Ka**r**te 카트 카드/ U**r**laub 우얼라웁 휴가

(19) **S/s** 에쓰는 음절의 맨 앞에 오는 경우 [ㅈ]에 가까운 소리가 나며, 음절의 마지막에 올 경우 이 사이로 흘려보내며 [ㅆ] 소리를 내요. 그리고 독일어에는 sch 슈, st 슈ㅌ, sp 슈ㅍ가 많이 쓰이는 데 이 경우 발음은 [슈, 슈ㅌ, 슈ㅍ]예요.

- **β** 에쓰쩰은 독일어 특유의 자음으로 발음은 ss 덮플에쓰와 동일하게 [ㅆ]예요. 차이점은 s 앞의 모음은 길게 소리 내고, β, ss 앞의 모음은 짧게 소리 낸다는 거예요.

예 au**s**gehen 아우-쓰게흔 외출하다, 작동하지 않다/
Wei**β** 브아이쓰 흰색/ **Sp**a**β** 슈파쓰 재미, 즐거움/
Schmerz 슈메어쯔 고통/ **St**ock 슈톡크 지팡이/ **Sp**iel 슈필 게임

(20) **T/t** 테는 '테'로 [ㅌ] 소리예요.

(21) **U/u** 우는 [ㅜ] 소리예요. 이중 모음 **Ü/ü** 위는 입술 모양은 [ㅜ] 발음하듯 u 우로, 입안은 [ㅣ] 발음하듯 소리 내면 돼요. 이 책에서는 편의상 [위]라고 표기할게요.

예 **U**-Bahn 우반 지하철/ **Ü**bung 위붕 연습

(22) **V/v** 파우는 '파우'라고 읽으며 [ㅍ]과 [ㅎ]의 중간인 F 에프의 [프ㅎ]와 비슷하게 발음해요.

- 단, 외래어에서 온 몇몇 단어들은 [ㅂ]와 같이 발음해요.

  예 **V**erein 프헤어아인 협회/ akti**v** 악티프흐 활발한/ inklusi**v**e 인클루지브 ~을 포함하여

(23) **W/w** 브에는 '브에'라고 읽으며 [ㅂ]에 가깝게 발음해요.

(24) **X/x** 엑쓰는 '엑쓰'라고 읽으며 [익쓰]에 가깝게 발음해요. 단어의 맨 앞에 올 때는 [ㅆ] 소리가 나요.

예 Ta**x**i 탁씨 택시/ **X**ylophon 쒸로프혼 실로폰

(25) **Y/y** 윕실론은 독일어 고유어보다는 외래어에서 많이 나타나는데 [ㅟ] 소리가 나요. 맨 앞에 올 때는 j 요트처럼 뒤에 오는 모음을 이중 모음으로 바꿔 줘요.

(26) **Z/z** 쩨트는 된소리 [ㅉ]와 같은 발음이에요. 단, 단어의 맨 마지막에 올 때는 [ㅊ] 소리가 나요.

4. 발음 표기상의 주의

① 독일어는 단어와 단어가 붙어 합성어가 되고, 접두사나 접미사 등이 붙어 새로운 단어가 되는 경우가 많아요. 그래서 발음할 때도 단어를 구성하는 음절 단위에 따라요. 물론 마지막 음절에 위치한 첫소리는 아래와 같이 묵음이 되었던 앞 음절의 마지막 소리와 연음되어 발음이 다시 살아나기도 해요.

예 Versicherung 프헤어지히어흐웅 보험
= Ver 프헤어+sicher 지히어+ung 웅
(접두사) 안전한 (접미사)

② 우리말 표기법에 의하면 받침은 [ㄱ, ㄴ, ㄷ, ㄹ, ㅁ, ㅂ, ㅇ]으로 통일하고 1음운은 1기호로 쓰게 되어 있지만, 최대한 원어민 발음과 가까운 소리로 한글 발음을 표기하기 위해 알파벳과 같은 글자로 받침을 표기하고 f, v, w의 경우 2기호로 적었어요. 그러니 2기호로 표기된 내용의 경우 빠르게 이어서 발음한다고 생각하면 되고 정확한 발음은 원어민 성우의 MP3를 참고하여 자주 듣고 따라 해 자기 것으로 만드세요.

2.
인칭 대명사

독일어는 인칭 대명사도 격변화를 해요. 인칭 대명사가 문장 안에서 주어, 목적어 등 어떤 역할을 하는지에 따라 형태가 변하죠. 1격 인칭 대명사는 주어로 쓰이며, 2격 인칭 대명사는 '~(누구)의' 소유임을 설명하고, 3,4격은 목적어로 쓰여요.

구분		1격	2격	3격	4격
수	인칭				
단수	1	ich 이히 나	meiner 마이너 나의	mir 미어 나에게	mich 미히 나를
	2	du 두 너	deiner 다이너 너의	dir 디어 너에게	dich 디히 너를
	3 남성	er 에어 그	seiner 자이너 그의	ihm 임 그에게	ihn 인 그를
	3 여성	sie 지 그녀	ihrer 이어흐어 그녀의	ihr 이어 그녀에게	sie 지 그녀를
	3 사물	es 에쓰 그것	seiner 자이너 그것의	ihm 임 그것에게	es 에쓰 그것을
복수	1	wir 브이어 우리	unser 운저 우리의	uns 운쓰 우리에게	uns 운쓰 우리를
	2	ihr 이어 너희들	euer 오이어 너희의	euch 오이히 너희에게	euch 오이히 너희를
	3	sie/Sie 지 그들/당신	ihrer/Ihrer 이어흐어 그들의/당신의	ihnen/Ihnen 이는 그들에게/당신에게	sie/Sie 지 그들을/당신을

3.
명사의 복수형

거의 모든 독일어 명사는 수를 셀 수 있으므로 반드시 단수와 복수를 구분해서 사용해야 해요. 독일어 단어의 복수형을 만드는 방법은 6가지가 있어요. 대부분 아래 규칙이 적용되니 처음 단어를 공부할 때 확실히 알아 두세요.

예외적으로 단수형이나 복수형이 없는 단어들이 있어요. 예를 들어 '부모'의 경우 항상 2명으로 이루어져 있기 때문에 따로 단수형이 없어요. 이럴 경우 이 책에서는 단어 뒤에 'kein Sg.'라고 표기했어요. 반대로 '피', '미움' 같은 단어는 복수형이 없어요. 이 경우에는 단어 뒤에 'kein Pl.'이라고 표기했어요.

단수형	복수형	규칙	
der Koffer 데어 코프허 여행용 가방	die Koffer 디 코프허 여행용 가방들	- (변화 없음)	-er, -en, -el, -chen, -lein으로 끝나는 명사 (a, o, u는 대부분 복수형일 때 ä, ö, ü로 바뀌어요.)
der Apfel 데어 앞프흘 사과	die Äpfel 디 앺프흘 사과들	¨	
der Hund 데어 훈트 개	die Hund**e** 디 훈드 개들	-e	대부분의 남성 명사
die Maus 디 마우쓰 쥐	die Mäus**e** 디 모이즈 쥐들	¨e	한 음절인 여성 명사 및 중성 명사
das Ei 다쓰 아이 달걀	die Ei**er** 디 아이어 달걀들	-er	한 음절인 중성 명사
der Mann 데어 만 남자	die Männ**er** 디 맨너 남자들	¨er	몇몇 남성 명사
die Lampe 디 람프 전등	die Lampe**n** 디 람픈 전등들	-n	대부분의 여성 명사
die Uhr 디 우어 시계	die Uhr**en** 디 우어흔 시계들	-en	

단수형	복수형	규칙	
das Auto 다쓰 아우토 자동차	die Auto**s** 디 아우토쓰 자동차들	-s	-a, -i, -o로 끝나는 명사와 외래어
die Lehrerin 디 레어흐어흐인 여자 선생님	die Lehrerin**nen** 디 레어흐어흐인는 여자 선생님들	-nen	여성의 직업을 나타내는 명사

이렇듯 독일어에서 모든 명사는 셀 수 있기 때문에 관사 역시 정확하게 사용해야 해요. 독일어의 관사는 정관사와 부정 관사로 나눌 수 있어요.

① 정관사

이미 문맥에서 언급되었거나 대체 불가능한 유일한 대상을 가리킴

예 Ich möchte **das** Buch kaufen. 이히 뫼히트 다쓰 부흐 카우프흔
저는 **그** 책이 사고 싶어요.

② 부정 관사

처음 언급되었거나 대체 가능한 것으로 어떤 막연한 사물이나 사람을 가리킴

예 Ich möchte **ein** Buch kaufen. 이히 뫼히트 아인 부흐 카우프흔
저는 책을 **한 권** 사고 싶어요.

관사	남성 m.	여성 f.	중성 n.	복수형 pl.
정관사	der 데어	die 디	das 다쓰	die 디
부정 관사	ein 아인	eine 아이느	ein 아인	

표기법

독일어의 모든 명사는 성별 구분이 있어요. 독일어 사전에서 '**m.**'은 'maskulin 마스쿨린(남성형)', '**f.**'는 'feminin 프헤미닌(여성형)', '**n.**'은 'neutral 노이트흐알(중성형)'의 약자로 표기해 구분해요. 하지만 중성형 '**n.**'과 명사 '**n.**'이 헷갈릴 수 있고 독일어 학습의 효용을 고려해 이 책에서는 관사를 단어 앞에 'der 데어(남성형), die 디(여성형), das 다쓰(중성형)'로 붙였어요. 이 책에서 사용된 품사 표기법을 참고하세요.

n.	명사	v.	동사	adj.	형용사	adv.	부사	präp.	전치사

Kapitel 1

Schritt 01 소개&인사

Schritt 02 감사&사과

Schritt 01.

소개&인사 Die Vorstellung und die Begrüßung

디 프호어슈텔룽 운ㅌ 디 브그흐위쑹

□ der Name /-en 데어 나므/디 나믄
n. 이름

□ heißen 하이쓴
v. 칭하다, 명명하다

□ nennen 넨는
v. 이름 짓다, ~라고 부르다

□ das Geschlecht /-er
다쓰 그슐레힐/디 그슐레히터
n. 성별

□ der Mann /¨er 데어 만/디 맨너
n. 남자; 남편

□ der Herr /-en 데어 헤어/디 헤어흔
n. ~씨; 신사; 주인

□ die Frau /-en 디 프흐아우/디 프흐아우은
n. 여자; 부인

□ die Dame /-n 디 다므/디 다믄
n. 귀부인, 숙녀

□ der Junge /-n 데어 융으/디 융은
n. 남자아이, 소년

□ das Mädchen /- 다쓰 맽히은/디 맽히은
n. 여자아이, 소녀

□ das Alter /- 다쓰 알터/디 알터
n. 나이, 연령

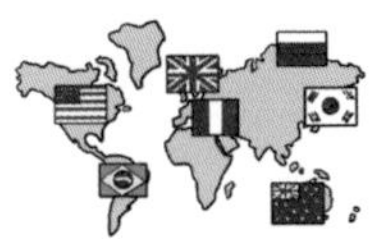

□ das Land /¨er 다쓰 란ㅌ/디 랜더
n. 나라, 국가; 육지, 땅; 시골

□ der Staat /-en 데어 슈탈/디 슈타튼
n. 나라, 국가

□ die Sprache /-n
디 슈프흐아흐/디 슈프흐아흔
n. 언어, 말

□ der Beruf /-e
데어 브흐우프흐/디 브흐우프흐
n. 직업

□ die Adresse /-n
디 아드흐에쓰/디 아드흐에쓴
n. 주소

□ der Geburtstag /-e
데어 그부얼츠탘/디 그부얼츠타그
n. 생일

□ die Nationalität /-en
디 나찌오날리탵/디 나찌오날리태튼
n. 국적

□ die Religion /-en
디 흐엘리기온/디 흐엘리기오는
n. 종교

□ die Telefonnummer /-n
디 텔레프혼눔머/디 텔레프혼눔먼
n. 전화번호

□ (sich) vorstellen (지히) 프호어슈텔른
v. 소개하다

□ die Vorstellung /-en
디 프호어슈텔룽/디 프호어슈텔룽은
n. 소개; 면접; 공연

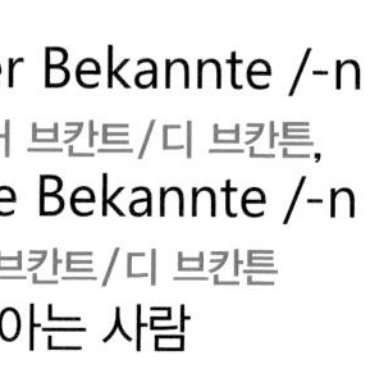

□ der Bekannte /-n
데어 브칸트/디 브칸튼,
die Bekannte /-n
디 브칸트/디 브칸튼
n. 아는 사람

□ der Freund /-e
데어 프호오인ㅌ/디 프호오인드,
die Freundin /-nen
디 프호오인딘/디 프호오인딘는
n. 친구

□ die Freundschaft /-en
디 프호오인ㅌ슈아픝/디 프호오인ㅌ슈아프흐튼
n. 우정

□ freundlich 프호오인틀리히
adj. 우호적인, 상냥한

□ die Freundlichkeit /-en
디 프호오인틀리히카잍/
디 프호오인틀리히카이튼
n. 친절, 호의

□ fremd 프흐엠ㅌ
= unbekannt 운브칸ㅌ
adj. 낯선

□ begrüßen 브그흐위쓴
v. 인사하다, 환영하다

□ grüßen 그흐위쓴
v. 인사하다, 안부를 전하다

□ die Begrüßung /-en
디 브그흐위쑹/디 브그흐위쑹은
= der Gruß /¨e 데어 그흐우쓰/디 그흐위쓰
n. 인사

□ Hallo! 할로!
안녕!

□ Guten Morgen. 구튼 모어근
좋은 하루입니다. (아침에 만났을 때)

□ Guten Tag. 구튼 탁
좋은 하루입니다. (점심에 만났을 때)

□ Guten Abend. 구튼 아븐ㅌ
좋은 하루입니다. (저녁에 만났을 때)

□ Wie geht's? 브이 겔츠?
잘 지내?

□ Wie geht es Ihnen?
브이 겔 에쓰 이는?
어떻게 지내요?

□ Gute Nacht. 구트 나흩
잘 자.

□ Tschüss. 츄쓰
잘 가.

□ Auf Wiedersehen. 아우프흐 브이더제흔
안녕히 계세요.
(잘 가, 다음에 뵙겠습니다.)

□ Bis bald! 비쓰 발ㅌ!
= Bis gleich! 비쓰 글라이히!
곧 다시 만나!

□ Bis morgen! 비쓰 모어근!
내일 만나!

□ begegnen 브게그는
v. 만나다, 마주치다

□ treffen 트흐에프흔
v. 우연히 만나다

□ Abschied nehmen 압슈읻 네믄
헤어지다, 작별하다

□ sich verabschieden
지히 프헤어압슈이든
v. 작별을 고하다

□ der Name /-en 데어 나므/디 나믄 n. 이름

□ der Vorname /-en 데어 프호어나므/디 프호어나믄 n. (성을 제외한) 이름

□ der Familienname /-en 데어 프하밀리은나므/디 프하밀리은나믄 n. 성

□ der Geburtsname /-en 데어 그부얼츠나므/디 그부얼츠나믄 n. 성(출생 때 성, 여자의 결혼 전 성)

tip. 독일의 성은 대부분 직업 이름에서 유래했어요. 독일에서 자주 접하는 성은 'Müller 뮐러'인데, 옛날에는 방앗간 주인을 뜻하는 단어였어요.

tip. 독일에서 여성은 결혼하면 남편의 성을 따라요. 간혹 결혼 전 자신의 성을 함께 사용하는 경우, '두 이름'이란 단어 'Doppelname 도플나므'라고 해요.

□ heißen 하이쓴 v. 칭하다, 명명하다

Wie heißen Sie?
브이 하이쓴 지?
성함이 어떻게 되세요?

□ nennen 넨는 v. 이름 짓다, ~라고 부르다

□ das Geschlecht /-er 다쓰 그슐레힐/디 그슐레히터 n. 성별

□ der Mann /¨er 데어 만/디 맨너 n. 남자; 남편

□ die Frau /-en 디 프흐아우/디 프흐아우은 n. 여자; 부인

□ der Herr /-en 데어 헤어/디 헤어흔 n. ~씨; 신사; 주인

□ die Dame /-n 디 다므/디 다믄 n. 귀부인, 숙녀

□ das Kind /-er 다쓰 킨ㅌ/디 킨더 n. 아이, 자녀

□ der Junge /-n 데어 융으/디 융은 n. 남자아이, 소년

□ das Mädchen /- 다쓰 맽히은/디 맽히은 n. 여자아이, 소녀

□ groß 그흐오쓰 adj. 큰; 성장한

Meine große Schwester ist groß.
마이느 그흐오쓰 슈브에스터 이슽 그흐오쓰
내 언니는 키가 커요.

□ klein 클라인 adj. 작은; 어린

Meine kleine Schwester ist klein.
마이느 클라이느 슈브에스터 이슽 클라인
내 여동생은 키가 작아요.

□ der Personalausweis /-e 데어 페어조날아우쓰브아이쓰/디 페어조날아우쓰브아이즈 n. 신분증

□ das Geburtsdatum /die Geburtsdaten 다쓰 그부얼츠다툼/디 그부얼츠다튼 n. 출생일, 생년월일

□ der Geburtstag /-e 데어 그부얼츠탁/디 그부얼츠타그 n. 생일

Heute ist mein Geburtstag.
호이트 이슽 마인 그부얼츠탁
오늘은 제 생일이에요.

□ der Geburtsort /-e 데어 그부얼츠오얼/디 그부얼츠오어트 n. 출생지

□ geboren sein 그보어흔 자인 태어나다

□ der Beruf /-e 데어 브흐우프흐/디 브흐우프흐 n. 직업

□ das Land /¨er 다쓰 란ㅌ/디 랜더 n. 나라, 국가; 육지, 땅; 시골

□ der Staat /-en 데어 슈탙/디 슈타튼 n. 나라, 국가
= das Reich /-e 다쓰 흐아이히/디 흐아이히으

□ die Nationalität /-en 디 나찌오날리탵/디 나찌오날리태튼 n. 국적
= die Staatsangehörigkeit /-en
디 슈탙츠안그회어흐이히카잍/디 슈탙츠안그회어흐이히카이튼

□ die doppelte Staatsangehörigkeit 디 돞플트 슈탙츠안그회어흐이히카잍 복수 국적

□ die Staatsangehörigkeit erwerben 디 슈탙츠안그회어흐이히카잍 에어브에어븐 국적을 취득하다

□ die Staatsangehörigkeit verlieren 디 슈탙츠안그회어흐이히카잍 프헤어리어흔 국적을 상실하다

□ die Sprache /-n 디 슈프흐아흐/디 슈프흐아흔 n. 언어, 말

□ die Muttersprache /-n 디 뭍터슈프흐아흐/디 뭍터슈프흐아흔 n. 모국어

□ die Fremdsprache /-n 디 프흐엠ㅌ슈프흐아흐/디 프흐엠ㅌ슈프흐아흔 n. 외국어

□ Koreanisch 코흐에아니슈 n. 한국어

□ koreanisch 코흐에아니슈 adj. 한국어의

□ Deutsch 도이츄 n. 독일어

□ deutsch 도이츄 adj. 독일어의

□ Englisch 엥글리슈 n. 영어

□ englisch 엥글리슈 adj. 영어의

□ sprechen 슈프흐에히은 v. 말하다

□ zweisprachig 쯔바이슈프흐아흐이히 adj. 두 언어를 말하는

□ die Religion /-en 디 흐엘리기온/디 흐엘리기오는 n. 종교

□ privat 프흐이브앝 adj. 사적인, 개인적인

□ das Alter /- 다쓰 알터/디 알터 n. 나이, 연령

□ alt 알ㅌ adj. 늙은, 나이든

Wie alt bist du?
브이 알ㅌ 비슽 두?
너 나이가 얼마나 되니? (몇 살이니?)

□ jung 융 adj. 젊은

□ der Erwachsene /-n 데어 에어브아흐즈느/디 에어브아흐즈는 n. 어른, 성인

□ die Adresse /-n 디 아드흐에쓰/디 아드흐에쓴 n. 주소

□ die Straße /-n 디 슈트흐아쓰/디 슈트흐아쓴 n. 도로, 길

□ die Postleitzahl /-en 디 포슽라잍짤/디 포슽라잍짤른 n. 우편번호

□ der Wohnort /-e 데어 브온오얼/디 브온오어트 n. 거주지

□ die Heimat /-en 디 하이맡/디 하이마튼 n. 고향

□ leben 레븐 v. 살다; 살아 있다, 생존하다

□ wohnen 브오는 v. 거주하다, 살다

□ kommen aus 콤믄 아우쓰 ~에서 오다

Ich komme aus Korea.
이히 콤므 아우쓰 코흐에아
전 한국에서 왔어요.

□ die Telefonnummer /-n 디 텔레프혼눔머/디 텔레프혼눔먼 n. 전화번호

□ (sich) vorstellen (지히) 프호어슈텔른 v. 소개하다

□ die Vorstellung /-en 디 프호어슈텔룽/디 프호어슈텔룽은 n. 소개; 면접; 공연

□ kennen 켄는 v. 알고 있다, 면식이 있다

□ bekannt 브칸ㅌ adj. 알고 있는, 유명한

□ der Bekannte /-n 데어 브칸트/디 브칸튼,
die Bekannte /-n 디 브칸트/디 브칸튼 n. 아는 사람

□ der Freund /-e 데어 프흐오인ㅌ/디 프흐오인드,
die Freundin /-nen 디 프흐오인딘/디 프흐오인딘는 n. 친구

□ die Freundschaft /-en 디 프흐오인ㅌ슈아픝/디 프흐오인ㅌ슈아프흐튼 n. 우정

□ die Freundlichkeit /-en 디 프흐오인틀리히카잍/디 프흐오인틀리히카이튼 n. 친절, 호의

□ freundlich 프흐오인틀리히 adj. 우호적인, 상냥한

□ der Fremde /-n 데어 프흐엠드/디 프흐엠든,
die Fremde /-n 디 프흐엠드/디 프흐엠든 n. 낯선 사람

□ fremd 프흐엠ㅌ adj. 낯선

= unbekannt 운브칸ㅌ

□ der Nachbar /-n 데어 나흐바/디 나흐반 n. 이웃

□ begrüßen 브그흐위쓴 v. 인사하다, 환영하다

□ grüßen 그흐위쓴 v. 인사하다, 안부를 전하다

Grüß deine Eltern von mir.
그흐위쓰 다이느 엘턴 프혼 미어
부모님께 안부 전해 드려.

□ die Begrüßung /-en 디 브그흐위쑹/디 브그흐위쑹은 n. 인사

= der Gruß /¨e 데어 그흐우쓰/디 그흐위쓰

□ begegnen 브게그는 v. 만나다, 마주치다

□ treffen 트흐에프흔 v. 우연히 만나다; 맞히다, 명중하다

Hallo!
할로!
안녕!

Guten Morgen.
구튼 모어근
좋은 하루입니다. (아침에 만났을 때)

Guten Tag.
구튼 탁
좋은 하루입니다. (점심에 만났을 때)

Guten Abend.
구튼 아븐ㅌ
좋은 하루입니다. (저녁에 만났을 때)

□ Abschied nehmen 압슈잍 네믄 헤어지다, 작별하다

□ sich verabschieden 지히 프헤어압슈이든 v. 작별을 고하다

Gute Nacht.
구트 나흩
잘 자.

Tschüss.
츄쓰
잘 가.

Auf Wiedersehen.
아우프흐 브이더제흔
안녕히 계세요. (잘 가, 다음에 뵙겠습니다.)

Bis bald!
비쓰 발트!
곧 다시 만나!

= Bis gleich!
비쓰 글라이히!

Bis morgen!
비쓰 모어근!
내일 만나!

Wie geht's?
브이 겔츠?
잘 지내?

Wie geht es Ihnen?
브이 겔 에쓰 이는?
어떻게 지내요?

01. 첫인사

꼭! 써먹는 **실전 회화**

Lukas Guten Tag, ich heiße Lukas.
구튼 탁, 이히 하이쓰 루카쓰
안녕하세요, 제 이름은 루카스예요.

Elisabeth Guten Tag, ich bin Elisabeth.
Es freut mich Sie kennen zu lernen.
구튼 탁, 이히 빈 엘리자벨.
에쓰 프흐오읻 미히 지 켄는 쭈 레어는
안녕하세요, 저는 엘리자벳이에요.
만나서 반갑습니다.

Lukas Freut mich.
프흐오읻 미히
반갑습니다.

감사&사과 Der Dank und die Entschuldigung 데어 당ㅋ 운ㅌ 디 엔ㅌ슐디궁

□ der Dank /kein Pl. 데어 당ㅋ
n. 감사

□ danken 당큰
v. 감사하다

□ die Bitte /-n 디 비트/디 비튼
n. 부탁, 요청

□ bitten 비튼
v. 부탁하다, 청하다

□ beten 베튼
v. 기도하다

□ die Hoffnung /-en
디 호프흐눙/디 호프흐눙은
n. 희망, 기대

□ hoffen 호프흔
v. 바라다, 기대하다, 희망하다

□ der Wunsch /¨e 데어 브운슈/디 브윈슈
n. 소원, 소망

□ wünschen 브윈슌
v. 원하다, 바라다; 기원하다

□ das Glück /-e 다쓰 글뤽/디 글뤽크
n. 행운; 기쁨, 행복함

□ glücklich 글뤼클리히
adj. 행복한

□ die Gratulation /-en
디 그흐아툴라찌온/디 그흐아툴라찌오는
n. 축하, 축사

□ gratulieren 그흐아툴리어흔
v. 축하하다

□ die Ermutigung /-en
디 에어무티궁/디 에어무티궁은
n. 격려

□ ermutigen 에어무티근
v. 격려하다, 응원하다

□ der Mut /kein Pl. 데어 뭍
n. 용기

□ mutig 뭍티히
adj. 용기있는, 용감한

□ das Lob /-e 다쓰 롭/디 로브
n. 칭찬, 찬사

□ loben 로븐
v. 칭찬하다

□ der Erfolg /-e
데어 에어프홀ㅋ/디 에어프홀그
n. 성공, 성과

□ erfolgreich 에어프홀ㅋ흐아이히
adj. 성공한

□ die Hilfe /-n 디 힐프흐/디 힐프흔
n. 도움; 구조

□ helfen 헬프흔
v. 돕다; 구하다

□ leihen 라이흔
v. 빌려주다; 빌리다

□ das Denken /kein Pl. 다쓰 뎅크
n. 생각

□ der Gedanke /-n 데어 그당크/디 그당큰
n. 생각, 사고

□ denken 뎅크
v. 생각하다; 예상하다

□ der Ernst /kein Pl. 데어 에언슽
n. 진지함, 신중함; 진심; 심각성; 위험

□ ernst 에언슽
adj. 진지한; 중대한, 심각한

□ die Freundlichkeit /-en
디 프흐오인틀리히카잍/
디 프흐오인틀리히카이튼
n. 친절, 호의

□ das Verstehen /kein Pl.
다쓰 프헤어슈테흔
n. 이해

□ das Verständnis /-se
다쓰 프헤어슈탠ㅌ니쓰/디 프헤어슈탠ㅌ니쓰
n. 이해, 이해력

□ verstehen 프헤어슈테흔
v. 이해하다, 알아듣다

□ die Entschuldigung /-en
디 엔ㅌ슐디궁/디 엔ㅌ슐디궁은
n. 용서; 사과; 변명

□ entschuldigen 엔ㅌ슐디근
v. 용서하다

□ sich entschuldigen 지히 엔ㅌ슐디근
v. 사과하다, 용서를 구하다

□ die Verzeihung /-en
디 프헤어짜이훙/디 프헤어짜이훙은
n. 용서

□ verzeihen 프헤어짜이흔
v. 용서하다

□ der Fehler /- 데어 프헬러/디 프헬러
n. 잘못, 실수

□ der Fehlschlag /¨e
데어 프헬슐락/디 프헬슐래그
n. 실패

□ einen Fehler machen
아이는 프헬러 마흔
잘못하다, 실수하다

□ die Schuld /-en 디 슐ㅌ/디 슐든
n. 죄; 실수; 책임

□ schuldig 슐디히
adj. 죄가 있는

□ der Ratschlag /¨e
데어 흐앝슐락/디 흐앝슐래그
n. 충고

□ die Beratung /-en
디 브흐아퉁/디 브흐아퉁은
n. 충고, 조언

□ raten 흐아튼
v. 충고하다, 조언하다; 추측하다

□ hindern 힌던
v. 방해하다, 훼방 놓다

□ stören 슈퇴어흔
v. 괴롭히다, 방해하다

□ schade 슈아드
adj. 유감스러운, 섭섭한

□ bedauerlich 브다우얼리히
adj. 유감스러운, 근심스러운

□ leider 라이더
adv. 유감스럽게도, 슬프게도

□ der Dank /kein Pl. 데어 당ㅋ n. 감사

□ danken 당큰 v. 감사하다

Vielen Dank.
프힐른 당ㅋ
고마워. (고맙습니다.)

= Danke schön.
당크 슈왼

□ viel 프힐 adj. 많이

□ sehr 제어 adv. 대단히

□ herzlich 헤어쯜리히 adj. 진심의; 정중한 adv. 대단히, 몹시

□ die Bitte /-n 디 비트/디 비튼 n. 부탁, 요청

□ bitten 비튼 v. 부탁하다, 청하다

Ruhe bitte.
흐우흐, 비트
주목해 주세요. (제발 조용히 해 주세요.)

tip. bitte를 문장에 넣어 '부탁합니다', '다시 한 번 말씀해 주시겠습니까?', '괜찮습니다', '계속하시지요', '천만에요' 등 여러 가지 의미를 첨가할 수 있습니다.

Wie bitte?
브이 비트?
뭐라고요?

Bitte schön.
비트 슈왼
천만에요.

□ beten 베튼 v. 기도하다

□ die Hoffnung /-en 디 호프흐눙/디 호프흐눙은 n. 희망, 기대

□ hoffen 호프흔 v. 바라다, 기대하다, 희망하다

□ der Wunsch /¨e 데어 브운슈/디 브윈슈 n. 소원, 소망

□ wünschen 브윈슌 v. 원하다, 바라다; 기원하다

□ der Glückwunsch /¨e 데어 글뤽브운슈/디 글뤽브윈슈 n. 축하, 축사

□ das Glück /-e 다쓰 글뤽/디 글뤽크 n. 행운; 기쁨, 행복함

□ das Unglück /-e 다쓰 운글뤽/디 운글뤽크 n. 사고, 재난; 불운, 불행

□ glücklich 글뤼클리히 adj. 행복한

Herzlichen Glückwunsch.
헤어쯜리히은 글뤽브운슈
축하합니다.

□ die Gratulation /-en 디 그흐아툴라찌온/디 그흐아툴라찌오는 n. 축하, 축사

□ gratulieren 그흐아툴리어흔 v. 축하하다

□ die Ermutigung /-en 디 에어무티궁/디 에어무티궁은 n. 격려

□ ermutigen 에어무티근 v. 격려하다, 응원하다

tip. 독일에서는 누군가에게 행운이나 성공을 빌 때 'Ich drücke dir die Daumen 이히 트흐뤽크 디어 디 다우믄'이라고 하며 엄지를 안으로 넣어 주먹을 꼭 쥐어 보여요. 이는 싸움을 할 때 주먹을 쥐며 자신에게 힘을 불어넣던 데에서 유래했다고 해요.

□ der Mut /kein Pl. 데어 뭍 n. 용기

□ mutig 뭍티히 adj. 용기있는, 용감한

□ das Lob /-e 다쓰 롶/디 로브 n. 칭찬, 찬사

□ loben 로븐 v. 칭찬하다

□ die Gelegenheit /-en 디 글레근하잍/디 글레근하이튼 n. 기회

□ das Ziel /-e 다쓰 찔/디 찔르 n. 목표, 목적; 목적지

□ der Erfolg /-e 데어 에어프홀ㅋ/디 에어프홀그 n. 성공, 성과

□ erfolgreich 에어프홀ㅋ흐아이히 adj. 성공한

Viel Erfolg.
프힐 에어프홀ㅋ
성공을 빕니다.

□ der Misserfolg /-e 데어 미쓰에어프홀ㅋ/디 미쓰에어프홀그 n. 실패

□ die Hilfe /-n 디 힐프흐/디 힐프흔 n. 도움; 구조

□ die Erste Hilfe /kein Pl. 디 에어스트 힐프흐 n. 응급 조치

□ helfen 헬프흔 v. 돕다; 구하다

□ die Unterstützung /-en 디 운터슈튈쭝/디 운터슈튈쭝은 n. 원조, 구조, 후원; 지원금, 보조금

□ unterstützen 운터슈튈쯘 v. 후원하다, 지원하다, 도와주다

□ leihen 라이흔 v. 빌려주다; 빌리다

□ großzügig 그흐오쓰쮜기히 adj. 관대한, 너그러운

□ das Denken /kein Pl. 다쓰 뎅큰 n. 생각

□ der Gedanke /-n 데어 그당크/디 그당큰 n. 생각, 사고

□ denken 뎅큰 v. 생각하다; 예상하다

□ nachdenklich 나흐뎅클리히 adj. 사려깊은, 신중한

□ wichtig 브이히티히 adj. 중요한

□ der Ernst /kein Pl. 데어 에언슽 n. 진지함, 신중함; 진심; 심각성; 위험

□ ernst 에언슽 adj. 진지한; 중대한, 심각한

Meinst du das ernst?
마인슽 두 다쓰 에언슽?
진심으로 하는 소리야?

□ bedächtig 브대히티히 adj. 조심성 있는, 신중한

□ die Fürsorge /-n 디 프휘어조어그/디 프휘어조어근 n. 배려, 보호

□ die Rücksicht /-en 디 흐윅지힡/디 흐윅지히튼 n. 배려, 고려

□ die Freundlichkeit /-en 디 프흐오인틀리히카잍/디 프흐오인틀리히카이튼 n. 친절, 호의

□ das Verstehen /kein Pl. 다쓰 프헤어슈테흔 n. 이해

□ verstehen 프헤어슈테흔 v. 이해하다, 알아듣다

Ich kann dich verstehen.
이히 칸 디히 프헤어슈테흔
난 널 이해해.

□ das Verständnis /-se 다쓰 프헤어슈탠ㅌ니쓰/디 프헤어슈탠ㅌ니쓰 n. 이해, 이해력

□ verständlich 프헤어슈탠틀리히 adj. 이해할 수 있는, 알기 쉬운; 분명한

□ unverständlich 운프헤어슈탠틀리히 adj. 이해할 수 없는; 불분명한

□ die Entschuldigung /-en 디 엔ㅌ슐디궁/디 엔ㅌ슐디궁은 n. 용서; 사과; 변명

□ entschuldigen 엔ㅌ슐디근 v. 용서하다

□ sich entschuldigen 지히 엔ㅌ슐디근 v. 사과하다, 용서를 구하다

□ die Verzeihung /-en 디 프헤어짜이훙/디 프헤어짜이훙은 n. 용서

□ verzeihen 프헤어짜이흔 v. 용서하다

Ich verzeihe dir.
이히 프헤어짜이흐 디어
널 용서할게.

□ die Vergebung /-en 디 프헤어게붕/디 프헤어게붕은 n. 용서, 사면

□ vergeben 프헤어게븐 v. 용서하다; 주다

□ der Fehler /- 데어 프헬러/디 프헬러 n. 잘못, 실수

□ der Fehlschlag /¨e 데어 프헬슐락/디 프헬슐래그 n. 실패

□ einen Fehler machen 아이는 프헬러 마흔 잘못하다, 실수하다

Das war mein Fehler.
다쓰 브아 마인 프헬러
제 잘못이었어요.

□ das Versehen /- 다쓰 프헤어제흔/디 프헤어제흔 n. 실수, 잘못

□ sich versehen 지히 프헤어제흔 v. 오인하다, 잘못 보다

□ sich versprechen 지히 프헤어슈프흐에히은 v. 실언하다

□ der Irrtum /¨er 데어 이어툼/디 이어튀머 n. 착각

□ sich irren 지히 이어흔 v. 잘못 생각하다, 판단을 잘못하다

□ missverstehen 미쓰프헤어슈테흔 v. 착각하다

□ die Wiederholung /-en 디 브이더홀룽/디 브이더홀룽은 n. 되풀이, 반복

□ wiederholen 브이더홀른 v. 되풀이하다, 반복하다

Können Sie das bitte wiederholen?
퀸는 지 다쓰 비트 브이더홀른?
다시 한 번 말씀해 주시겠어요?

□ die Schuld /-en 디 슐ㅌ/디 슐든 n. 죄; 실수; 책임

□ schuldig 슐디히 adj. 죄가 있는

□ unschuldig 운슐디히 adj. 책임 없는, 무죄의

□ die Verantwortung /-en 디 프헤어안ㅌ브오어퉁/디 프헤어안ㅌ브오어퉁은 n. 책임

□ verantwortlich 프헤어안ㅌ브오어틀리히 adj. 책임 있는

□ die Rechtfertigung /-en 디 흐에힡프헤어티궁/디 흐에힡프헤어티궁은 n. 정당화, 변명

□ sich rechtfertigen 지히 흐에힡프헤어티근 v. 변명하다

□ recht 흐에힡 adj. 틀림없는, 정확한; 정당한; 진정한

□ das Recht /-e 다쓰 흐에힡/디 흐에히트 n. 법; 권리, 자격; 옳음, 정당함

□ der Ratschlag /¨e 데어 흐알슐락/디 흐알슐래그 n. 충고

□ die Beratung /-en 디 브흐아퉁/디 브흐아퉁은 n. 충고, 조언

□ raten 흐아튼 v. 충고하다, 조언하다; 추측하다

□ die Ermahnung /-en 디 에어마눙/디 에어마눙은 n. 경고, 주의

□ ermahnen 에어마는 v. 주의를 주다, 경고하다; 충고하다

- □ schade 슈아드 adj. 유감스러운, 섭섭한
- □ bedauerlich 브다우얼리히 adj. 유감스러운, 근심스러운
- □ leider 라이더 adv. 유감스럽게도, 슬프게도
- □ verderben 프헤어데어븐 v. 망치다, 못 쓰게 하다
  - □ der Verderber /- 데어 프헤어데어버/디 프헤어데어버 n. (흥을) 깨는 사람, 파괴자
- □ vermasseln 프헤어마쓸ㄴ v. 그르치다, 실패하다, 망치다
- □ die Absicht /-en 디 압지힡/디 압지히튼 n. 의도; 계획
  - □ absichtlich 압지히틀리히 adj. 고의의, 일부러
- □ hindern 힌던 v. 방해하다, 훼방 놓다
- □ stören 슈퇴어흔 v. 괴롭히다, 방해하다

꼭! 써먹는 **실전 회화**

02. 감사 인사

Herr Meier Danke sehr, dass Sie sich für mich Zeit genommen haben.
당크 제어, 다쓰 지 지히 프휘어 미히 짜잍 그놈믄 하븐
오늘 시간 내 주셔서 감사합니다.

Herr Müller Bitte schön. Aber leider muss ich langsam gehen.
비트 슈왼. 아버 라이더 무쓰 이히 랑잠 게흔
천만에요. 아쉽지만 슬슬 가 봐야 해요.

Herr Meier Kein Problem.
Ich wünsche Ihnen einen schönen Tag.
카인 프흐오블렘. 이히 브윈슈 이는 아이는 슈외는 탁
괜찮습니다. 즐거운 하루 되세요.

연습 문제 Übung 위붕

다음 단어를 읽고 맞는 뜻과 연결하세요.

1.	die Adresse •	• 감사
2.	das Alter •	• 국적
3.	begrüßen •	• 나라, 국가
4.	der Beruf •	• 나이
5.	der Dank •	• 소개하다
6.	der Freund •	• 용서하다
7.	loben •	• 이름
8.	der Name •	• 인사하다
9.	die Nationalität •	• 주소
10.	der Staat •	• 직업
11.	verzeihen •	• 친구
12.	vorstellen •	• 칭찬하다

1. die Adresse – 주소 2. das Alter – 나이 3. begrüßen – 인사하다
4. der Beruf – 직업 5. der Dank – 감사 6. der Freund – 친구
7. loben – 칭찬하다 8. der Name – 이름 9. die Nationalität – 국적
10. der Staat – 나라, 국가 11. verzeihen – 용서하다 12. vorstellen – 소개하다

Kapitel 2

Schritt 03.

신체 Der Körper 데어 쾨어퍼

□ der Körper /- 데어 쾨어퍼/디 쾨어퍼
n. 신체, 몸

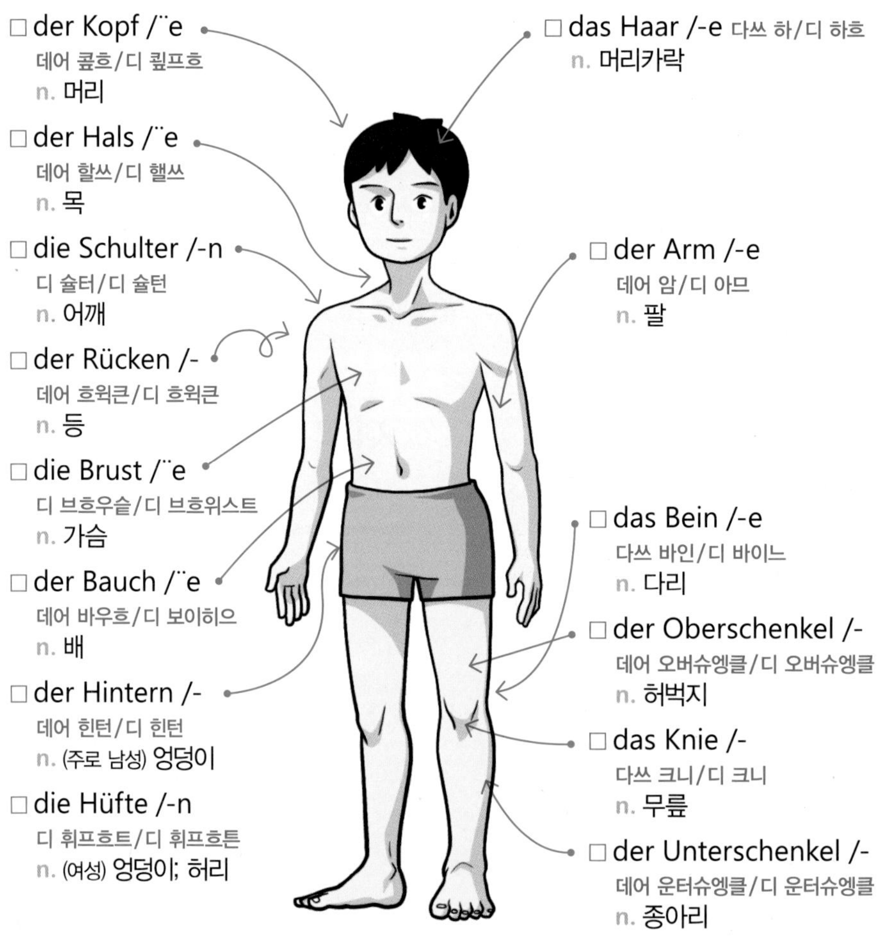

□ die Hand /¨e 디 한ㅌ/디 핸드
n. 손

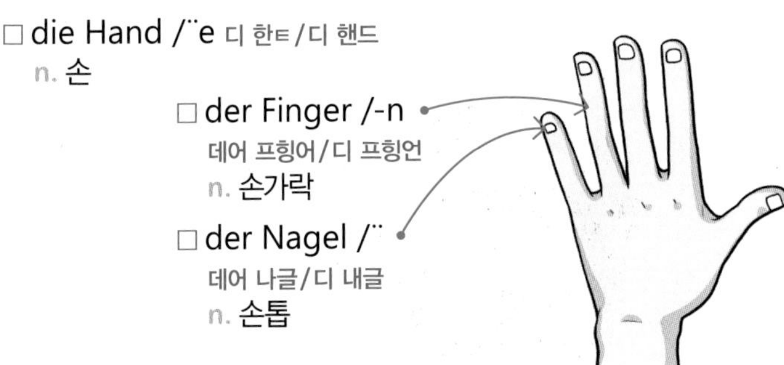

□ der Finger /-n
데어 프힝어/디 프힝언
n. 손가락

□ der Nagel /¨
데어 나글/디 내글
n. 손톱

□ der Fuß /¨e 데어 프후쓰/디 프휘쓰
n. 발

□ der Zeh /-n
데어 체/디 체흔
n. 발가락

□ der Zehennagel /¨
데어 체흔나글/디 체흔내글
n. 발톱

□ das Gesicht /-er 다쓰 그지힡/디 그지히터
n. 얼굴

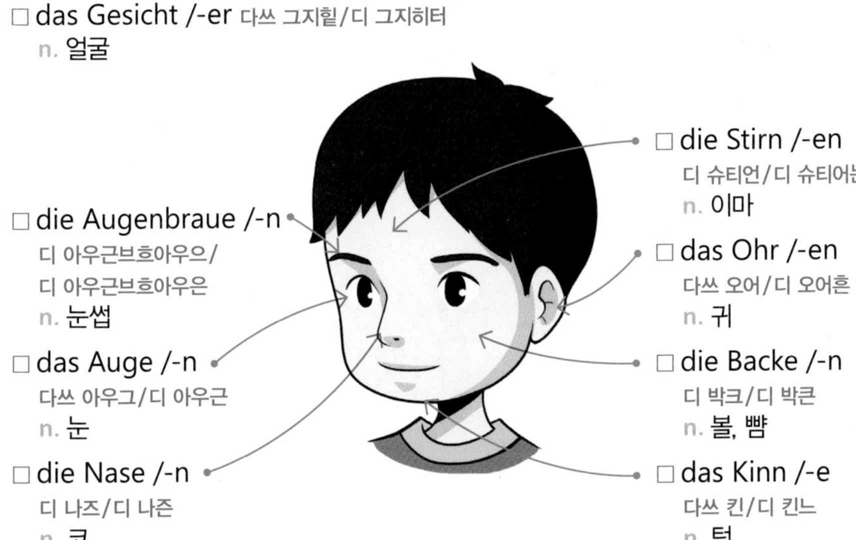

□ die Augenbraue /-n
디 아우근브흐아우으/
디 아우근브흐아우은
n. 눈썹

□ das Auge /-n
다쓰 아우그/디 아우근
n. 눈

□ die Nase /-n
디 나즈/디 나즌
n. 코

□ die Stirn /-en
디 슈티언/디 슈티어는
n. 이마

□ das Ohr /-en
다쓰 오어/디 오어흔
n. 귀

□ die Backe /-n
디 박크/디 박큰
n. 볼, 뺨

□ das Kinn /-e
다쓰 킨/디 킨느
n. 턱

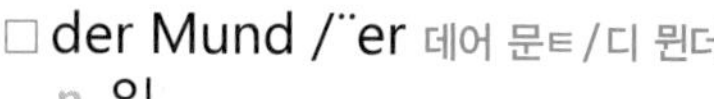

□ der Mund /¨er 데어 문ㅌ/디 뮌더
n. 입

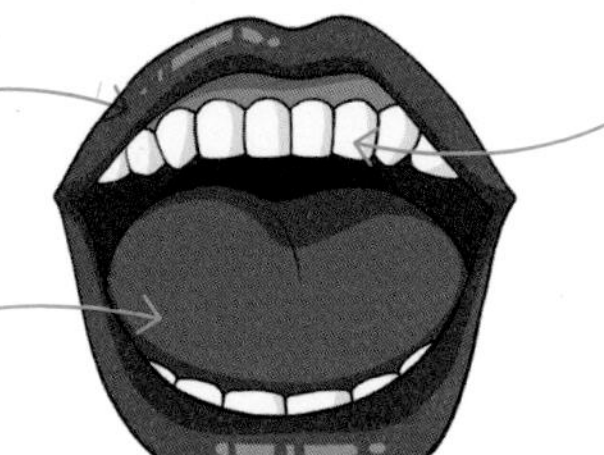

□ die Lippe /-n
디 맆프/디 맆픈
n. 입술

□ die Zunge /-n
디 쭝으 / 디 쭝은
n. 혀

□ der Zahn /¨e
데어 짠/디 째느
n. 치아

□ das Gewicht /-e
다쓰 그브이힡/디 그브이히트
n. 무게, 체중

□ leicht 라이힡
adj. 가벼운

□ schwer 슈브에어
adj. 무거운

□ dünn 뒨
adj. 마른

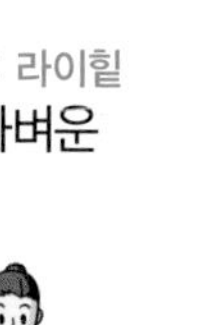

□ schlank 슐랑ㅋ
adj. 날씬한

□ dick 딬
adj. 뚱뚱한; 두꺼운; 굵은; 부은

□ die Größe /-n
디 그흐외쓰/디 그흐외쓴
n. 신장, 키; 사이즈, 치수

□ groß 그흐오쓰
adj. 큰; 성장한

□ klein 클라인
adj. 작은; 어린

□ die Haut /¨e 디 하웉/디 호이트
n. 피부

□ der Bart /¨e 데어 밭/디 배어트
n. 수염

□ das Aussehen /kein Pl. 다쓰 아우쓰제흔
n. 외모

□ stark 슈탉
adj. 강한

□ schön 슈왼
adj. 아름다운, 예쁜

□ schick 슈잌
adj. 멋진, 세련된

□ hübsch 휩슈
adj. 예쁜, 귀여운; 호감을 주는

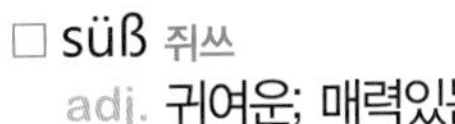

□ süß 쥐쓰
adj. 귀여운; 매력있는

□ hässlich 해쓸리히
adj. 못생긴, 추한

□ lachen 라흔
v. 웃다

□ lächeln 래히을ㄴ
v. 미소 짓다

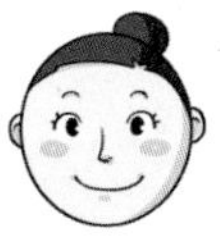

□ rund 흐운ㅌ
adj. 둥근; 포동포동한

□ rundlich 흐운틀리히
adj. 통통한, 포동포동한; 둥그스름한

□ oval 오브알
adj. 계란형의, 타원형의

□ der Körper /- 데어 쾨어퍼/디 쾨어퍼 n. 신체, 몸

□ der Körperteil /-e 데어 쾨어퍼타일/디 쾨어퍼타일르 n. 신체의 부분

□ der Oberkörper /- 데어 오버쾨어퍼/디 오버쾨어퍼 n. 상체

□ der Unterkörper /- 데어 운터쾨어퍼/디 운터쾨어퍼 n. 하체

□ der Kopf /¨e 데어 콮흐/디 쾹프흐 n. 머리

□ das Gesicht /-er 다쓰 그지힡/디 그지히터 n. 얼굴

□ das Auge /-n 다쓰 아우그/디 아우근 n. 눈

□ die Augenbraue /-n 디 아우근브흐아우으/디 아우근브흐아우은 n. 눈썹

Er hat blaue Augen.
에어 핱 블라우으 아우근
그의 눈은 파란색이에요.

□ das Ohr /-en 다쓰 오어/디 오어흔 n. 귀

□ die Nase /-n 디 나즈/디 나즌 n. 코

□ der Mund /¨er 데어 문ㅌ/디 뮌더 n. 입

□ die Lippe /-n 디 맆프/디 맆픈 n. 입술

□ der Zahn /¨e 데어 짠/디 쨰느 n. 치아

□ die Zunge /-n 디 쭝으 / 디 쭝은 n. 혀

□ das Haar /-e 다쓰 하/디 하흐 n. 머리카락

□ der Bart /¨e 데어 밭/디 배어트 n. 수염

□ die Stirn /-en 디 슈티언/디 슈티어는 n. 이마

□ die Backe /-n 디 박크/디 박큰 n. 볼, 뺨

= die Wange /-n 디 브앙으/디 브앙은

□ das Kinn /-e 다쓰 킨/디 킨느 n. 턱

□ der Hals /¨e 데어 할쓰/디 핼쓰 n. 목

□ der Nacken /- 데어 낙큰/디 낙큰 n. 뒷목, 목덜미

□ der Arm /-e 데어 암/디 아므 n. 팔

□ der Oberarm /-e 데어 오버암/디 오버아므 n. (팔꿈치에서 어깨까지) 상박, 위쪽 팔

□ der Unterarm /-e 데어 운터암/디 운터아므 n. (팔꿈치에서 손목까지) 하박, 아래쪽 팔

□ der Ellbogen /- 데어 엘보근/디 엘보근 n. 팔꿈치

= der Ellenbogen /- 데어 엘른보근/디 엘른보근

□ das Bein /-e 다쓰 바인/디 바이느 n. 다리

Meine kleine Schwester hat lange Beine.
마이느 클라이느 슈브에스터 할 랑으 바이느
제 여동생은 다리가 길어요.

□ die Schulter /-n 디 슐터/디 슐턴 n. 어깨

□ der Rücken /- 데어 흐윅큰/디 흐윅큰 n. 등

□ die Hand /¨e 디 한ㅌ/디 핸드 n. 손

□ der Finger /-n 데어 프힝어/디 프힝언 n. 손가락

□ der Nagel /¨ 데어 나글/디 내글 n. 손톱

□ die Brust /¨e 디 브흐우슽/디 브흐위스트 n. 가슴

□ der Bauch /¨e 데어 바우흐/디 보이히으 n. 배

□ der Hintern /- 데어 힌턴/디 힌턴 n. (주로 남성) 엉덩이

tip. 아기의 엉덩이는 주로 der Popo 데어 포포라고 해요.

□ die Hüfte /-n 디 휘프흐트/디 휘프흐튼 n. (여성) 엉덩이; 허리

□ der Oberschenkel /- 데어 오버슈엥클/디 오버슈엥클 n. 허벅지

□ das Knie /- 다쓰 크니/디 크니 n. 무릎

□ der Unterschenkel /- 데어 운터슈엥클/디 운터슈엥클 n. 종아리

□ der Fuß /¨e 데어 프후쓰/디 프휘쓰 n. 발

□ der Zeh /-n 데어 체/디 체흔 n. 발가락

□ der Zehennagel /¨ 데어 체흔나글/디 체흔내글 n. 발톱

□ die Ferse /-n 디 프헤어즈/디 프헤어즌 n. 발꿈치

□ das Organ /-e 다쓰 오어간/디 오어가느 n. 기관

□ das Gehirn /-e 다쓰 그히언/디 그히어느 n. 뇌

□ das Herz /-en 다쓰 헤어츠/디 헤어쯘 n. 심장

□ die Lunge /-n 디 룽으/디 룽은 n. 폐

□ der Magen /¨ 데어 마근/디 매근 n. 위

□ das Blut /kein Pl. 다쓰 블뤁 n. 피

□ bluten 블루튼 v. 피가 나다, 출혈하다

□ die Haut /¨e 디 하웉/디 호이트 n. 피부

Sie haben etwas fettige Haut.
지 하븐 엩브아쓰 프헽티그 하웉
당신은 지성 피부를 가졌군요.

□ anschauen 안슈아우은 v. 바라보다, 응시하다

□ der Eindruck /¨e 데어 아인드흐욱/디 아인드흐윅크 n. 인상

□ der Typ /-en 데어 튚/디 튀픈 n. 유형, 타입

tip. 남자들 사이에서 '친구, 녀석, 자식'의 의미로도 쓰여요.

□ das Aussehen /kein Pl. 다쓰 아우쓰제흔 n. 외모

□ aussehen 아우쓰제흔 v. ~같이 보이다

□ stark 슈탘 adj. 강한

□ schön 슈왼 adj. 아름다운, 예쁜

□ schick 슈잌 adj. 멋진, 세련된

□ die Schönheit /-en 디 슈왼하잍/디 슈왼하이튼 n. 아름다움, 미모

□ hübsch 휩슈 adj. 예쁜, 귀여운; 호감을 주는

□ süß 쥐쓰 adj. 귀여운; 매력있는

□ hässlich 해쓸리히 adj. 못생긴, 추한

□ merkwürdig 메엌브뷔어디히 adj. 이상한, 기묘한

□ gepflegt 그프흘레킅 adj. (말투, 차림새 따위가) 세련된, 점잖은

□ sportlich 슈포어틀리히 adj. 스포츠로 단련된

□ jugendlich 유근틀리히 adj. 젊은; 발랄한

□ blass 블라쓰 adj. 창백한

Du siehst blass aus. Geht es dir gut?
두 지슽 블라쓰 아우쓰. 겥 에쓰 디어 궅?
너 창백해 보여. 괜찮니?

□ lachen 라흔 v. 웃다

□ lächeln 래히을ㄴ v. 미소 짓다

□ stolz 슈톨츠 adj. 자랑스런, 당당한

□ rund 흐운ㅌ adj. 둥근; 포동포동한

□ rundlich 흐운틀리히 adj. 통통한, 포동포동한; 둥그스름한

□ oval 오브알 adj. 계란형의, 타원형의

□ spitz 슈핕츠 adj. 뾰족한, 날카로운; 매서운

□ schmal 슈말 adj. (폭이) 좁은; 마른

□ breit 브흐아잍 adj. (폭이) 넓은

□ gefallen 그프할른 v. 마음에 들다

□ lang 랑 adj. 긴

□ kurz 쿠어츠 adj. 짧은

□ färben 프해어븐 v. 염색하다, 물들이다

□ die Farbe /-n 디 프하브/디 프하븐 n. 색, 색깔

□ hell 헬 adj. 밝은

□ dunkel 둥클 adj. 어두운

□ blond 블론ㅌ adj. 금발의

□ glatt 글랕 adj. 매끄러운; 순조로운

□ lockig 록키히 adj. 곱슬곱슬한

□ die Größe /-n 디 그흐외쓰/디 그흐외쓴 n. 신장, 키; 사이즈, 치수

□ groß 그흐오쓰 adj. 큰; 성장한

□ klein 클라인 adj. 작은; 어린

□ mindestens 민드스튼쓰 adv. 적어도, 최소한

□ etwa 엩브아 adv. 대략, 약

□ höchstens 회흐스튼쓰 adv. 기껏해야, 고작해야

□ wachsen 브아흐즌 v. 성장하다

□ das Gewicht /-e 다쓰 그브이힐/디 그브이히트 n. 무게, 체중

□ leicht 라이힐 adj. 가벼운

□ schlank 슐랑ㅋ adj. 날씬한

□ dünn 뒨 adj. 마른

□ mager 마거 adj. 영양분이 적은

tip. dünn은 지나치게 말랐다는 의미를 가지고 있고, mager는 영향이 결핍되었다는 의미로 부정적인 의미가 강해요. 긍정적 뉘앙스로 날씬하다는 표현은 schlank를 쓰도록 해요.

□ schwer 슈브에어 adj. 무거운

□ dick 딬 adj. 뚱뚱한; 두꺼운; 굵은; 부은

□ die Figur /-en 디 프히구어/디 프히구어흔 n. 몸매, 체형

□ die Diät /-en 디 디앹/디 디애튼 n. 다이어트

□ abnehmen 압네믄 v. 체중이 줄다

Ich treibe Sport, um abzunehmen.
이히 트흐아이브 슈포엍, 움 압쭈네믄
저는 체중을 줄이기 위해 운동을 해요.

□ zunehmen 쭈네믄 v. 체중이 늘다

□ regelmäßig 흐에글매씨히
adj. 언제나; 규칙적인; 습관적으로[회화]

03. 외모

꼭! 써먹는 **실전 회화**

Sahra Elisabeth sieht ihrer Mutter ähnlich.
엘리자벨 짙 이어흐어 뭍터 애늘리히
엘리자벳은 어머니를 많이 닮았어.

Lukas Stimmt. Sie hat blaue Augen und blonde Haare, wie ihre Mutter.
슈팀ㅌ. 지 핱 블라우으 아우근 운ㅌ 블론드 하흐, 브이 이어흐 뭍터
그래. 그녀는 자기 어머니처럼 파란 눈에 금발이잖아.

Sahra Aber vor kurzem hat sie sich die Haare braun gefärbt.
아버 프흐어 쿠어쯤 핱 지 지히 디 하흐 브흐아운 그프해어븥
하지만 최근에 머리를 갈색으로 염색했더라.

Lukas Ach wirklich?
Ich habe sie seit letzter Woche nicht gesehen.
아흐 브이어클리히? 이히 하브 지 자잍 렡츠터 브오흐 니힡 그제흔
정말? 난 그 애를 지난주 이후로 보지 못했어.

Schritt 04.

감정 & 성격 Das Gefühl und der Charakter 다쓰 그프휠 운트 데어 카흐악터

□ das Gefühl /-e 다쓰 그프휠/디 그프휠르
n. 감정

□ positiv 포지티프흐
adj. 긍정적인

□ gut 굳
adj. 좋은

□ gut gelaunt 굳 그라운트
adj. 기분 좋은

□ die Zufriedenheit /kein Pl.
디 쭈프흐이든하읻
n. 만족, 흡족

□ zufrieden 쭈프흐이든
adj. 만족한, 흡족한

□ die Freude /-n 디 프흐오이드/디 프흐오이든
n. 기쁨

□ freudig 프흐오이디히
adj. 기쁜

□ froh 프흐오
adj. 기쁜, 즐거운

□ das Vergnügen /-
다쓰 프헤어그뉘근/디 프헤어그뉘근
n. 즐거움, 기쁨, 만족

□ sich vergnügen 지히 프헤어그뉘근
v. 즐기다

□ der Spaß /¨e 데어 슈파쓰/디 슈패쓰
n. 재미, 즐거움; 농담

□ spaßig 슈파씨히
adj. 재미있는, 유머가 있는

□ die Erleichterung /-en
디 에어라이히터흐웅/디 에어라이히터흐웅은
n. 안심, 안도

□ erleichtern 에어라이히턴
v. 안심시키다

□ negativ 네가티프흐
adj. 부정적인

□ die Enttäuschung /-en
디 엔ㅌ토이슝/디 엔ㅌ토이슝은
n. 실망

□ enttäuschend 엔ㅌ토이슌ㅌ
adj. 실망스러운, 섭섭한

□ der Ärger /kein Pl. 데어 애어거
n. 화, 불쾌

□ ärgerlich 애어걸리히
adj. 화가 난

□ die Furcht /kein Pl. 디 프후어힡
n. 두려움, 공포

□ furchtbar 프후어힡바
adj. 무서운, 두려운; 엄청난

□ die Trauer /kein Pl. 디 트흐아우어
n. 슬픔

□ traurig 트흐아우흐이히
adj. 슬픈

□ nerven 네어프흔
v. 신경질 나다, 신경질 나게 하다

□ nervig 네어프히히
adj. 신경질이 나는; 귀찮은

□ die Nervosität /kein Pl.
디 네어브오지탵
n. 초조한 상태

□ nervös 네어브외쓰
adj. 초조한, 긴장한; 신경질적인

□ das Leiden /- 다쓰 라이든/디 라이든
= der Schmerz /-en
데어 슈메어츠/디 슈메어쯘
n. 고통

□ die Sorge /-n 디 조어그/디 조어근
n. 걱정, 불안; 배려, 보살핌

□ besorgt 브조어클
adj. 불안한

□ weinen 브아이는
v. 울다

□ die Träne /-n 디 트흐애느/디 트흐애는
n. 눈물

□ der Charakter /-e
데어 카흐악터/디 카흐악터흐
n. 성격

□ nett 넽
adj. 친절한

□ offen 오프흔
adj. 솔직한, 숨김없는; 열려 있는

□ ehrlich 에얼리히
adj. 정직한, 솔직한

□ fleißig 프흘라이씨히
adj. 부지런한; 규칙적인, 꾸준한

□ aktiv 악티프흐
adj. 활발한; 적극적인, 능동적인

□ spontan 슈폰탄
adj. 즉흥적인, 충동적인

□ zugänglich 쭈갱리히
adj. 붙임성 있는, 상냥한

□ extrovertiert 엑쓰트흐오브에어티얼
adj. 외향적인

□ introvertiert 인트흐오브에어티얼
adj. 내성적인

□ eitel 아이틀
adj. 우쭐한, 잘난 척하는

□ schüchtern 슈위히턴
adj. 수줍어하는; 소심한, 조심스러운

□ vorsichtig 프호어지히티히
adj. 신중한, 조심스러운, 주의 깊은

□ schweigsam 슈브아잌잠
adj. 과묵한, 말수가 적은

□ pessimistisch 페씨미스티슈
adj. 비관적인

□ tragisch 트흐아기슈
adj. 비극적인, 비참한

□ verzweifelt 프헤어쯔브아이프흘ㅌ
adj. 절망적인, 자포자기한

□ das Gefühl /-e 다쓰 그프휠/디 그프휠르 n. 감정

□ positiv 포지티프흐 adj. 긍정적인

□ gut 궅 adj. 좋은

□ gut gelaunt 궅 그라운ㅌ adj. 기분 좋은

Du bist ja heute gut gelaunt.
두 비슽 야 호이트 궅 그라운ㅌ
너 오늘 기분이 좋아 보이네.

□ die Zufriedenheit /kein Pl. 디 쭈프흐이든하잍 n. 만족, 흡족

□ zufrieden 쭈프흐이든 adj. 만족한, 흡족한

□ die Befriedigung /-en 디 브프흐이디궁/디 브프흐이디궁은 n. 만족, 충족

□ befriedigen 브프흐이디근 v. 만족시키다, 충족시키다

□ die Freude /-n 디 프흐오이드/디 프흐오이든 n. 기쁨

□ freudig 프흐오이디히 adj. 기쁜

□ froh 프흐오 adj. 기쁜, 즐거운

□ frölich 프흐욀리히 adj. 기쁜, 즐거운, 기분 좋은

□ amüsant 아뮤잔ㅌ adj. 즐거운, 재미있는

□ das Vergnügen /- 다쓰 프헤어그뉘근/디 프헤어그뉘근 n. 즐거움, 기쁨, 만족

□ sich vergnügen 지히 프헤어그뉘근 v. 즐기다

□ der Spaß /¨e 데어 슈파쓰/디 슈패쓰 n. 재미, 즐거움; 농담

□ spaßig 슈파씨히 adj. 재미있는, 유머가 있는

Es macht mir viel Spaß, mit dir zu tanzen.
에쓰 마흗 미어 프힐 슈파쓰, 밑 디어 쭈 탄쯘
너와 함께 춤추는 게 정말 재미있어.

□ die Lust /kein Pl. 디 루슽 n. 즐거움, 유쾌; 욕망

□ lustig 루스티히 adj. 즐거운, 유쾌한, 명랑한

Hast du Lust ins Kino zu gehen?
하슽 두 루슽 인쓰 키노 쭈 게흔?
같이 영화 보러 갈래? (영화관 가는 것에 즐거움을 느끼니?)

□ das Interesse /-en 다쓰 인터흐에쓰/디 인터흐에쓴 n. 흥미, 관심

□ interessant 인터흐싼ㅌ adj. 흥미 있는, 관심을 끄는

□ interessieren 인터흐씨어흔 v. 흥미를 일으키다, 주의를 끌다

□ sich interessieren 지히 인터흐씨어흔 v. (무엇에, 누구에게) 관심을 가지다

Ich interessiere mich für Sport.
이히 인터흐씨어흐 미히 프휘어 슈포엍
전 운동에 관심이 있어요.

□ spannend 슈판는ㅌ adj. 흥미진진한

□ das Lächeln /kein Pl. 다쓰 래히을ㄴ n. 미소

□ lächeln 래히을ㄴ v. 미소 짓다

□ lachen 라흔 v. 웃다

□ die Begeisterung /kein Pl. 디 브가이스터흐웅 n. 환희, 열광

□ begeistern 브가이스턴 v. 열광시키다, 감격시키다

□ sich begeistern 지히 브가이스턴 v. 열광하다, 감격하다

□ gemütlich 그뮈틀리히 adj. 느긋한; 안락한, 평온한

Das Sofa ist gemütlich.
다쓰 조프하 이슽 그뮈틀리히
소파가 안락해요.

□ die Erleichterung /-en 디 에어라이히터흐웅/디 에어라이히터흐웅은 n. 안심, 안도

□ erleichtern 에어라이히턴 v. 안심시키다

□ die Beruhigung /-en 디 브흐우이궁/디 브흐우이궁은 n. 진정, 안심, 위안

□ beruhigen 브흐우이근 v. 달래다, 진정시키다, 안심시키다

□ negativ 네가티프흐 adj. 부정적인

□ die Trauer /kein Pl. 디 트흐아우어 n. 슬픔

□ traurig 트흐아우흐이히 adj. 슬픈

Wir sind traurig.
브이어 진ㅌ 트흐아우흐이히
우리는 슬퍼요.

□ die Enttäuschung /-en 디 엔ㅌ토이슝/디 엔ㅌ토이슝은 n. 실망

□ enttäuschen 엔ㅌ토이슌 v. 실망시키다, 실망하다

□ enttäuschend 엔ㅌ토이슌ㅌ adj. 실망스러운, 섭섭한

Der Film war enttäuschend.
데어 프힐ㅁ 브아 엔ㅌ토이슌ㅌ
영화가 실망스러웠어요.

□ nerven 네어프흔 v. 신경질 나다, 신경질 나게 하다

□ nervig 네어프히히 adj. 신경질이 나는; 귀찮은

□ der Zorn /kein Pl. 데어 쪼언 n. 노여움, 분노

□ zornig 쪼어니히 adj. 성난, 화난

□ die Wut /kein Pl. 디 브웉 n. 분노, 격노

□ wütend 브위튼ㅌ adj. 격노한

□ der Ärger /kein Pl. 데어 애어거 n. 화, 불쾌

□ ärgern 애어건 v. 화나게 하다

□ ärgerlich 애어걸리히 adj. 화가 난

□ die Nervosität /kein Pl. 디 네어브오지탵 n. 초조한 상태

□ nervös 네어브외쓰 adj. 초조한, 긴장한; 신경질적인

□ die Furcht /kein Pl. 디 프후어힐 n. 두려움, 공포

□ furchtbar 프후어힐바 adj. 무서운, 두려운; 엄청난

□ fürchten 프휘어히튼 v. 두려워하다, 무서워하다

□ die Angst /¨e 디 앙슽/디 앵스트 n. 공포, 두려움; 불안

□ verängstigt 프헤어앵스티힐 adj. 겁먹은

□ verängstigen 프헤어앵스티근 v. 겁주다

tip. 독일에서는 '겁쟁이'를 토끼(der Hase 데어 하즈)에 비유해 'Angsthase 앙슽하즈'라고 해요.

□ grausam 그흐아우잠 adj. 무서운; 잔인한; 매정한; 사나운

□ zittern 찌턴 v. 떨다

□ das Leiden /- 다쓰 라이든/디 라이든 n. 고통

= der Schmerz /-en 데어 슈메어츠/디 슈메어쯘

□ leiden 라이든 v. 괴로워하다, 고통받다

□ schmerzen 슈메어쯘 v. 아프다, 쑤시다

□ weinen 브아이는 v. 울다

□ die Träne /-n 디 트흐애느/디 트흐애는 n. 눈물

□ schlecht 슐레힡 adj. 나쁜, 해로운

Die Verbindung ist schlecht.
디 프헤어빈둥 이슽 슐레힡
연결 상태가 나빠요.

□ die Sorge /-n 디 조어그/디 조어근 n. 걱정, 불안; 배려, 보살핌

□ besorgt 브조어클 adj. 불안한

□ der Charakter /-e 데어 카흐악터/디 카흐악터흐 n. 성격

□ nett 넽 adj. 친절한

Sie ist sehr nett.
지 이슽 제어 넽
그녀는 정말 친절해요.

tip. nett은 종종 '감사하다'는 의미로도 활용돼요.

- Das ist sehr nett von Ihnen. 다쓰 이슽 제어 넽 프혼 이는 정말 감사합니다.
- Nett, dass du gekommen bist. 넽, 다쓰 두 그콤믄 비슽 와줘서 고마워.

□ offen 오프흔 adj. 솔직한, 숨김없는; 열려 있는

□ ehrlich 에얼리히 adj. 정직한, 솔직한

□ fleißig 프흘라이씨히 adj. 부지런한; 규칙적인, 꾸준한

□ zurückhaltend 쭈흐윅할튼ㅌ adj. 겸손한

□ bescheiden 브슈아이든 adj. 겸손한; 검소한, 소박한

□ aktiv 악티프흐 adj. 활발한; 적극적인, 능동적인

Er ist ein aktiver Typ.
에어 이슽 아인 악티프허 튚
그는 항상 적극적이에요.

□ spontan 슈폰탄 adj. 즉흥적인, 충동적인

□ extrovertiert 엑쓰트흐오브에어티얼 adj. 외향적인

□ introvertiert 인트흐오브에어티얼 adj. 내성적인

□ zugänglich 쭈갱리히 adj. 붙임성 있는, 상냥한

Sie ist eine zugängliche Person.
지 이슽 아이느 쭈갱리히으 페어존
그녀는 붙임성이 매우 좋아요.

□ eitel 아이틀 adj. 우쭐한, 잘난 척하는

□ schüchtern 슈위히턴 adj. 수줍어하는; 소심한, 조심스러운

□ vorsichtig 프호어지히티히 adj. 신중한, 조심스러운, 주의 깊은

□ schweigsam 슈브아잌잠 adj. 과묵한, 말수가 적은

□ pessimistisch 페씨미스티슈 adj. 비관적인

Mein Mann ist pessimistisch.
마인 만 이슽 페씨미쓰티슈
제 남편은 비관적이에요.

□ tragisch 트흐아기슈 adj. 비극적인, 비참한

□ verzweifelt 프헤어쯔브아이프흘ㅌ adj. 절망적인, 자포자기한

Ich bin sehr verzweifelt.
이히 빈 제어 프헤어쯔브아이프흘ㅌ
너무 절망적이에요.

04. 관심

꼭! 써먹는 **실전 회화**

Elisabeth Kennst du Lukas?
켄슽 두 루카쓰?
너 혹시 루카스 아니?

Sahra Warum? Er ist ein Nachbar von mir.
브아흐움? 에어 이슽 아인 나흐바 프혼 미어
왜? 그는 같은 동네 사는 이웃이야.

Elisabeth Ich finde ihn ganz interessant, aber ich bin zu schüchtern ihn anzusprechen.
이히 프힌드 인 간츠 인터흐싼ㅌ, 아버 이히 빈 쭈 슈위히턴 인 안쭈슈프흐에히은
내가 그에게 관심이 있는데, 그에게 말을 걸기 너무 부끄러워.

Schritt 05.

사랑 Die Liebe 디 리브

□ die Begegnung /-en
디 브게그눙/디 브게그눙은
n. 만남

□ begegnen 브게그는
v. 만나다, 마주치다

□ das Date /-s 다쓰 데이트/디 데잍츠
n. 약속, (연인과의) 만남, 데이트

□ ausgehen 아우쓰게흔
v. 외출하다, 나들이하다

□ mit jemandem ausgehen
밑 예만듬 아우쓰게흔
데이트하다, 사귀다

□ das Blind Date /-s
다쓰 블라인ㅌ 데이트/디 블라인ㅌ 데잍츠
n. 소개팅

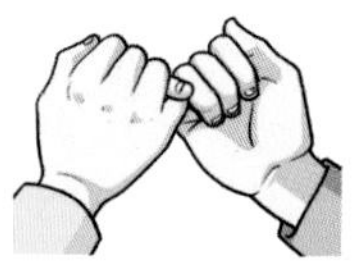

□ sich (mit jemandem) verabreden
지히 (밑 예만듬) 프헤어압흐에든
v. (누구와) 약속하다

□ versprechen 프헤어슈프흐에히은
v. 약속하다, 서약하다

□ der (feste) Freund /-e
데어 (프헤스트) 프흐오인ㅌ/디 프흐오인드
n. (남자인) 친구, 남자 친구

□ die (feste) Freundin /-nen
디 (프헤스트) 프흐오인딘/디 프흐오인딘는
n. (여자인) 친구, 여자 친구

□ der Traummann /¨er
데어 트흐아움만/디 트흐아움맨너,
die Traumfrau /-en
디 트흐아움프흐아우/디 트흐아움프흐아우은
n. 이상형

□ der Charme /kein Pl. 데어 슈암
= der Scharm 데어 슈암
n. 매력

□ charmant 슈아만ㅌ
adj. 매력적인

□ zusammen 쭈잠믄
adv. 함께, 같이

□ die Beziehung /-en
디 브찌훙/디 브찌훙은
n. 관계; 교제

□ gefallen 그프할른
v. 마음에 들다

□ mögen 뫼근
v. 좋아하다

□ die Liebe /-n 디 리브/디 리븐
n. 사랑

□ lieben 리븐
v. 사랑하다

□ lieblich 리블리히
adj. 사랑스러운

□ sich (in jemanden) vergucken
지히 (인 예만든) 프헤어쿡큰
v. (누구에게) 반하다

□ der Liebling /-e
데어 리블링/디 리블링으
n. 애인, 마음에 드는 사람

□ der Kuss /¨e 데어 쿠쓰/디 퀴쓰
n. 키스, 입맞춤

□ küssen 퀴쓴
v. 키스하다

□ die Umarmung /-en
디 움아뭉/디 움아뭉은
n. 포옹

□ umarmen 움아믄
v. 포옹하다, 껴안다

□ vermissen 프헤어미쓴
v. 그리워하다

□ die Sehnsucht /¨e
디 젠주흐트/디 젠쥐히트
n. 그리움; 갈망

□ vergessen 프헤어게쓴
v. 잊다

□ unvergesslich 운프헤어게쓸리히
adj. 잊을 수 없는

□ der Zweifel /-
데어 쯔브아이프흘/디 쯔브아이프흘
n. 의심, 의혹

□ zweifeln 쯔브아이프흘ㄴ
v. 의심하다, 수상하게 여기다

□ misstrauen 미쓰트흐아우은
v. 믿지 않다, 신뢰하지 않다

□ verdächtig 프헤어대히티히
adj. 의심스러운, 수상한

□ das Vertrauen /kein Pl.
다쓰 프헤어트흐아우은
n. 신뢰, 믿음

□ vertrauen 프헤어트흐아우은
v. 신뢰하다; 의지하다

□ glauben 글라우븐
v. 믿다; (~라고) 생각하다

□ die Eifersucht /¨e
디 아이프허주흩/디 아이프허쥐히트
= der Neid /kein Pl. 데어 나잍
n. 질투, 시기

□ eifersüchtig 아이프허쥐히티히
adj. 질투가 심한, 샘이 많은

□ der Konflikt /-e
데어 콘프흘리큳/디 콘프흘리크트
n. 갈등

□ der Streit /-e
데어 슈트흐아잍/디 슈트흐아이트
n. 다툼, 싸움, 불화

□ streiten 슈트흐아이튼
v. 다투다, 싸우다

□ der Hass /kein Pl. 데어 하쓰
n. 미움, 증오

□ hassen 하쓴
v. 미워하다, 증오하다, 싫어하다

□ auseinander gehen
아우쓰아인안더 게흔
헤어지다; 둘로 나눠지다

□ Abschied nehmen 압슈잍 네믄
헤어지다, 작별하다

□ der Abschied /-e
데어 압슈잍/디 압슈이드
n. 이별, 작별

□ einsam 아인잠
adj. 홀로 있는; 외로운, 고독한

□ allein 알라인
adj. 혼자; 외로운, 고독한

□ die Begegnung /-en 디 브게그눙/디 브게그눙은 n. 만남

□ begegnen 브게그는 v. 만나다, 마주치다

□ treffen 트흐에프흔 v. 우연히 만나다; 맞히다, 명중하다

□ das Date /-s 다쓰 데이트/디 데잍츠 n. 약속, (연인과의) 만남, 데이트

□ das Blind Date /-s 다쓰 블라인ㅌ 데이트/디 블라인ㅌ 데잍츠 n. 소개팅

□ ausgehen 아우쓰게흔 v. 외출하다, 나들이하다

□ mit jemandem ausgehen 밑 예만듬 아우쓰게흔 데이트하다, 사귀다

tip. ausgehen의 앞에 'mit jemandem(누구와 함께)'를 붙이면 '데이트하다, 사귀다'라는 의미를 내포하게 돼요.

□ die Verabredung /-en 디 프헤어압흐에둥/디 프헤어압흐에둥은 n. 약속, 구두 합의, 협정

□ sich (mit jemandem) verabreden 지히 (밑 예만듬) 프헤어압흐에든 v. (누구와) 약속하다

□ versprechen 프헤어슈프흐에히은 v. 약속하다, 서약하다

Ich habe eine Verabredung heute Abend.
이히 하브 아이느 프헤어압흐에둥 호이트 아븐ㅌ
오늘 저녁에 약속이 있어요.

□ der Single /-s 데어 씽글/디 씽글쓰 n. 독신자, 독신주의자

□ der Junggeselle /-n 데어 융그젤르/디 융그젤른 n. 미혼 남성

□ die Junggesellin /-nen 디 융그젤린/디 융그젤린는 n. 미혼 여성

□ der (feste) Freund /-e 데어 (프헤스트) 프흐오인ㅌ/디 프흐오인드 n. (남자인) 친구, 남자 친구

□ die (feste) Freundin /-nen 디 (프헤스트) 프흐오인딘/디 프흐오인딘는 n. (여자인) 친구, 여자 친구

□ der Traummann /¨er 데어 트흐아움만/디 트흐아움맨너,
die Traumfrau /-en 디 트흐아움프흐아우/디 트흐아움프흐아우은 n. 이상형

□ der Märchenprinz /-en 데어 매어히은프흐인츠/디 매어히은프흐인쯘 n. 동화 속 왕자

□ ideal 이데알 adj. 이상적인

□ der Charme /kein Pl. 데어 슈암 n. 매력
= der Scharm 데어 슈암
□ charmant 슈아만ㅌ adj. 매력적인

□ unwiderstehlich 운브이더슈테리히 adj. 매력적인, 매혹적인; 억제할 수 없는

□ reizen 흐아이쯘 v. 자극하다, 흥분시키다; 유혹하다
□ reizend 흐아이쯘ㅌ adj. 매력있는

□ süß 쥐쓰 adj. 귀여운; 매력있는

□ hübsch 휩슈 adj. 예쁜, 귀여운; 호감을 주는

Sie ist sehr hübsch.
지 이슽 제어 휩슈
그녀는 정말 예뻐요.

□ schön 슈왼 adj. 아름다운, 예쁜; 멋진

□ die Gemeinsamkeit /-en 디 그마인잠카잍/디 그마인잠카이튼 n. 공통점
□ gemeinsam 그마인잠 adv. 서로, 함께 adj. 공동의

Wir haben viele Gemeinsamkeiten.
브이어 하븐 프힐르 그마인잠카이튼
우리는 공통점이 많아요.

□ zusammen 쭈잠믄 adv. 함께, 같이

□ der Eindruck /¨e 데어 아인드흐욱/디 아인드흐윅크 n. 인상

□ die Beziehung /-en 디 브찌훙/디 브찌훙은 n. 관계; 교제

□ die Fernbeziehung /-en 디 프헤언브찌훙/디 프헤언브찌훙은 n. 장거리 연애

□ sich (auf etwas) beziehen 지히 (아우프흐 엗브아쓰) 브찌흔 v. (무엇에) 관련되다, (무엇에) 연관되다; (무엇을) 암시하다

□ gefallen 그프할른 v. 마음에 들다

Du gefällst mir.
두 그프핼슽 미어
너 내 마음에 들어.

□ mögen 뫼근 v. 좋아하다

□ die Liebe /-n 디 리브/디 리븐 n. 사랑

□ lieben 리븐 v. 사랑하다

□ sich (in jemanden) verlieben 지히 (인 예만든) 프헤어리븐 v. 사랑에 빠지다

Er ist in sie verliebt.
에어 이슽 인 지 프헤어맆ㅌ
그는 그녀와 사랑에 빠졌어요.

□ sich (in jemanden) vergucken 지히 (인 예만든) 프헤어쿡큰 v. (누구에게) 반하다

□ lieblich 리블리히 adj. 사랑스러운

□ der Liebling /-e 데어 리블링/디 리블링으 n. 애인, 마음에 드는 사람

□ der Schatz /¨e 데어 슈앝츠/ 디 슈앹쯔 n. 연인, 애인; 보물

□ der Engel /- 데어 엥을/디 엥을 n. 천사

Liebling.
리블링
자기야.

tip. Liebling, Schatz, Engel은 독일에서 '자기야'라는 애칭으로 자주 쓰여요. 또한 Schatz와 Engel은 어린아이에 대한 호칭으로도 많이 쓰이죠.

□ der Blick /-e 데어 블릭/디 블릭크 n. 시선, 눈길

□ blicken 블릭큰 v. 바라보다, 주시하다

□ das Herz /-en 다쓰 헤어츠/디 헤어쯘 n. 심장; 가슴; 감정, 마음

Es bricht mir das Herz.
에쓰 브흐이힐 미어 다쓰 헤어츠
마음이 아파요.

□ klopfen 클롶흔 v. 두근거리다; 두드리다

Mein Herz klopft.
마인 헤어츠 클롶흩
심장이 두근거려요.

□ der Kuss /¨e 데어 쿠쓰/디 퀴쓰 n. 키스, 입맞춤

□ küssen 퀴쓴 v. 키스하다

□ die Umarmung /-en 디 움아뭉/디 움아뭉은 n. 포옹

□ umarmen 움아믄 v. 포옹하다, 껴안다

□ der Jahrestag /-e 데어 야흐쓰탁/디 야흐쓰타그 n. 기념일

□ feiern 프하이언 v. 기념하다, 축하하다

□ (an jemanden) denken (안 예만든) 뎅큰 v. (누구를) 생각하다

□ vermissen 프헤어미쓴 v. 그리워하다

Ich vermisse ihn.
이히 프헤어미쓰 인
그가 그리워요.

tip. '그리움'이라는 단어를 살펴보면 '보다'라는 sehen과 '중독, 병적 욕망, 질병'이라는 'die Sucht'으로 이루어져 있어요. 시름시름 앓을 정도로 보고 싶어하는 마음을 나타내고 싶었던 걸까요?

□ die Sehnsucht /¨e 디 젠주흩/디 젠쥐히트 n. 그리움; 갈망

□ sehen 제흔 v. 보다

□ die Sucht /¨e 디 주흩/디 쥐히트 n. 중독; 질병

□ die Erinnerung /-en 디 에어인너흐웅/디 에어인너흐웅은 n. 추억, 기억

□ sich erinnern 지히 에어인넌 v. 기억하다

□ vergessen 프헤어게쓴 v. 잊다

□ unvergesslich 운프헤어게쓸리히 adj. 잊을 수 없는

□ das Vertrauen /kein Pl. 다쓰 프헤어트흐아우은 n. 신뢰, 믿음

□ vertrauen 프헤어트흐아우은 v. 신뢰하다; 의지하다

□ glauben 글라우븐 v. 믿다; (~라고) 생각하다

□ der Zweifel /- 데어 쯔브아이프흘/디 쯔브아이프흘 n. 의심, 의혹

□ zweifeln 쯔브아이프흘ㄴ v. 의심하다, 수상하게 여기다

□ misstrauen 미쓰트흐아우은 v. 믿지 않다, 신뢰하지 않다

□ verdächtig 프헤어대히티히 adj. 의심스러운, 수상한

□ die Eifersucht /¨e 디 아이프허주흩/디 아이프허쥐히트 n. 질투, 시기

= der Neid /kein Pl. 데어 나잍

□ eifersüchtig 아이프허쥐히티히 adj. 질투가 심한, 샘이 많은

□ der Konflikt /-e 데어 콘프흘리킅/디 콘프흘리크트 n. 갈등

□ der Streit /-e 데어 슈트흐아잍/디 슈트흐아이트 n. 다툼, 싸움, 불화

□ streiten 슈트흐아이튼 v. 다투다, 싸우다

□ der Hass /kein Pl. 데어 하쓰 n. 미움, 증오

□ hassen 하쓴 v. 미워하다, 증오하다, 싫어하다

Ich hasse solche Speisen.
이히 하쓰 졸히으 슈파이즌
나는 이런 종류의 음식을 싫어해요.

□ böse 뵈즈 adj. 나쁜; 악의가 있는; 성난, 감정이 상한

□ böse sein 뵈즈 자인 원망하다

□ auseinander gehen 아우쓰아인안더 게흔 헤어지다; 둘로 나눠지다

□ sich verabschieden 지히 프헤어압슈이든 v. 작별을 고하다

□ Abschied nehmen 압슈잍 네믄 헤어지다, 작별하다

□ der Abschied /-e 데어 압슈읱/디 압슈이드 n. 이별, 작별

□ zurücklassen 쭈흐뤽라쓴 v. 뒤에 남기다, 남겨두다

□ einsam 아인잠 adj. 홀로 있는; 외로운, 고독한

□ allein 알라인 adj. 혼자; 외로운, 고독한

Ich bin in den Ferien alleine durch Osteuropa gereist.
이히 빈 인 덴 프헤어흐이은 알라이느 두어히 오슽오이흐오파 그흐아이슽
저는 방학 동안 혼자 동유럽을 여행했어요.

꼭! 써먹는 **실전 회화**

05. 이상형

Lukas Michael, hast du eine Freundin?
미히아엘, 하슽 두 아이느 프흐오인딘?
미카엘, 너 여자친구 있니?

Michael Nein, ich bin noch Single.
나인, 이히 빈 노흐 씽글
아니, 아직 솔로야.

Lukas Soll ich dir eine meiner Freundinnen vorstellen? Wie stellst du dir deine Traumfrau vor?
좋 이히 디어 아이느 마이너 프흐오인딘는 프호어슈텔른?
브이 슈텔슽 두 디어 다이느 트흐아움프흐아우 프호어?
내 친구 중에 한 명 소개시켜 줄까? 네 이상형은 어떤 사람이야?

Michael Es wäre schön, wenn wir viele Gemeinsamkeiten hätten.
에쓰 브애어흐 슈왼, 브엔 브이어 프힐르 그마인잠카이튼 핻튼
서로 공통점이 많았으면 좋겠어.

Schritt 06.

취미 Das Hobby 다쓰 호비

□ das Hobby /-s
다쓰 호비/디 호비쓰
n. 취미

□ der Sport /-e
데어 슈포엍/디 슈포어트
n. 스포츠, 운동, 체육

□ spazieren 슈파찌어흔
v. 산책하다

□ der Fußball /¨e
데어 프후쓰발/디 프후쓰밸르
n. 축구; 축구공

□ der Basketball /¨e
데어 바스켙발/디 바스켙밸르
n. 농구; 농구공

□ der Volleyball /¨e
데어 브올리발/디 브올리밸르
n. 배구; 배구공

□ der Federball /¨e
데어 프헤더발/디 프헤더밸르
n. 배드민턴; 셔틀콕

□ der Baseball /kein Pl.
데어 베이쓰볼
n. 야구; 야구공

□ das Tischtennis / kein Pl. 다쓰 티슈테니쓰
n. 탁구

□ das Tennis /kein Pl.
다쓰 테니쓰
n. 테니스

□ das Golf /kein Pl.
다쓰 골프흐
n. 골프

□ das Reiten /kein Pl.
다쓰 흐아이튼
n. 승마

□ das Schwimmen / kein Pl. 다쓰 슈브임믄
n. 수영

□ das, der Yoga / kein Pl. 다쓰, 데어 요가
n. 요가

□ der Ski /-
데어 쉬/디 쉬
n. 스키

□ die Musik /-en
디 무직/디 무지큰
n. 음악

□ hören 회어흔
v. 듣다

□ Musik machen
무직 마흔
(음악을) 연주하다

□ das Lied /-er
다쓰 릳/디 리더
n. 노래, 가요; 선율

□ der Sänger /- 데어 쟁어/디 쟁어,
die Sängerin /-nen 디 쟁어흐인/디 쟁어흐인는
n. 가수

□ das Instrument /-e
다쓰 인스트흐우멘ㅌ/
디 인스트흐우멘트
n. 악기

□ das Klavier /-e
다쓰 클라브이어/
디 클라브이어흐
n. 피아노

□ die Gitarre /-n
디 기타흐/디 기타흔
n. 기타

□ die Trommel /-n
디 트흐옴믈/디 트흐옴믈ㄴ
n. 드럼

□ die Geige /-n
디 가이그/디 가이근
n. 바이올린

□ die Trompete /-n
디 트흐옴페트/디 트흐옴페튼
n. 트럼펫

□ die Oper /-n
디 오퍼/디 오펀
n. 오페라

□ das Musical /-s
다쓰 뮤지컬/디 뮤지컬쓰
n. 뮤지컬

□ das Konzert /-e
다쓰 콘쩨얼/디 콘쩨어트
n. 콘서트

□ die Disko /-s 디 디스코/디 디스코쓰
n. 디스코; 클럽

□ tanzen 탄쯘
v. 춤추다

□ der Tanz /¨e 데어 탄츠/디 탠쯔
n. 춤

□ die Kunst /¨e
디 쿤슽/디 퀸스트
n. 예술

□ malen 말른
v. 그리다; 색칠하다

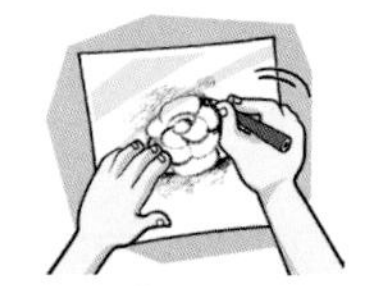

□ zeichnen 짜이히는
v. 그리다, 스케치하다

□ der Maler /- 데어 말러/디 말러,
die Malerin /-nen 디 말러흐인/디 말러흐인는
n. 화가

□ die Malerei /-en
디 말러흐아이/디 말러흐아이은
n. 회화, 채색; 그림

□ das Kino /-s
다쓰 키노/디 키노쓰
n. 영화관; 영화

□ einen Film sehen
아이는 프힐ㅁ 제흔
영화를 보다

□ der Filmregisseur /-e
데어 프힐ㅁ흐에쥐쐬어/
디 프힐ㅁ흐에쥐쐬어흐,
die Filmregisseurin /-nen
디 프힐ㅁ흐에쥐쐬어흐인/
디 프힐ㅁ흐에쥐쐬어흐인는
n. 영화 감독

□ der Schauspieler /-
데어 슈아우슈필러/
디 슈아우슈필러,
die Schauspielerin /-nen
디 슈아우슈필러흐인/
디 슈아우슈필러흐인는
n. 배우

□ das Theater /-
다쓰 테아터/디 테아터
n. 연극; 극장; 무대

□ lesen 레즌
v. 읽다

□ schreiben 슈흐아이븐
v. 쓰다

□ der Roman /-e
데어 흐오만/디 흐오마느
n. 장편 소설

□ die Erzählung /-en
디 에어쨀룽/디 에어쨀룽은
n. 단편 소설; 이야기

□ das Märchen /-
다쓰 매어히은/디 매어히은
n. 동화

□ das Gedicht /-e
다쓰 그디힡/디 그디히트
n. 시

□ das Comic /-s
다쓰 코믹/디 코믹쓰
n. 만화

□ das Bergsteigen /kein Pl.
다쓰 베엌슈타이근
n. 등산

□ die Angel /-n
디 앙을/디 앙을ㄴ
n. 낚시

□ das Hobby /-s 다쓰 호비/디 호비쓰 n. 취미

□ gern tun 게언 툰 (무엇을) 하고 싶어하다, 즐겨하다

□ der Sport /-e 데어 슈포얼/디 슈포어트 n. 스포츠, 운동, 체육

tip. 복수형 'Sporte 슈포어트'는 회화에서 거의 쓰이지 않아요.

□ Sport treiben 슈포얼 트흐아이븐 운동하다

□ der Sportplatz /¨e 데어 슈포얼플랕츠/디 슈포얼플랠쯔 n. 운동장, 경기장

□ der Sportartikel /- 데어 슈포얼아티클/디 슈포얼아티클 n. 스포츠 용품

□ spazieren 슈파찌어흔 v. 산책하다

□ die Übung /-en 디 위붕/디 위붕은 n. 연습, 훈련; 연습 문제, 과제

□ üben 위븐 v. 연습하다, 익히다, 훈련하다

□ die Halle /-n 디 할르/디 할른 n. 체육관; 홀, 로비

□ im Freien 임 프흐아이은 adv. 야외에서

□ der Verein /-e 데어 프헤어아인/디 프헤어아이느 n. 단체, 협회, 클럽

= der Klub /-s 데어 클룹/디 클룹쓰

□ spielen 슈필른 v. 경기 하다; 놀다; (악기를) 연주하다

□ der Fußball /¨e 데어 프후쓰발/디 프후쓰밸르 n. 축구; 축구공

tip. '공'이라는 의미일 때는 복수형이 있지만, '운동 종목'을 의미할 때는 복수형이 없습니다.

□ der Basketball /¨e 데어 바스켙발/디 바스켙밸르 n. 농구; 농구공

□ der Volleyball /¨e 데어 브올리발/디 브올리밸르 n. 배구; 배구공

□ der Federball /¨e 데어 프헤더발/디 프헤더밸르 n. 배드민턴; 셔틀콕

□ der Baseball /kein Pl. 데어 베이쓰볼 n. 야구; 야구공

□ das Tischtennis /kein Pl. 다쓰 티슈테니쓰 n. 탁구

□ das Tennis /kein Pl. 다쓰 테니쓰 n. 테니스

□ das Tor /-e 다쓰 토어/디 토어흐 n. 골, 득점; 대문

□ der Punkt /-e 데어 풍클/디 풍크트 n. 점수, 득점

□ schießen 슈이쓴 v. 쏘다, 사격하다, 발사하다

Er hat ein Tor geschossen.
에어 할 아인 토어 그슈오쓴
그가 골을 넣었어요(쏘았어요).

□ die Halbzeit /-en 디 할ㅍ짜잍/디 할ㅍ짜이튼 n. 하프타임

□ der Rekord /-e 데어 흐에코얼/디 흐에코어드 n. 기록

□ brechen 브흐에히은 v. 깨다, 꺾다

□ gewinnen 그브인는 v. 이기다, 승리하다

= siegen 지근

□ das Golf /kein Pl. 다쓰 골프흐 n. 골프

□ die Leichtathletik /kein Pl. 디 라이힡아틀레틱 n. 육상

□ laufen 라우프흔 v. 달리다, 뛰다; 걷다[회화], 가다

□ rennen 흐엔는 v. 달리다, 뛰다, 질주하다

□ springen 슈프흐잉은 v. 껑충 뛰다, 도약하다

□ werfen 브에어프흔 v. 던지다

□ das Reiten /kein Pl. 다쓰 흐아이튼 n. 승마

□ reiten 흐아이튼 v. 말을 타다, 승마하다

In Deutschland lernen viele Reiten.
인 도이츄란ㅌ 레어는 프힐르 흐아이튼
독일에서는 많은 사람들이 승마를 배워요.

□ das Schwimmen /kein Pl. 다쓰 슈브임믄 n. 수영

□ schwimmen 슈브임믄 v. 수영하다

□ das Schwimmbad /¨er 다쓰 슈브임받/디 슈브임배더 n. 수영장

□ das, der Yoga / kein Pl. 다쓰, 데어 요가 n. 요가

□ der Ski /- 데어 쉬/디 쉬 n. 스키

□ Ski fahren 쉬 프하흔 스키 타다

□ der Schlittschuh /-e 데어 슐릳슈/디 슐릳슈흐 n. (아이스) 스케이트

□ die Musik /-en 디 무짘/디 무지큰 n. 음악

□ Musik machen 무짘 마흔 (음악을) 연주하다

□ hören 회어흔 v. 듣다

□ komponieren 콤포니어흔 v. 작곡하다

□ der Komponist /-en 데어 콤포니슽/디 콤포니스튼,
die Komponistin /-nen 디 콤포니스틴/디 콤포니스티는 n. 작곡가

□ das Instrument /-e 다쓰 인스트흐우멘ㅌ/디 인스트흐우멘트 n. 악기

□ das Klavier /-e 다쓰 클라브이어/디 클라브이어흐 n. 피아노

□ die Gitarre /-n 디 기타흐/디 기타흔 n. 기타

□ die Trommel /-n 디 트흐옴믈/디 트흐옴믈ㄴ n. 드럼

□ die Geige /-n 디 가이그/디 가이근 n. 바이올린

□ die Trompete /-n 디 트흐옴페트/디 트흐옴페튼 n. 트럼펫

□ das Genre /-s 다쓰 정흐/디 정흐쓰 n. 장르

□ der Jazz /kein Pl. 데어 죄쓰 n. 재즈

□ der Rock /kein Pl. 데어 흐옥 n. 락

□ der Pop /kein Pl. 데어 퐆 n. 팝

□ die Volksmusik /-en 디 프홀ㅋ쓰무짘/디 프홀ㅋ쓰무지크 n. 민속 음악

□ die Klassik /kein Pl. 디 클라앀 n. 클래식

□ die Oper /-n 디 오퍼/디 오펀 n. 오페라

□ das Musical /-s 다쓰 뮤지컬/디 뮤지컬쓰 n. 뮤지컬

In Hamburg kann man gute Musicals anschauen.
인 함부엌 칸 만 구트 뮤지컬쓰 안슈아우은
함부르크에서는 좋은 뮤지컬들을 관람할 수 있어요.

tip. 함부르크는 뮤지컬, 베를린은 클래식 공연, 쾰른은 다양한 문화 공연이 유명한데, 각 극장과 콘서트홀에도 매표소가 있지만 가끔 큰 전철역에서도 표를 판매하니 잘 둘러보세요.

□ das Konzert /-e 다쓰 콘쩨얼/디 콘쩨어트 n. 콘서트

□ die Disko /-s 디 디스코/디 디스코쓰 n. 디스코; 클럽

□ der Tanz /¨e 데어 탄츠/디 탠쯔 n. 춤

□ tanzen 탄쯘 v. 춤추다

□ sich unterhalten 지히 운터할튼 v. 즐기다; 담소를 나누다

□ singen 징은 v. 노래하다

□ der Sänger /- 데어 쟁어/디 쟁어,
die Sängerin /-nen 디 쟁어흐인/디 쟁어흐인는 n. 가수

□ die Stimme /-n 디 슈팀므/디 슈팀믄 n. 목소리

□ das Lied /-er 다쓰 맅/디 리더 n. 노래, 가요; 선율

□ die Melodie /-n 디 멜로디/디 멜로딘 n. 멜로디, 선율

□ die Kunst /¨e 디 쿤슽/디 퀸스트 n. 예술

□ das Kunstwerk /-e 다쓰 쿤슽브에엌/디 쿤슽브에어크 n. 예술 작품

□ malen 말른 v. 그리다; 색칠하다

□ zeichnen 짜이히는 v. 그리다, 스케치하다

□ der Maler /- 데어 말러/디 말러,
die Malerin /-nen 디 말러흐인/디 말러흐인는 n. 화가

□ die Malerei /-en 디 말러흐아이/디 말러흐아이은 n. 회화, 채색; 그림

□ das Bild /-er 다쓰 빌ㅌ/디 빌더 n. 그림; 사진

□ das Gemälde /- 다쓰 그맬드/디 그맬드 n. 회화, 유화

□ das Kino /-s 다쓰 키노/디 키노쓰 n. 영화관; 영화

□ der Film /-e 데어 프힐ㅁ/디 프힐므 n. 영화; 필름

□ einen Film sehen 아이는 프힐ㅁ 제흔 영화를 보다

Lass uns ins Kino gehen.
라쓰 운쓰 인쓰 키노 게흔
우리 영화관 가자. (영화 보러 가자.)

□ der Filmregisseur /-e 데어 프힐ㅁ흐에쥐쐬어/디 프힐ㅁ흐에쥐쐬어흐,
die Filmregisseurin /-nen 디 프힐ㅁ흐에쥐쐬어흐인/디 프힐ㅁ흐에쥐쐬어흐인는
n. 영화 감독

□ der Schauspieler /- 데어 슈아우슈필러/디 슈아우슈필러,
die Schauspielerin /-nen 디 슈아우슈필러흐인/디 슈아우슈필러흐인는 n. 배우

□ das Theater /- 다쓰 테아터/디 테아터 n. 연극; 극장; 무대

□ die Bühne /-n 디 뷔느/디 뷔는 n. 무대, 극장

□ lesen 레즌 v. 읽다

□ schreiben 슈흐아이븐 v. 쓰다

□ der Autor /-en 데어 아우토어/디 아우토어흔,
die Autorin /-nen 디 아우토어흐인/디 아우토어흐인는 n. 저자, 작가

□ der Roman /-e 데어 흐오만/디 흐오마느 n. 장편 소설

□ die Erzählung /-en 디 에어쨀룽/디 에어쨀룽은 n. 단편 소설; 이야기

□ der Krimi /-s 데어 크흐이미/디 크흐이미쓰 n. 탐정 소설; 추리 영화

□ das Märchen /- 다쓰 매어히은/디 매어히은 n. 동화

□ das Gedicht /-e 다쓰 그디힐/디 그디히트 n. 시

□ das Comic /-s 다쓰 코믹/디 코믹쓰 n. 만화

tip. 관사 der를 사용할 수도 있어요.

□ das Bergsteigen /kein Pl. 다쓰 베엌슈타이근 n. 등산

□ einen Berg besteigen 아이는 베엌 브슈타이근 등산하다

□ die Angel /-n 디 앙을/디 앙을ㄴ n. 낚시

□ angeln 앙을ㄴ v. 낚시하다

꼭! 써먹는 **실전 회화**

06. 음악

Sahra Elisabeth, was ist dein Hobby?
엘리자벨, 브아쓰 이슽 다인 호비?
엘리자벳, 네 취미는 뭐니?

Elisabeth Ich höre gerne Musik. Und du?
이히 회어흐 게어느 무짘. 운ㅌ 두?
난 음악을 즐겨 들어. 너는?

Sahra Ich höre auch meistens Musik, wenn ich Freizeit habe. Welche Musik hörst du gerne, Elisabeth?
이히 회어흐 아우흐 마이스튼쓰 무짘, 브엔 이히 프흐아이짜잍 하브. 브엘히으 무짘 회어슽 두 게어느, 엘리자벨?
나도 여유 시간이 생길 때마다 음악을 들어.
엘리자벳, 넌 어떤 장르의 음악을 듣니?

Elisabeth Ich liebe Klassik.
이히 리브 클라씩
난 클래식을 좋아해.

연습 문제 Übung 위붕

다음 단어를 읽고 맞는 뜻과 연결하세요.

1. der Charakter •	• 감정
2. die Freude •	• 기쁨
3. das Gefühl •	• 미워하다
4. das Gesicht •	• 사랑
5. hassen •	• 성격
6. das Hobby •	• 스포츠, 운동
7. der Körper •	• 슬픔
8. die Liebe •	• 신체, 몸
9. mögen •	• 얼굴
10. die Musik •	• 음악
11. der Sport •	• 좋아하다
12. die Trauer •	• 취미

1. der Charakter – 성격 2. die Freude – 기쁨 3. das Gefühl – 감정
4. das Gesicht – 얼굴 5. hassen – 미워하다 6. das Hobby – 취미
7. der Körper – 신체, 몸 8. die Liebe – 사랑 9. mögen – 좋아하다
10. die Musik – 음악 11. der Sport – 스포츠, 운동 12. die Trauer – 슬픔

Kapitel 3

Schritt 07.

가족 Die Familie 디 프하밀리으

□ die Familie /-n
디 프하밀리으/디 프하밀리은
n. 가족

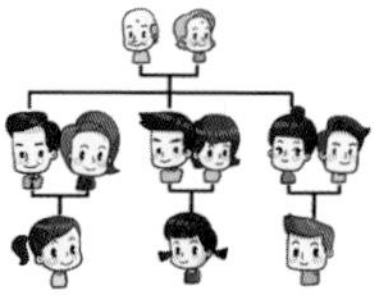

□ die Verwandtschaft /-en
디 프헤어브안ㅌ슈아픝/디 프헤어브안ㅌ슈아프흐튼
n. 친척

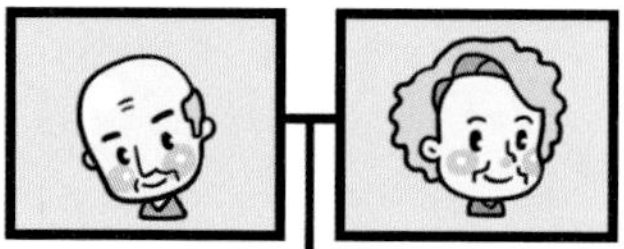

□ der Großvater /¨
데어 그흐오쓰프하터/디 그흐오쓰프해터
= der Opa /-s 데어 오파/디 오파쓰
n. 할아버지

□ die Großmutter /¨er
디 그흐오쓰뭍터/디 그흐오쓰뮐터
= die Oma /-s 디 오마/이 오마쓰
n. 할머니

□ die Eltern /kein Sg.
디 엘턴
n. 부모

□ der Vater /¨ 데어 프하터/디 프해터
n. 아버지, 아빠

□ die Mutter /¨er 디 뭍터/디 뮐터
n. 어머니, 엄마

□ der Sohn /¨e
데어 존/디 죄느
n. 아들

□ der Bruder /¨
데어 브흐우더/디 브흐위더
n. 형, 오빠; 남동생

□ das Geschwister /-
다쓰 그슈브이스터/
디 그슈브이스터
n. 남매; 형제; 자매
(주로 복수형)

□ die Tochter /¨
디 토흐터/디 퇴히터
n. 딸

□ die Schwester /-n
디 슈브에스터/디 슈브에스턴
n. 누나, 언니; 여동생

□ der Ehemann /¨er
데어 에흐만/디 에흐맨너
= der Gatte /-n 데어 같트/디 같튼
n. 남편, 배우자

□ die Ehefrau /-en
디 에흐프흐아우/디 에흐프흐아우은
= die Gattin /-nen 디 같틴/디 같틴는
n. 아내, 처, 배우자

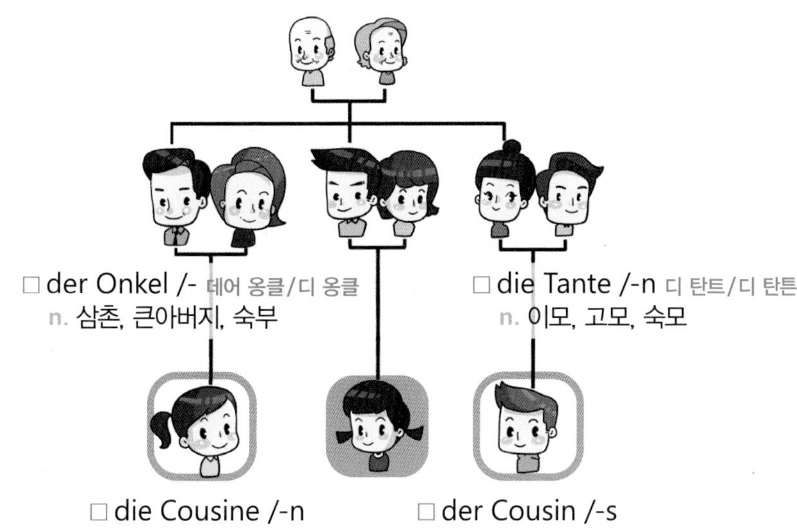

□ der Onkel /- 데어 옹클/디 옹클
n. 삼촌, 큰아버지, 숙부

□ die Tante /-n 디 탄트/디 탄튼
n. 이모, 고모, 숙모

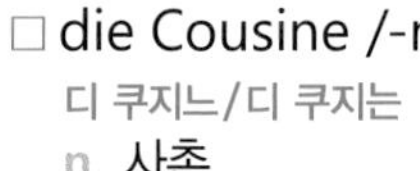

□ die Cousine /-n
디 쿠지느/디 쿠지는
n. 사촌

□ der Cousin /-s
데어 쿠정/디 쿠정쓰
n. 사촌

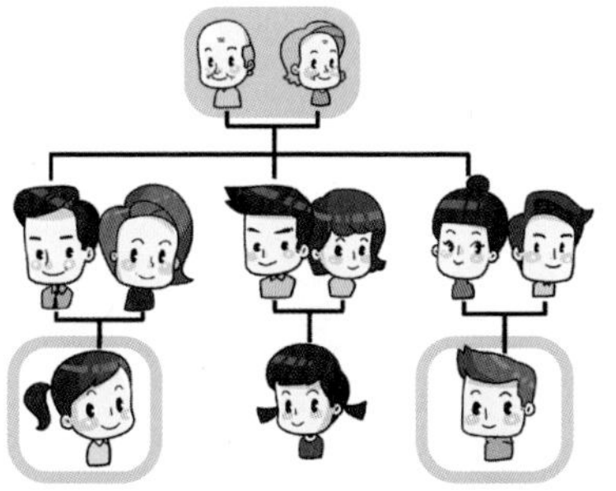

□ die Enkelin /-nen
디 엥클린/디 엥클린는
n. 손녀

□ der Enkel /-
데어 엥클/디 엥클
n. 손자

□ der Neffe /-n 데어 네프흐/디 네프흔,
die Nichte /-n 디 니히트/디 니히튼
n. 조카

□ der Heiratsantrag /¨e
데어 하이흐앝츠안트흐악/디 하이흐앝츠안트흐애그
n. 청혼

□ verehren 프헤어에어흔
v. 청혼하다

□ die Ehe /-n 디 에흐/디 에흔
n. 부부; 결혼

□ die Heirat /-en 디 하이흐앝/디 하이흐아튼
n. 결혼

□ der Ehering /-e
데어 에흐흐잉/디 에흐흐잉으
n. 결혼 반지

□ der Bräutigam /-e
데어 브흐오이티감/디 브흐오이티감므
n. 신랑

□ der Schwiegervater /¨
데어 슈브이거프하터/디 슈브이거프해터
n. 장인; 시아버지

□ die Verlobung /-en
디 프헤어로붕/디 프헤어로붕은
n. 약혼

□ sich verloben 지히 프헤어로븐
v. 약혼하다

□ die Hochzeit /-en
디 호흐짜잍/디 호흐짜이튼
n. 결혼식

□ die Einladung /-en
디 아인라둥/디 아인라둥은
n. 청첩장; 초대

□ die Braut /¨e
디 브흐아웉/디 브흐오이트
n. 신부

□ die Schwiegermutter /¨er
디 슈브이거뭍터/디 슈브이거뮡터
n. 장모; 시어머니

□ die Schwangerschaft /-en
디 슈브앙어슈아픝/디 슈브앙어슈아프흐튼
n. 임신

□ schwanger werden 슈브앙어 브에어든
임신하다

□ die Geburt /-en 디 그부얼/디 그부어튼
n. 탄생, 출산

□ gebären 그배어흔
v. 낳다, 분만하다

□ sich kümmern 지히 큄먼
v. 돌보다, 보살피다

□ der Babysitter /-
데어 베이비씰터/디 베이비씰터,
die Babysitterin /-nen
디 베이비씰터흐인/디 베이비씰터흐인는
n. 보모, 베이비시터

□ stillen 슈틸른
= die Brust geben 디 브흐우슽 게븐
v. 수유하다(모유를 주다)

□ das Fläschchen /-
다쓰 프흘래슈히은/디 프흘래슈히은
n. 젖병

□ die Windel /-n 디 브인들/디 브인들ㄴ
n. 기저귀

□ windeln 브인들ㄴ
v. 기저귀를 채우다

□ der Kinderwagen /-
데어 킨더브아근/디 킨더브아근
n. 유모차

□ die Familie /-n 디 프하밀리으/디 프하밀리은 n. 가족

Besuchst du am Erntedankfest deine Familie?
브주흐슽 두 암 에언트당ㅋ프헤슽 다이느 프하밀리으?
추수감사절에 가족을 만나러 갈 거니?

□ die Großeltern /kein Sg. 디 그흐오쓰엘턴 n. 조부모

tip. 조부모는 할머니와 할아버지 모두를 의미해 단수형이 없어요.

□ der Großvater /¨ 데어 그흐오쓰프하터/디 그흐오쓰프해터 n. 할아버지
= der Opa /-s 데어 오파/디 오파쓰

□ die Großmutter /¨er 디 그흐오쓰뭍터/디 그흐오쓰뮅터 n. 할머니
= die Oma /-s 디 오마/이 오마쓰

□ die Eltern /kein Sg. 디 엘턴 n. 부모

□ der Vater /¨ 데어 프하터/디 프해터 n. 아버지, 아빠

□ die Mutter /¨er 디 뭍터/디 뮅터 n. 어머니, 엄마

□ das Paar /-e 다쓰 파/디 파흐 n. 짝, 커플; 부부

□ der Partner /- 데어 파트너/디 파트너,
die Partnerin /-nen 디 파트너흐인/디 파트너흐인는 n. 동반자, 파트너

□ das Baby /-s 다쓰 베이비/디 베이비쓰 n. 아기

□ der Sohn /¨e 데어 존/디 죄느 n. 아들

□ die Tochter /¨ 디 토흐터/디 퇴히터 n. 딸

Herzlichen Glückwunsch zur Geburt Ihrer Tochter.
헤어쯜리히은 글뤽브운슈 쭈어 그부얼 이어흐어 토흐터
딸이 태어난 걸 축하해요.

□ das Geschwister /- 다쓰 그슈브이스터/디 그슈브이스터 n. 남매; 형제; 자매(주로 복수형)

□ der Bruder /¨ 데어 브흐우더/디 브흐위더 n. 형, 오빠; 남동생

Ich habe noch einen kleinen Bruder.
이히 하브 노흐 아이는 클라이는 브흐우더
저는 남동생 한 명이 있어요.

□ die Schwester /-n 디 슈브에스터/디 슈브에스턴 n. 누나, 언니; 여동생

□ die Verwandtschaft /-en 디 프헤어브안ㅌ슈아픝/디 프헤어브안ㅌ슈아프흐튼 n. 친척

□ verwandt 프헤어브안ㅌ adj. 친척의, 혈연의

□ der Onkel /- 데어 옹클/디 옹클 n. 삼촌, 큰아버지, 숙부

□ die Tante /-n 디 탄트/디 탄튼 n. 이모, 고모, 숙모

□ der Cousin /-s 데어 쿠정/디 쿠정쓰, die Cousine /-n 디 쿠지느/디 쿠지는 n. 사촌

□ der Neffe /-n 데어 네프흐/디 네프흔, die Nichte /-n 디 니히트/디 니히튼 n. 조카

□ der Enkel /- 데어 엥클/디 엥클 n. 손자

□ die Enkelin /-nen 디 엥클린/디 엥클린는 n. 손녀

□ die Schwiegereltern /kein Sg. 디 슈브이거엘턴 n. 처부모; 시부모

□ der Schwiegervater /¨ 데어 슈브이거프하터/디 슈브이거프해터 n. 장인; 시아버지

□ die Schwiegermutter /¨er 디 슈브이거뭍터/디 슈브이거뮐터 n. 장모; 시어머니

□ die Schwiegertochter /¨ 디 슈브이거토흐터/디 슈브이거퇴히터 n. 며느리

□ der Schwiegersohn /¨e 데어 슈브이거존/디 슈브이거죄느 n. 사위

□ ledig 레디히 adj. 미혼의

□ der Heiratsantrag /¨e 데어 하이흐앝츠안트흐악/디 하이흐앝츠안트흐애그 n. 청혼

□ verehren 프헤어에어흔 v. 청혼하다

□ die Verlobung /-en 디 프헤어로붕/디 프헤어로붕은 n. 약혼

□ sich verloben 지히 프헤어로븐 v. 약혼하다

□ die Heirat /-en 디 하이흐앝/디 하이흐아튼 n. 결혼

□ heiraten 하이흐아튼 v. 결혼하다

= verheiraten 프헤어하이흐아튼

= ehelichen 에흘리히은

Ich bin noch nicht bereit zu heiraten.
이히 빈 노흐 니힡 브흐아잍 쭈 하이흐아튼
난 지금 결혼하고 싶지 않아. (난 아직 결혼하기에는 준비가 안 됐어.)

□ die Hochzeit /-en 디 호흐짜잍/디 호흐짜이튼 n. 결혼식

□ der Ehering /-e 데어 에흐흐잉/디 에흐흐잉으 n. 결혼 반지

= der Trauring /-e 데어 트흐아우흐잉/디 트흐아우흐잉으

□ das Eheversprechen /- 다쓰 에흐프헤어슈프흐에히은/디 에흐프헤어슈프흐에히은 n. 결혼 서약

□ die Einladung /-en 디 아인라둥/디 아인라둥은 n. 청첩장; 초대

Ich lade Sie zu meiner Hochzeit ein.
이히 라드 지 쭈 마이너 호흐짜잍 아인
당신을 제 결혼식에 초대합니다.

□ die Ehe /-n 디 에흐/디 에흔 n. 부부; 결혼

□ der Ehemann /¨er 데어 에흐만/디 에흐맨너 n. 남편, 배우자

= der Gatte /-n 데어 같트/디 같튼

□ die Ehefrau /-en 디 에흐프흐아우/디 에흐프흐아우은 n. 아내, 처, 배우자

= die Gattin /-nen 디 같틴/디 같틴는

□ der Bräutigam /-e 데어 브흐오이티감/디 브흐오이티감므 n. 신랑

□ die Braut /¨e 디 브흐아웉/디 브흐오이트 n. 신부

Das ist meine Braut.
다쓰 이슽 마이느 브흐아웉
제 신부입니다.

□ die Schwangerschaft /-en 디 슈브앙어슈아픝/디 슈브앙어슈아프흐튼 n. 임신

□ schwanger werden 슈브앙어 브에어든 임신하다

Ich bin schwanger.
이히 빈 슈브앙어
저 임신했어요.

□ die Geburt /-en 디 그부얼/디 그부어튼 n. 탄생, 출산

□ die Entbindung /-en 디 엔ㅌ빈둥/디 엔ㅌ빈둥은 n. 출산, 분만

□ gebären 그배어흔 v. 낳다, 분만하다

□ die Adoption /-en 디 아돞찌온/디 아돞찌오는 n. 입양

□ adoptieren 아돞티어흔 v. 입양하다

□ sich kümmern 지히 큄먼 v. 돌보다, 보살피다

Ich kümmere mich um das Baby.
이히 큄머흐 미히 움 다쓰 베이비
제가 아이를 돌볼게요.

□ der Babysitter /- 데어 베이비씰터/디 베이비씰터,
die Babysitterin /-nen 디 베이비씰터흐인/디 베이비씰터흐인는 n. 보모, 베이비시터

□ die Muttermilch /-e 디 뭍터밀히/디 뭍터밀히으 n. 모유

□ das Milchpulver /- 다쓰 밀히풀브어/디 밀히풀브어 n. 분유
= die Trockenmilch /-e 디 트흐옥큰밀히/디 트흐옥큰밀히으

□ stillen 슈틸른 v. 수유하다(모유를 주다)
= die Brust geben 디 브흐우슽 게븐

□ das Fläschchen /- 다쓰 프흘래슈히은/디 프흘래슈히은 n. 젖병
= die Saugflasche /-n 디 자욱프흘라슈/디 자욱프흘라슌

□ die Windel /-n 디 브인들/디 브인들ㄴ n. 기저귀

□ windeln 브인들ㄴ v. 기저귀를 채우다

□ der Kinderwagen /- 데어 킨더브아근/디 킨더브아근 n. 유모차

□ die Wiege /-n 디 브이그/디 브이근 n. 요람

□ das Vertrauen /kein Pl. 다쓰 프헤어트흐아우은 n. 신뢰, 믿음

□ vertrauen 프헤어트흐아우은 v. 신뢰하다; 의지하다

□ glauben 글라우븐 v. 믿다; (~라고) 생각하다

□ der Konflikt /-e 데어 콘프흘리킅/디 콘프흘리크트 n. 갈등

□ der Streit /-e 데어 슈트흐아잍/디 슈트흐아이트 n. 다툼, 싸움, 불화

□ streiten 슈트흐아이튼 v. 다투다, 싸우다

□ die Eifersucht /¨e 디 아이프허주흩/디 아이프허쥐히트 n. 질투, 시기

= der Neid /kein Pl. 데어 나잍

□ eifersüchtig 아이프허쥐히티히 adj. 질투가 심한, 샘이 많은

Sie ist sehr eifersüchtig.
지 이슽 제어 아이프허쥐히티히
그녀는 질투에 눈이 멀었어.

□ neidisch 나이디슈 adj. 부러워하는; 질투심이 많은

Ich bin neidisch auf sie.
이히 빈 나이디슈 아우프흐 지
저는 그녀가 부러워요.

□ der Betrüger /- 데어 브트흐위거/디 브트흐위거,
die Betrügerin /-nen 디 브트흐위거흐인/디 브트흐위거흐인는 n. 사기꾼

□ betrügen 브트흐위근 v. 속이다; 배반하다

□ lügen 뤼근 v. 거짓말하다

Man sollte seinen Partner nicht betrügen.
만 졸트 자이는 파트너 니힡 브트흐위근
자신의 파트너를 속여서는 안 된다.

□ die Trennung /-en 디 트흐엔눙/디 트흐엔눙은 n. 별거; 분리, 구분
  □ sich trennen 지히 트흐엔는 v. 헤어지다

□ sich entfernen 지히 엔ㅌ프헤어는 v. 멀어지다

□ verlassen 프헤어라쓴 v. 떠나다

□ die Ehetrennung /-en 디 에흐트흐엔눙/디 에흐트흐엔눙은 n. 이혼
  = die Scheidung /-en 디 슈아이둥/디 슈아이둥은
  □ scheiden 슈아이든 v. 이혼하다; 떠나다, 헤어지다

□ der Witwer /- 데어 브잍브어/디 브잍브어 n. 홀아비
  □ die Witwe /-n 디 브잍브/디 브잍븐 n. 과부

□ verwitwet 프헤어브잍븥 adj. 배우자와 사별한

07. 가족

꼭! 써먹는 **실전 회화**

Lukas Elisabeth, hast du Geschwister?
엘리자벹, 하슽 두 그슈브이스터?
엘리자벳, 다른 형제가 있니?

Elisabeth Ja, ich habe einen großen Bruder und eine kleine Schwester.
야, 이히 하브 아이는 그흐오쓴 브흐우더 운ㅌ 아이느 클라이느 슈브에스터
응, 오빠 1명과 여동생 1명이 있어.

Lukas Ist dein Bruder verheiratet?
이슽 다인 브흐우더 프헤어하이흐아틑?
오빠는 결혼을 했니?

Elisabeth Nein, er ist noch ledig.
나인, 에어 이슽 노흐 레디히
아니, 아직 미혼이야.

Schritt 08.

집 Das Haus 다쓰 하우쓰

□ das Haus /¨er
다쓰 하우쓰/디 호이저
n. 집

□ der Raum /¨e
데어 흐아움/디 흐오이므
n. 방, 공간

□ das Schlafzimmer /-
다쓰 슐라프흐찜머/디 슐라프흐찜머
n. 침실

□ die Küche /-n
디 퀴히으/디 퀴히은
n. 부엌, 주방

□ das Esszimmer /-
다쓰 에쓰찜머/디 에쓰찜머
n. 식당, 밥 먹는 곳

□ das Wohnzimmer /-
다쓰 브온찜머/디 브온찜머
n. 거실

□ das Badezimmer /-
다쓰 바드찜머/디 바드찜머
n. 욕실

□ die Dusche /-n
디 두슈/디 두슌
n. 샤워; 샤워 시설

□ die Toilette /-n
디 토일렡트/디 토일렡튼
n. 화장실

□ der Garten /¨
데어 가튼/디 개어튼
n. 정원

□ die Garage /-n
디 가흐아쥬/디 가흐아쥰
n. 차고

□ der Keller /-
데어 켈러/디 켈러
n. 지하실; 창고

□ das Dach /¨er
다쓰 다흐/디 대혀
n. 지붕

□ das Stockwerk /-e
다쓰 슈톡브에엌/디 슈톡브에어크
n. 층

□ die Tür /-en
디 튀어/디 튀어흔
n. 문; 입구, 현관

□ das Fenster /-
다쓰 프헨스터/디 프헨스터
n. 창문

□ die Stufe /-n
디 슈투프흐/디 슈투프흔
n. 계단; 단계

□ der Aufzug /¨e
데어 아우프흐쭉/디 아우프흐쮜그
n. 승강기, 엘리베이터

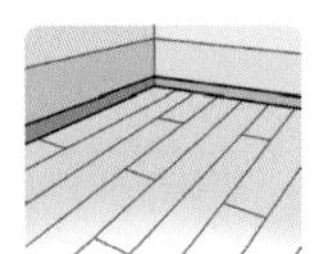

□ der Boden /¨
데어 보든/디 뵈든
n. 바닥; 땅

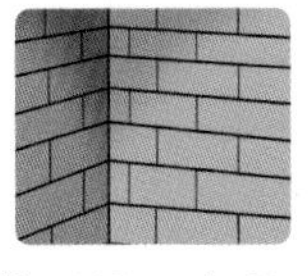

□ die Wand /¨e
디 브안ㅌ/디 브앤드
n. 벽

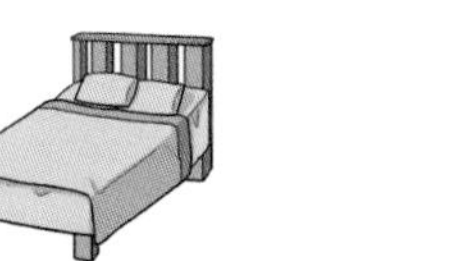

□ das Möbel /-
다쓰 뫼블/디 뫼블
n. 가구(주로 복수형)

□ das Bett /-en
다쓰 벧/디 벧튼
n. 침대

□ die Garderobe /-n
디 가더흐오브/디 가더흐오븐
n. 옷장

□ der Tisch /-e
데어 티슈/디 티슈
n. 책상; 탁자; 식탁

□ der Stuhl /¨e
데어 슈툴/디 슈튈르
n. 의자

□ das Sofa /-s
다쓰 조프하/디 조프하쓰
n. 소파

□ der Fernseher /- 데어 프헤언제허/디 프헤언제허
= das Fernsehen /kein Pl. 다쓰 프헤언제흔
n. 텔레비전

□ der Spiegel /-
데어 슈피글/디 슈피글
n. 거울

□ das Regal /-e
다쓰 흐에갈/디 흐에갈르
n. 선반, 진열장

□ die Lampe /-n
디 람프/디 람픈
n. 전등; 전구

□ der Bücherschrank /¨e
데어 뷔히어슈흐앙ㅋ/
디 뷔히어슈흐앵크
n. 책장, 서가

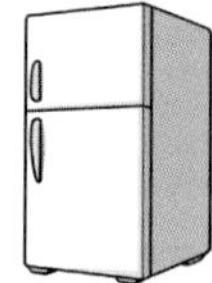

□ der Kühlschrank /¨e
데어 퀼슈흐앙ㅋ/디 퀼슈흐앵크
n. 냉장고

□ der Herd /-e
데어 헤얼/디 헤어드
n. 가스레인지; 화덕

□ der Ofen /¨
데어 오프흔/디 외프흔
n. 오븐

□ der Löffel /-
데어 뢰프흘/디 뢰프흘
n. 숟가락

□ die Gabel /-n
디 가블/디 가블ㄴ
n. 포크

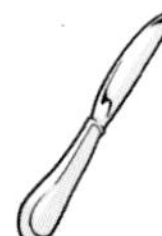

□ das Messer /-
다쓰 메써/디 메써
n. 칼, 나이프

□ die Kanne /-n
디 칸느/디 칸는
n. 주전자, 포트

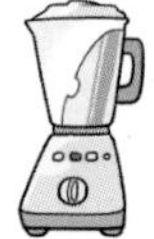

□ der Mixer /-
데어 믹써/디 믹써
n. 믹서; 바텐더

□ der Toaster /-
데어 토스터/디 토스터
n. 토스터

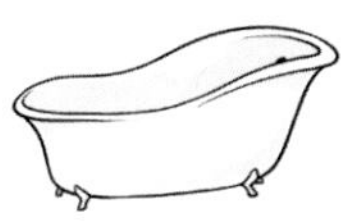

□ die Badewanne /-n

디 바드브안느/디 바드브안는
n. 욕조

□ das Waschbecken /-
다쓰 브아슈벡큰/디 브아슈벡큰
n. 세면대

□ sich duschen
지히 두슌
v. 샤워하다

□ waschen 브아슌
v. 씻다; 빨다, 빨래하다

□ die Waschmaschine /-n
디 브아슈마슈이느/
디 브아슈마슈이는
n. 세탁기

□ der Staubsauger /-
데어 슈타웊자우거/
디 슈타웊자우거
n. 진공청소기

□ spülen 슈퓔른
v. 씻다, 세척하다; 헹구다

□ die Spülmaschine /-n
디 슈퓔마슈이느/디 슈퓔마슈이는
n. 세척기

□ abtrocknen
압트흐옥크는
v. 말리다, (깨끗이) 닦다

□ putzen 풑쯘
v. 깨끗하게 하다,
청소하다

□ fegen 프헤근
v. 쓸다, 청소하다

□ der Müll /kein Pl.
데어 뮐
n. 쓰레기

□ der Mülleimer /-
데어 뮐아이머/디 뮐아이머
n. 휴지통, 쓰레기통

□ das Haus /¨er 다쓰 하우쓰/디 호이저 n. 집

□ das Hochhaus /¨er 다쓰 호흐하우쓰/디 호흐호이저 n. 고층 건물, 빌딩

□ das Reihenhaus /¨er 다쓰 흐아이흔하우쓰/디 흐아이흔호이저 n. 연립 주택

tip. 약 4층 이하의 같은 구조의 집이 옆으로 줄 서있는 형태입니다.
• Reihenhaus
= Reihe(열, 줄)+Haus(집)

□ leben 레븐 v. 살다; 살아 있다, 생존하다

□ das Leben /- 다쓰 레븐/디 레븐 n. 삶, 생명

Ich lebe in Korea.
이히 레브 인 코흐에아
전 한국에 살아요.

□ die Wohnung /-en 디 브오눙/디 브오눙은 n. 주택, 집, 숙소

□ wohnen 브오는 v. 살다, 거주하다

□ die Eigentumswohnung /-en 디 아이근툼쓰브오눙/디 아이근툼쓰브오눙은 n. 자택

= die Privatwohnung /-en 디 프흐이브앝브오눙/디 프흐이브앝브오눙은

□ die Mietwohnung /-en 디 밑브오눙/디 밑브오눙은 n. 월세 아파트, 셋집

□ die Miete /-n 디 미트/디 미튼 n. 임대, 임차; 임대차 계약; 집세

□ mieten 미튼 v. 임차하다, 빌리다

□ vermieten 프헤어미튼 v. 임대하다, 빌려주다

□ das Wohnheim /-e 다쓰 브온하임/디 브온하이므 n. 기숙사

□ die Wohngemeinschaft /-en 디 브온그마인슈아픝/디 브온그마인슈아프흐튼
n. 주거 공동체, 셰어하우스

tip. 독일의 많은 대학생들은 주거 공동체의 형태로 생활을 해요. 한 집에 3~4명이 함께 모여 살며 월세를 나눠 지불하죠.

□ der Garten /¨ 데어 가튼/디 개어튼 n. 정원

□ der Dachgarten /¨ 데어 다흐가튼/디 다흐개어튼 n. 옥상 정원

□ die Garage /-n 디 가흐아쥬/디 가흐아쥰 n. 차고

□ die Terrasse /-n 디 테흐아쓰/디 테흐아쓴 n. 테라스

□ der Stock /¨e 데어 슈톡/디 슈퇵크 n. 층; 막대기; 주식 자본

□ das Stockwerk /-e 다쓰 슈톡브에엌/디 슈톡브에어크 n. 층

□ das Erdgeschoss /-e 다쓰 에얻그슈오쓰/디 에얻그슈오쓰 n. 1층

In welchem Stock wohnst du?
인 브엘히음 슈톡 브온슽 두?
몇 층에 사니?

tip. 독일에서는 '1층'을 땅 위에 바로 있다고 해서 'Erd(땅)+Geschoss(층)'이라고 하고, 'Erster(첫번째)+ Stock(층)'이 '2층'이에요.

□ der Keller /- 데어 켈러/디 켈러 n. 지하실; 창고

□ das Dach /¨er 다쓰 다흐/디 대혀 n. 지붕

□ die Stufe /-n 디 슈투프흐/디 슈투프흔 n. 계단; 단계

□ die Treppe /-n 디 트흐엪프/디 트흐엪픈 n. 계단

□ der Aufzug /¨e 데어 아우프흐쭉/디 아우프흐쮜그 n. 승강기, 엘리베이터; 행렬, 행진

□ der Raum /¨e 데어 흐아움/디 흐오이므 n. 방, 공간

□ das Zimmer /- 다쓰 찜머/디 찜머 n. 방, 실

□ die Küche /-n 디 퀴히으/디 퀴히은 n. 부엌, 주방, 주방 시설

tip. '요리, 음식'이라는 뜻도 있습니다.

□ das Esszimmer /- 다쓰 에쓰찜머/디 에쓰찜머 n. 식당, 밥 먹는 곳

□ essen 에쓴 v. 먹다, 식사하다

□ das Wohnzimmer /- 다쓰 브온찜머/디 브온찜머 n. 거실

□ das Schlafzimmer /- 다쓰 슐라프흐찜머/디 슐라프흐찜머 n. 침실

□ schlafen 슐라프흔 v. 자다, 수면하다

□ die Toilette /-n 디 토일렡트/디 토일렡튼 n. 화장실

= das WC /-s 다쓰 브에체/디 브에체쓰

tip. 독일은 음식점에서 물을 별도로 주문해야 하고, 식당 내 화장실이나 공공 화장실을 이용할 땐 입장료 또는 팁을 내야 한답니다. 독일 여행할 때 당황하지 마세요.

□ das Badezimmer /- 다쓰 바드찜머/디 바드찜머 n. 욕실

□ die Dusche /-n 디 두슈/디 두슌 n. 샤워; 샤워 시설

□ duschen 두슌 v. 샤워를 시키다

□ sich duschen 지히 두슌 v. 샤워하다

□ die Badewanne /-n 디 바드브안느/디 바드브안는 n. 욕조

□ das Waschbecken /- 다쓰 브아슈벡큰/디 브아슈벡큰 n. 세면대

□ waschen 브아슌 v. 씻다; 빨다, 빨래하다

□ die Waschmaschine /-n 디 브아슈마슈이느/디 브아슈마슈이는 n. 세탁기

□ der Spiegel /- 데어 슈피글/디 슈피글 n. 거울

□ der Boden /¨ 데어 보든/디 뵈든 n. 바닥; 땅

□ die Wand /¨e 디 브안ㅌ/디 브앤드 n. 벽

□ die Tür /-en 디 튀어/디 튀어흔 n. 문; 입구, 현관

□ das Fenster /- 다쓰 프헨스터/디 프헨스터 n. 창문

□ das Möbel /- 다쓰 뫼블/디 뫼블 n. 가구(주로 복수형)

□ möbliert 뫼블리얼 adj. 가구가 딸린

Die Wohnung ist möbliert.
디 브오눙 이슽 뫼블리얼
이 집은 가구가 갖춰져 있어요.

□ das Bett /-en 다쓰 벹/디 벹튼 n. 침대

□ die Decke /-n 디 덱크/디 덱큰 n. 덮개; 이불

□ das Kissen /- 다쓰 키쓴/디 키쓴 n. 쿠션; 베개

□ das Regal /-e 다쓰 흐에갈/디 흐에갈르 n. 선반, 진열장

□ die Garderobe /-n 디 가더흐오브/디 가더흐오븐 n. 옷장

□ der Schrank /¨e 데어 슈흐앙ㅋ/디 슈흐앵크 n. 장, 장롱; 찬장

□ der Bücherschrank /¨e 데어 뷔히어슈흐앙ㅋ/디 뷔히어슈흐앵크 n. 책장, 서가

□ der Tisch /-e 데어 티슈/디 티슈 n. 책상; 탁자; 식탁

□ der Stuhl /¨e 데어 슈툴/디 슈튈르 n. 의자

□ das Sofa /-s 다쓰 조프하/디 조프하쓰 n. 소파

Das Sofa ist bequem.
다쓰 조프하 이슽 브크브엠
소파가 편해요.

□ der Sessel /- 데어 제쓸/디 제쓸 n. 안락의자

□ der Fernseher /- 데어 프헤언제허/디 프헤언제허 n. 텔레비전
= das Fernsehen /kein Pl. 다쓰 프헤언제흔
□ fernsehen 프헤언제흔 v. 텔레비전을 보다

□ anmachen 안마흔 v. 켜다
□ einschalten 아인슈알튼 v. 스위치를 켜다

□ ausmachen 아우쓰마흔 v. 끄다
□ ausschalten 아우쓰슈알튼 v. 스위치를 끄다

Können Sie den Fernseher ausmachen?
쾬는 지 덴 프헤언제허 아우쓰마흔?
텔레비전을 꺼주실 수 있나요?
= Können Sie den Fernseher ausschalten?
쾬는 지 덴 프헤언제허 아우쓰슈알튼?

□ der Kühlschrank /¨e 데어 퀼슈흐앙ㅋ/디 퀼슈흐앵크 n. 냉장고

□ der Herd /-e 데어 헤얻/디 헤어드 n. 가스레인지; 화덕

□ der Ofen /¨ 데어 오프흔/디 외프흔 n. 오븐

□ das Besteck /-e 다쓰 브슈텍/디 브슈텍크 n. 식사 도구 (칼, 수저 등)

□ der Löffel /- 데어 뢰프흘/디 뢰프흘 n. 숟가락

□ die Gabel /-n 디 가블/디 가블ㄴ n. 포크

□ das Messer /- 다쓰 메써/디 메써 n. 칼, 나이프

□ das Stäbchen /- 다쓰 슈텝히은/디 슈텝히은 n. 젓가락

□ das Geschirr /-e 다쓰 그슈이어/디 그슈이어흐 n. 식기; 그릇, 접시; 잔

□ der Teller /- 데어 텔러/디 텔러 n. 접시

□ der Becher /- 데어 베히어/디 베히어 n. 컵, 잔

tip. 보통 손잡이와 다리가 없으며 유리 재질이 아닌 잔을 의미해요.

□ die Tasse /-n 디 타쓰/디 타쓴 n. (컵과 받침이 있는 한 세트) 잔

□ das Glas /¨er 다쓰 글라쓰/디 글래저 n. 유리컵, 유리잔; 유리; 안경

□ die Pfanne /-n 디 프한느/디 프한는 n. (운두가 낮은) 냄비, 프라이팬

□ der Topf /¨e 데어 톺프흐/디 툎프흐 n. 깊은 냄비; 화분

□ die Kanne /-n 디 칸느/디 칸는 n. 주전자, 포트

□ der Mixer /- 데어 믹써/디 믹써 n. 믹서; 바텐더

□ der Toaster /- 데어 토스터/디 토스터 n. 토스터

□ die Spülmaschine /-n 디 슈퓔마슈이느/디 슈퓔마슈이는 n. 세척기

□ spülen 슈퓔른 v. 씻다, 세척하다; 헹구다

□ abtrocknen 압트흐옥크는 v. 말리다, (깨끗이) 닦다

□ der Staub /¨e 데어 슈타웊/디 슈토이브 n. 먼지; 꽃가루

□ der Staubsauger /- 데어 슈타웊자우거/디 슈타웊자우거 n. 진공청소기

□ der Besen /- 데어 베즌/디 베즌 n. 빗자루

□ schmutzig 슈뭍찌히 adj. 더러운, 지저분한

□ dreckig 드흐엑키히 adj. 불결한, 더러운

□ putzen 풑쯘 v. 깨끗하게 하다, 청소하다
  □ fegen 프헤근 v. 쓸다, 청소하다
  □ sauber 자우버 adj. 깨끗한, 깔끔한

□ der Müll /kein Pl. 데어 뮐 n. 쓰레기
  □ der Mülleimer /- 데어 뮐아이머/디 뮐아이머 n. 휴지통, 쓰레기통

□ das Licht /-er 다쓰 리힡/디 리히터 n. 빛
  □ die Lampe /-n 디 람프/디 람픈 n. 전등; 전구

□ die Steckdose /-n 디 슈텍도즈/디 슈텍도즌 n. 전기 콘센트

□ die Heizung /-en 디 하이쭝/디 하이쭝은
  n. 난방, 난방 장치, 라디에이터
  □ heizen 하이쯘 v. 데우다, 난방하다

08. 셰어하우스

꼭! 써먹는 **실전 회화**

Lukas Sahra, lebst du in einem Wohnheim?
자흐아, 렙슽 두 인 아이늠 브온하임?
사라, 너 기숙사에서 사니?

Sahra Nein, ich wohne in einer Vierer-WG.
나인, 이히 브오느 인 아이너 프히어흐어-브에게
아니, 4명이 함께 사는 셰어하우스에서 살고 있어.

tip. WG는 Wohngemeinschaft(셰어하우스)의 약자입니다.

Lukas Ist die Miete hoch?
이슽 디 미트 호흐?
임대료가 높니?

Sahra Nein, sie ist nicht so hoch, weil wir uns die Miete teilen.
나인, 지 이슽 니힡 조 호흐, 브아일 브이어 운쓰 디 미트 타일른
아니, 나눠서 내기 때문에 그렇게 높진 않아.

Schritt 09.

옷 Die Kleidung 디 클라이둥

□ die Kleidung /-en
디 클라이둥/디 클라이둥은
n. 옷, 의복

□ anziehen 안찌흔
v. 입히다, (신발) 신기다

□ sich anziehen 지히 안찌흔
v. 입다, (신발) 신다

□ sich ausziehen
지히 아우쓰찌흔
v. 옷을 벗다

□ der Anzug /¨e
데어 안쭉/디 안쮜그
n. 신사복, 양복;
(위아래) 한 벌

□ die Jacke /-n
디 약크/디 약큰
n. 재킷

□ die Unterjacke /-n
디 운터약크/디 운터약큰
n. 조끼(신사복)

□ die Weste /-n
디 브에스트/디 브에스트
n. 조끼

□ die Hose /-n
디 호즈/디 호즌
n. 바지

□ die Kniehose /-n
디 크니호즈/디 크니호즌
= die kurze Hose /-n
디 쿠어쯔 호즈/디 쿠어쯔 호즌
n. 반바지

□ die Jeans 디 쥔쓰
n. 청바지

□ das Hemd /-en
다쓰 헴ㅌ/디 헴든
n. 와이셔츠

□ die Wollweste /-n
디 브올브에스트/디 브올브에스튼
n. 카디건

□ der Mantel /¨
데어 만틀/디 맨틀
n. 외투, 코트

□ die Bluse /-n
디 블루즈/디 블루즌
n. 블라우스

□ das Kleid /-er
다쓰 클라잍/디 클라이더
n. 원피스, 드레스

□ der Rock /¨e
데어 흐옥/디 흐왹크
n. 치마

□ das T-Shirt /-s
다쓰 티슈엍/디 티슈엍츠
n. 티셔츠

□ der Pullover /-
데어 풀로브어/디 풀로브어
n. (머리부터 입는) 풀오버, 스웨터

□ der Schlafanzug /¨e
데어 슐라프흐안쭉/디 슐라프흐안쮜그
n. 잠옷(파자마)

□ die Unterwäsche /-n
디 운터브애슈/디 운터브애슌
n. 속옷

□ das Unterhemd /-en
다쓰 운터헴ㅌ/디 운터헴든
n. 러닝셔츠, 내의

□ die Unterhose /-n
디 운터호즈/디 운터호즌
n. 팬티, 속바지

□ der Sportanzug /¨e
데어 슈포엍안쭉/디 슈포엍안쮜그
n. 운동복

□ die Badehose /-n
디 바드호즈/디 바드호즌
n. (남자용) 수영 팬티

□ der Badeanzug /¨e
데어 바드안쭉/디 바드안쮜그
n. (원피스) 수영복

□ der Regenmantel /¨
데어 흐에근만틀/디 흐에근맨틀
n. 비옷

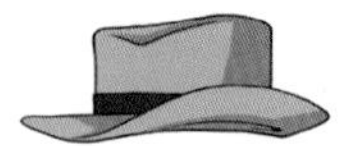

□ der Hut /¨e
데어 훝/디 휘트
n. (테가 있는) 모자; 페도라

□ die Kappe /-n
디 캎프/디 캎픈
n. (테가 없는) 모자, 스냅백; 비니

□ der Gürtel /-
데어 귀어틀/디 귀어틀
n. 벨트, 허리띠

□ die Krawatte /-n
디 크흐아브앝트/디 크흐아브앝튼
n. 넥타이

□ das Halstuch /¨er
다쓰 할츠투흐/디 할츠튀히어
n. 목도리

□ der Handschuh /-e
데어 한ㅌ슈/디 한ㅌ슈흐
n. 장갑

□ der Schuh /-e
데어 슈/디 슈흐
n. 신발

□ der Schnürschuh /-e
데어 슈뉘어슈/디 슈뉘어슈흐
n. (끈이 있는) 신발, 단화

□ der Sportschuh /-e
데어 슈포얻슈/디 슈포얻슈흐
n. 운동화

□ der Slipper /-
데어 슬맆퍼/디 슬맆퍼
n. 단화, 슬립온

□ der Stöckelschuh /-e
데어 슈퇶클슈/디 슈퇶클슈흐
n. 하이힐

□ der Stiefel /-
데어 슈티프흘/디 슈티프흘
n. 장화, 부츠

□ die Sandale /-n
디 잔달르/디 잔달른
n. 샌들

□ der Pantoffel /-n
데어 판톺흘/디 판톺흘ㄴ
n. 슬리퍼

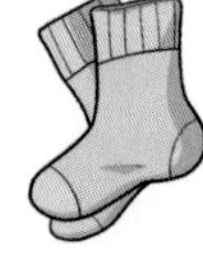

□ die Socke /-n
디 족크/디 족큰
n. 양말

□ der Schmuck /-e
데어 슈묵/디 슈묵크
n. 장신구, 보석류

□ der Ring /-e
데어 흐잉/디 흐잉으
n. 반지

□ der Ohrring /-e
데어 오어흐잉/디 오어흐잉으
n. 귀걸이

□ die Kette /-n
디 켇트/디 켇튼
n. 목걸이, 팔찌; 사슬

□ das Armband /¨er
다쓰 암반ㅌ/디 암밴더
n. 팔찌

□ die Armbanduhr /-en
디 암반ㅌ우어/디 암반ㅌ우어흔
n. 손목시계

□ die Brille /-n
디 브흐일르/디 브흐일른
n. 안경

□ die Sonnenbrille /-n
디 존는브흐일르/
디 존는브흐일른
n. 선글라스

□ die Tasche /-n
디 타슈/디 타슌
n. 가방

□ die Umhängetasche /-n
디 움행으타슈/디 움행으타슌
n. 숄더백

□ die Unterarmtasche /-n
디 운터암타슈/디 운터암타슌
n. 클러치백

□ der Rucksack /¨e
데어 흐욱작/디 흐욱잭크
n. 백팩

□ der Koffer /-
데어 코프허/디 코프허
n. 트렁크, 캐리어

□ die Handtasche /-n
디 한ㅌ타슈/디 한ㅌ타슌
n. 손가방; 지갑

□ das Portemonnaie /-s
다쓰 포얼모내이/
디 포얼모내이쓰
n. 지갑

□ die Kleidung /-en 디 클라이둥/디 클라이둥은 n. 옷, 의복

tip. 독일의 옷가게를 가보면 단색 및 어두운 색 계열의 옷들을 많이 볼 수 있어요. 아마도 독일 사람들이 화려함보다는 수수한 옷들을 선호하기 때문일 거예요.

□ der Anzug /¨e 데어 안쭉/디 안쮜그 n. 신사복, 양복; (위아래) 한 벌

□ der Badeanzug /¨e 데어 바드안쭉/디 바드안쮜그 n. (원피스) 수영복

□ der Sportanzug /¨e 데어 슈포얼안쭉/디 슈포얼안쮜그 n. 운동복

□ der Jogginganzug /¨e 데어 조깅안쭉/디 조깅안쮜그 n. 조깅복

□ die Hose /-n 디 호즈/디 호즌 n. 바지

□ die Badehose /-n 디 바드호즈/디 바드호즌 n. (남자용) 수영 팬티

□ die Kniehose /-n 디 크니호즈/디 크니호즌 n. 반바지

= die kurze Hose /-n 디 쿠어쯔 호즈/디 쿠어쯔 호즌

tip. 운동할 때 입는 반바지는 'die Shots 디 슈옽츠', 핫팬츠는 'die Hotpants 디 핫팬츠'라고 해요.

□ die Jeans 디 쥔쓰 n. 청바지

□ die Jacke /-n 디 약크/디 약큰 n. 재킷

□ die Unterjacke /-n 디 운터약크/디 운터약큰 n. 조끼(신사복)

□ die Weste /-n 디 브에스트/디 브에스튼 n. 조끼

□ die Wollweste /-n 디 브올브에스트/디 브올브에스튼 n. 카디건

□ der Mantel /¨ 데어 만틀/디 맨틀 n. 외투, 코트

□ der Regenmantel /¨ 데어 흐에근만틀/디 흐에근맨틀 n. 비옷

□ der Regenschirm /-e 데어 흐에근슈이엄/디 흐에근슈이어므 n. 우산

Es regnet. Nimm deinen Regenschirm mit.
에쓰 흐에그늩. 님 다이는 흐에근슈이엄 밑
비 온다. 우산 가져가.

□ das Hemd /-en 다쓰 헴ㅌ/디 헴든 n. 와이셔츠

□ die Bluse /-n 디 블루즈/디 블루즌 n. 블라우스

□ das Kleid /-er 다쓰 클라잍/디 클라이더 n. 원피스, 드레스

tip. 'die Kleider'는 '원피스'의 복수형이면서 'die Kleidung 디 클라이둥(옷, 의복)'과 같은 의미로도 쓰여요.

□ der Rock /¨e 데어 흐옥/디 흐왹크 n. 치마

□ das T-Shirt /-s 다쓰 티슈엍/디 티슈엍츠 n. 티셔츠

□ der Pullover /- 데어 풀로브어/디 풀로브어 n. (머리부터 입는) 풀오버, 스웨터

□ der Schlafanzug /¨e 데어 슐라프흐안쭉/디 슐라프흐안쮜그 n. 잠옷(파자마)

□ die Unterwäsche /-n 디 운터브애슈/디 운터브애슌 n. 속옷

□ das Unterhemd /-en 다쓰 운터헴ㅌ/디 운터헴든 n. 러닝셔츠, 내의

□ die Unterhose /-n 디 운터호즈/디 운터호즌 n. 팬티, 속바지

□ der Büstenhalter 데어 뷔스튼할터 n. 브래지어

= der BH 데어 베하 [회화]

□ die Socke /-n 디 족크/디 족큰 n. 양말

□ der Strumpf /¨e 데어 슈트흐움프흐/디 슈트흐윔프흐 n. 스타킹

= die Strumpfhose /-n 디 슈트흐움프흐호즈/디 슈트흐움프흐호즌

□ der Hut /¨e 데어 훝/디 휘트 n. (테가 있는) 모자; 페도라

□ die Mütze /-n 디 뮡쯔/디 뮡쯘 n. 모자; 털모자

□ der Sonnenhut /¨e 데어 존는훝/디 존는휘트 n. 챙이 넓은 모자

□ die Kappe /-n 디 캎프/디 캎픈 n. (테가 없는) 모자, 스냅백; 비니

□ der Schuh /-e 데어 슈/디 슈흐 n. 신발

□ der Sportschuh /-e 데어 슈포엍슈/디 슈포엍슈흐 n. 운동화

= der Turnschuh /-e 데어 투언슈/디 투언슈흐

Er hat Turnschuhe gekauft.
에어 핱 투언슈흐 그카우픝
그는 운동화를 샀어요.

□ der Schnürschuh /-e 데어 슈뉘어슈/디 슈뉘어슈흐 n. (끈이 있는) 신발, 단화

□ der Slipper /- 데어 슬맆퍼/디 슬맆퍼 n. 단화, 슬립온

□ der Stöckelschuh /-e 데어 슈퇵클슈/디 슈퇵클슈흐 n. 하이힐
= der Hackenschuh /-e 데어 학큰슈/디 학큰슈흐
□ stöckeln 슈퇵클ㄴ v. 하이힐을 신고 꼿꼿하게 걸어가다 [회화]
□ der Absatz /¨e 데어 압잘츠/디 압잴쯔 n. (구두의) 뒷굽

□ der Stiefel /- 데어 슈티프흘/디 슈티프흘 n. 장화, 부츠

□ die Sandale /-n 디 잔달르/디 잔달른 n. 샌들

□ der Pantoffel /-n 데어 판톺흘/디 판톺흘ㄴ n. 슬리퍼

□ der Gürtel /- 데어 귀어틀/디 귀어틀 n. 벨트, 허리띠

□ die Krawatte /-n 디 크흐아브앝트/디 크흐아브앝튼 n. 넥타이

□ das Tuch /¨er 다쓰 투흐/디 튀히어 n. 천; 손수건
□ das Halstuch /¨er 다쓰 할츠투흐/디 할츠튀히어 n. 목도리
□ der Schal /-e 데어 슈알/디 슈알르 n. 숄, 스카프
□ das Handtuch /¨er 다쓰 한ㅌ투흐/디 한ㅌ튀히어 n. 수건; 손수건

Haben Sie ein Handtuch?
하븐 지 아인 한ㅌ투흐?
손수건이 있나요?

□ der Handschuh /-e 데어 한ㅌ슈/디 한ㅌ슈흐 n. 장갑

□ der Schmuck /-e 데어 슈뭌/디 슈뭌크 n. 장신구, 보석류
□ der Ring /-e 데어 흐잉/디 흐잉으 n. 반지
□ der Ohrring /-e 데어 오어흐잉/디 오어흐잉으 n. 귀걸이
□ die Brosche /-n 디 브흐오슈/디 브흐오슌 n. 브로치, 장식 핀
□ die Spange /-n 디 슈팡으/디 슈팡은 n. 브로치; 머리핀
□ die Kette /-n 디 켙트/디 켙튼 n. 목걸이, 팔찌; 사슬
□ das Armband /¨er 다쓰 암반ㅌ/디 암밴더 n. 팔찌

□ die Uhr /-en 디 우어/디 우어흔 n. 시계; 시간

□ die Armbanduhr /-en 디 암반ㅌ우어/디 암반ㅌ우어흔 n. 손목시계

□ die Tasche /-n 디 타슈/디 타슌 n. 가방

□ die Hosentasche /-n 디 호즌타슈/디 호즌타슌 n. 바지 주머니

Legen Sie Ihre Tasche bitte auf diesen Tisch.
레근 지 이어흐 타슈 비트 아우프흐 디즌 티슈
가방을 테이블 위에 올려 주세요.

□ die Umhängetasche /-n 디 움행으타슈/디 움행으타슌 n. 숄더백

□ die Unterarmtasche /-n 디 운터암타슈/디 운터암타슌 n. 클러치백

= die Clutch /-s 디 클렅츄/디 클렅츄쓰

□ der Rucksack /¨e 데어 흐욱작/디 흐욱잭크 n. 백팩

□ der Koffer /- 데어 코프허/디 코프허 n. 트렁크, 캐리어

□ das Gepäck /-e 다쓰 그팩/디 그팩크 n. 여행 가방

□ die Handtasche /-n 디 한ㅌ타슈/디 한ㅌ타슌 n. 손가방; 지갑

□ das Portemonnaie /-s 다쓰 포얼모내이/디 포얼모내이쓰 n. 지갑

= der Geldbeutel /- 데어 겔ㅌ보이틀/디 겔ㅌ보이틀

Ich habe mein Portemonnaie verloren.
이히 하브 마인 포얼모내이 프헤어로어흔
저는 제 지갑을 잃어버렸어요.

□ die Brille /-n 디 브흐일르/디 브흐일른 n. 안경

□ die Sonnenbrille /-n 디 존는브흐일르/디 존는브흐일른 n. 선글라스

□ die Mode /-n 디 모드/디 모든 n. 유행, 패션, 모드

□ modisch 모디슈 adj. 유행의

□ das Leder /- 다쓰 레더/디 레더 n. 가죽

□ die Wolle /-n 디 브올르/디 브올른 n. 양모, 모직

□ die Baumwolle /-n 디 바움브올르/디 바움브올른 n. 면

□ die Seide /-n 디 자이드/디 자이든 n. 비단, 실크

□ das Nylon /-s 다쓰 나일론/디 나일론쓰 n. 나일론

□ das Perlon /kein Pl. 다쓰 페얼론 n. 페를론, 펄론(나일론에 상당하는 독일의 합성 섬유)

□ langarmig 랑아미히 adj. 긴팔의

□ ärmellos 매어믈로쓰 adj. 민소매의

Sie liebt ärmellose Kleider.
지 맆ㅌ 애어믈로즈 클라이더
그녀는 민소매의 원피스들을 좋아해요. (그녀는 민소매의 옷을 좋아해요.)

□ das Muster /- 다쓰 무스터/디 무스터 n. 무늬

□ kariert 카흐이얼 adj. 체크무늬의

□ das Karomuster /- 다쓰 카흐오무스터/디 카흐오무스터 n. 바둑판 무늬, 체크무늬

□ gestreift 그슈트흐아이픝 adj. 줄무늬의

= streifig 슈트흐아이프히히

□ der Streifen /- 데어 슈트흐아이프흔/디 슈트흐아이프흔 n. 줄; 줄무늬

Das T-Shirt hat Streifen.
다쓰 티슈얼 핱 슈트흐아이프흔
그 티셔츠는 줄무늬가 있어요.

□ passen 파쓴 v. 꼭 맞다, 알맞다, 어울리다

□ die Größe /-n 디 그흐외쓰/디 그흐외쓴 n. 사이즈, 치수; 신장, 키

□ eng 엥 adj. 좁은; 답답한

□ weit 브아잍 adj. 넓은

tip. 유럽 국가 중 독일에서는 한국인의 치수에 맞는 바지를 찾기가 어려워요. 독일사람들의 체형이 동양인과 다르기 때문에 허리가 맞으면 길이가 길고, 길이를 맞추면 허리가 안 맞기 일쑤거든요.

□ weich 브아이히 adj. 부드러운, 연한; 폭신한

□ bequem 브크브엠 adj. 편한; 편안한

□ anziehen 안찌흔 v. 입히다, (신발) 신기다

□ sich anziehen 지히 안찌흔 v. 입다, (신발) 신다

Was soll ich zur Party anziehen?
브아쓰 졸 이히 쭈어 파티 안찌흔?
파티에 뭘 입고 갈까?

□ sich ausziehen 지히 아우쓰찌흔 v. 옷을 벗다

□ sich umziehen 지히 움찌흔 v. 갈아입다

Sie können sich dort drüben umziehen.
지 쾬는 지히 도엍 드흐위븐 움찌흔
저쪽에서 옷을 갈아입으실 수 있습니다.

09. 원피스

꼭! 써먹는 **실전 회화**

Elisabeth Was soll ich heute anziehen?
브아쓰 졸 이히 호이트 안찌흔?
오늘 뭐 입지?

Sahra Wie wäre es mit diesem Kleid?
브이 브애어흐 에쓰 밑 디즘 클라잍?
이 원피스 어때?

Elisabeth Das Kleid ist mir zu eng.
다쓰 클라잍 이슽 미어 쭈 엥
그 원피스는 내게 너무 꽉 껴.

Sahra Dann zieh mal diese Hose mit dieser Bluse an.
단 찌 말 디즈 호즈 밑 디저 블루즈 안
그럼 이 바지하고 이 블라우스 입어봐.

Elisabeth Ja, das passt mir gut.
야, 다쓰 파슽 미어 궅
그래, 이거 내게 잘 어울린다.

Schritt 10.

음식 Die Nahrung 디 나흐웅

□ die Nahrung /-en
디 나흐웅 / 디 나흐웅은
n. 음식

□ das Fleisch /kein Pl.
다쓰 프흘라이슈
n. 고기, 육류

□ das Rindfleisch / kein Pl.
다쓰 흐인ㅌ프흘라이슈
n. 소고기

□ das Schweinefleisch / kein Pl.
다쓰 슈브아이느프흘라이슈
n. 돼지고기

□ das Hühnerfleisch / kein Pl.
다쓰 휘너프흘라이슈
n. 닭고기

□ das Hammelfleisch / kein Pl.
다쓰 함믈프흘라이슈
n. 양고기

□ das Schnitzel /-
다쓰 슈닡쯜/디 슈닡쯜
n. 슈니쯜, 돈가스(커틀릿)

□ die Wurst /¨e
디 브우어슽/디 뷔어스트
n. 소시지

□ der Schinken /-
데어 슈잉큰/디 슈잉큰
n. 햄

□ die Meeresfrüchte / kein Sg.
디 메어흐쓰프흐위히트
n. 해산물

□ der Fisch /-e
데어 프히슈/디 프히슈
n. 생선, 물고기

□ der Tintenfisch /-e
데어 틴튼프히슈/
디 틴튼프히슈
n. 오징어

□ die Garnele /-n
디 가흐넬르/디 가흐넬른
n. 새우

□ die Muschel /-n
디 무슐/디 무슐ㄴ
n. 조개

□ die Miesmuschel /-n
디 미쓰무슐/디 미쓰무슐ㄴ
n. 홍합

□ die Kartoffel /-n
디 카토프흘/
디 카토프흘ㄴ
n. 감자

□ die Bratkartoffel /-n
디 브흐앝카토프흘/
디 브흐앝카토프흘ㄴ
n. 구운 감자

□ die Pommes
디 폼므쓰
n. 감자 튀김

□ das Gemüse /-
다쓰 그뮈즈/디 그뮈즈
n. 채소

□ der Salat /-e
데어 잘랕/디 잘라트
n. 샐러드; 상추

□ der Kohl /-e
데어 콜/디 콜르
n. 양배추

□ die Gurke /-n
디 구어크/디 구어큰
n. 오이

□ die Karotte /-n
디 카흐옽트/디 카흐옽튼
n. 당근

□ die Tomate /-n
디 토마트/디 토마튼
n. 토마토

□ der Brokkoli /kein Pl.
데어 브흐옥콜리
n. 브로콜리

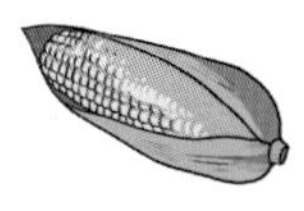

□ der Mais /-e
데어 마이쓰/디 마이즈
n. 옥수수

□ die Bohne /-n
디 보느/디 보는
n. 콩

□ die Zwiebel /-n
디 쯔브이블/디 쯔브이블ㄴ
n. 양파

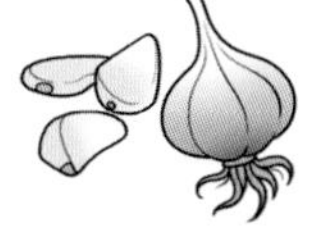

□ der Knoblauch / kein Pl.
데어 크노블라우흐
n. 마늘

□ der Paprika /-s
데어 파프흐이카/
디 파프흐이카쓰
n. 고추; 파프리카

□ das Obst /kein Pl.
다쓰 옾슽
n. 과일

□ die Erdbeere /-n
디 에엁베어흐/디 에엁베어흔
n. 딸기

□ die Himbeere /-n
디 힘베어흐/디 힘베어흔
n. 산딸기

□ die Heidelbeere /-n
디 하이들베어흐/디 하이들베어흔
n. 블루베리

□ der Apfel /¨
데어 앞프흘/디 앺프흘
n. 사과

□ die Birne /-n
디 비어느/디 비어는
n. 배

□ die Banane /-n
디 바나느/디 바나는
n. 바나나

□ der Pfirsich /-e
데어 프히어지히/
디 프히어지히으
n. 복숭아

□ die Melone /-n
디 멜로느/디 멜로는
n. 멜론

□ die Wassermelone /-n
디 브아써멜로느/디 브아써멜로는
n. 수박

□ die Traube /-n
디 트흐아우브/디 트흐아우븐
n. 포도

□ die Zitrone /-n
디 찌트흐오느/디 찌트흐오는
n. 레몬

□ die Mandarine /-n
디 만다흐이느/디 만다흐이는
n. 귤

□ die Orange /-n
디 오흐엉쥬/디 오흐엉쥰
n. 오렌지

□ die Mango /-s
디 망고/디 망고쓰
n. 망고

□ die Kirsche /-n
디 키어슈/디 키어슌
n. 체리

□ die Pflaume /-n
디 프흘라우므/디 프흘라우믄
n. 자두

□ die Ananas /-e
디 아나나쓰/디 아나나쓰
n. 파인애플

□ das Getränk /-e
다쓰 그트흐앵ㅋ/디 그트흐앵크
n. 음료

□ das Wasser /-
다쓰 브아써/디 브아써
n. 물

□ das Mineralwasser /-
다쓰 미네흐알브아써/
디 미네흐알브아써
n. 탄산수

□ der Saft /¨e
데어 자픝/디 재프흐트
n. 주스

□ die Milch /-e
디 밀히/디 밀히으
n. 우유

□ das Bier /-e
다쓰 비어/디 비어흐
n. 맥주

□ das Salz /-e
다쓰 잘츠/디 잘쯔
n. 소금

□ der Zucker /-
데어 쭉커/디 쭉커
n. 설탕

□ der Pfeffer /-
데어 프헤프허/디 프헤프허
n. 후추

□ die Sojasoße /-n
디 조야조쓰/디 조야조쓴
n. 간장

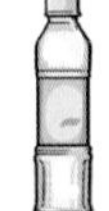

□ der Essig /-e
데어 에씨히/디 에씨히으
n. 식초

□ das Öl /-e
다쓰 욀/디 욀르
n. 기름

□ die Nahrung /-en 디 나흐웅 / 디 나흐웅은 n. 음식(물); 양분

□ das Lebensmittel /- 다쓰 레븐쓰밑틀 / 디 레븐쓰밑틀 n. 양식, 식료품

□ das Essen /- 다쓰 에쓴 / 디 에쓴 n. 음식, 식사, 요리

= das Gericht /-e 다쓰 그흐이힡 / 디 그흐이히트

= die Speise /-n 디 슈파이즈 / 디 슈파이즌

□ das Fleisch /kein Pl. 다쓰 프흘라이슈 n. 고기, 육류

□ das Rindfleisch /kein Pl. 다쓰 흐인ㅌ프흘라이슈 n. 소고기

□ das Kalbfleisch /kein Pl. 다쓰 칼ㅍ프흘라이슈 n. 송아지 고기

□ das Schweinefleisch /kein Pl. 다쓰 슈브아이느프흘라이슈 n. 돼지고기

□ das Hühnerfleisch /kein Pl. 다쓰 휘너프흘라이슈 n. 닭고기

□ das Hammelfleisch /kein Pl. 다쓰 함믈프흘라이슈 n. 양고기

= das Schaffleisch /kein Pl. 다쓰 슈아프흐프흘라이슈

□ das Schnitzel /- 다쓰 슈닡쯜 / 디 슈닡쯜 n. 슈니쯜, 돈가스(커틀릿)

tip. 슈니쯜은 독일과 오스트리아에서 많이 즐기는 고기 요리로 한국의 돈가스와 유사해요. 고기에 어떤 소스를 얹느냐에 따라 다양한 이름으로 불려요.

□ die Wurst /¨e 디 브우어슽 / 디 뷔어스트 n. 소시지

□ die Bratwurst /¨e 디 브흐앝브우어슽 / 디 브흐앝뷔어스트 n. 구운 소시지

□ die Leberwurst /¨e 디 레버브우어슽 / 디 레버뷔어스트 n. 간 소시지

□ die Currywurst /¨e 디 커흐이브우어슽 / 디 커흐이뷔어스트 n. 커리를 얹은 소시지

□ das Würstchen /- 다쓰 뷔어슽히언 / 디 뷔어슽히언 n. 작은 소시지

□ der Schinken /- 데어 슈잉큰 / 디 슈잉큰 n. 햄

□ die Meeresfrüchte /kein Sg. 디 메어흐쓰프흐위히트 n. 해산물

□ der Fisch /-e 데어 프히슈 / 디 프히슈 n. 생선, 물고기

□ der Tintenfisch /-e 데어 틴튼프히슈 / 디 틴튼프히슈 n. 오징어

□ die Garnele /-n 디 가흐넬르 / 디 가흐넬른 n. 새우

□ die Muschel /-n 디 무슐 / 디 무슐ㄴ n. 조개

□ die Miesmuschel /-n 디 미쓰무슐 / 디 미쓰무슐ㄴ n. 홍합

□ die Kartoffel /-n 디 카토프흘/디 카토프흘ㄴ n. 감자

□ die Bratkartoffel /-n 디 브흐알카토프흘/디 브흐알카토프흘ㄴ n. 구운 감자

□ die Pommes 디 폼므쓰 n. 감자 튀김

= die Pommes frites /kein Sg. 디 폼 프흐잍츠

□ die Salzkartoffel /-n 디 잘츠카토프흘/디 잘츠카토프흘ㄴ n. 찐 감자

□ das Kartoffelpüree /-s 다쓰 카토프흘퓌흐에/디 카토프흘퓌흐에쓰 n. 감자 퓌레

= der Kartoffelbrei /-e 데어 카토프흘브흐아이/디 카토프흘브흐아이으

tip. 독일은 빵과 감자가 주식이라서 스테이크나 돈가스를 주문하면 사이드디쉬로 다양한 '감자 요리' 중 하나를 선택하니 잘 알아 두세요.

□ das Gemüse /- 다쓰 그뮈즈/디 그뮈즈 n. 채소

□ der Salat /-e 데어 잘랕/디 잘라트 n. 샐러드; 상추

Ich liebe Salate.
이히 리브 잘라트
저는 샐러드를 좋아해요.

□ der Kohl /-e 데어 콜/디 콜르 n. 양배추

tip. 독일의 양배추 요리하면 전통 음식 'das Sauerkraut 다쓰 자우어크흐아웉'를 빼놓을 수 없어요. 신맛이 나는 양배추 절임으로 소시지 요리와 곁들여 먹는 독일인들에게는 매우 익숙한 음식이지요.

□ die Gurke /-n 디 구어크/디 구어큰 n. 오이

□ die Karotte /-n 디 카흐옽트/디 카흐옽튼 n. 당근

= die Mohrrübe /-n 디 모어흐위브/디 모어흐위븐

□ die Tomate /-n 디 토마트/디 토마튼 n. 토마토

□ der Brokkoli /kein Pl. 데어 브흐옥콜리 n. 브로콜리

□ der Mais /-e 데어 마이쓰/디 마이즈 n. 옥수수

□ die Bohne /-n 디 보느/디 보는 n. 콩

□ die Erbse /-n 디 에업즈/디 에업즌 n. 완두콩

□ die Zwiebel /-n 디 쯔브이블/디 쯔브이블ㄴ n. 양파

□ der Knoblauch /kein Pl. 데어 크노블라우흐 n. 마늘

□ der Paprika /-s 데어 파프흐이카/디 파프흐이카쓰 n. 고추; 파프리카

tip. 관사 die를 사용하기도 해요.

□ das Obst /kein Pl. 다쓰 옾슽 n. 과일

□ die Erdbeere /-n 디 에엍베어흐/디 에엍베어흔 n. 딸기

□ die Himbeere /-n 디 힘베어흐/디 힘베어흔 n. 산딸기

□ die Heidelbeere /-n 디 하이들베어흐/디 하이들베어흔 n. 블루베리

□ der Apfel /¨ 데어 앞프흘/디 앺프흘 n. 사과

□ die Birne /-n 디 비어느/디 비어는 n. 배

□ die Banane /-n 디 바나느/디 바나는 n. 바나나

□ der Pfirsich /-e 데어 프히어지히/디 프히어지히으 n. 복숭아

□ die Melone /-n 디 멜로느/디 멜로는 n. 멜론

□ die Wassermelone /-n 디 브아써멜로느/디 브아써멜로는 n. 수박

□ die Traube /-n 디 트흐아우브/디 트흐아우븐 n. 포도

□ die Zitrone /-n 디 찌트흐오느/디 찌트흐오는 n. 레몬

□ die Mandarine /-n 디 만다흐이느/디 만다흐이는 n. 귤

□ die Orange /-n 디 오흐엉쥬/디 오흐엉쥰 n. 오렌지

□ die Mango /-s 디 망고/디 망고쓰 n. 망고

□ die Kirsche /-n 디 키어슈/디 키어슌 n. 체리

□ die Pflaume /-n 디 프흘라우므/디 프흘라우믄 n. 자두

□ die Ananas /-e 디 아나나쓰/디 아나나쓰 n. 파인애플

□ das Getränk /-e 다쓰 그트흐앵ㅋ/디 그트흐앵크 n. 음료

□ trinken 트흐잉큰 v. 마시다

□ das Wasser /- 다쓰 브아써/디 브아써 n. 물

□ das Mineralwasser /- 다쓰 미네흐알브아써/디 미네흐알브아써 n. 탄산수

□ der Saft /¨e 데어 자픝/디 재프흐트 n. 주스

□ der Apfelsaft /¨e 데어 앞프흘자픝/디 앞프흘재프흐트 n. 사과 주스

□ der Orangensaft /¨e 데어 오흐엉쥰자픝/디 오흐엉쥰재프흐트 n. 오렌지 주스

tip. 독일에서는 주스가 너무 달다고 느껴 탄산수를 섞어 마시는 경우가 많아요. 그래서 간혹 식당에서도 섞어 나오는 경우가 있어요.

□ die Milch /-e 디 밀히/디 밀히으 n. 우유

□ der Kaffee /-s 데어 카프헤/디 카프헤쓰 n. 커피

Lass uns eine Tasse Kaffee trinken.
라쓰 운쓰 아이느 타쓰 카프헤 트흐잉큰
우리 커피 한잔 마시자.

□ der Tee /-s 데어 테/디 테쓰 n. 차

□ der Alkohol /-e 데어 알코홀/디 알코홀르 n. 알코올, 술

□ das Bier /-e 다쓰 비어/디 비어흐 n. 맥주

□ der Wein /-e 데어 브아인/디 브아이느 n. 와인

□ die Flasche /-n 디 프흘라슈/디 프흘라슌 n. 병

□ das Gewürz /-e 다쓰 그브위어츠/디 그브위어쯔 n. 양념

□ das Salz /-e 다쓰 잘츠/디 잘쯔 n. 소금

□ der Zucker /- 데어 쭉커/디 쭉커 n. 설탕

□ der Pfeffer /- 데어 프헤프허/디 프헤프허 n. 후추

□ die Sojasoße /-n 디 조야조쓰/디 조야조쓴 n. 간장

□ der Essig /-e 데어 에씨히/디 에씨히으 n. 식초

□ das Öl /-e 다쓰 욀/디 욀르 n. 기름

□ der Senf /-e 데어 젠프흐/디 젠프흐 n. 겨자, 머스터드

□ der Honig /-e 데어 호니히/디 호니히으 n. 꿀

□ die Butter /kein Pl. 디 붙터 n. 버터

□ die Marmelade /-n 디 마믈라드/디 마믈라든 n. 잼

□ das Brot /-e 다쓰 브흐옽/디 브흐오트 n. 빵

□ das Brötchen /- 다쓰 브흐윁히은/디 브흐윁히은 n. 작은 빵

□ der Kuchen /- 데어 쿠흔/디 쿠흔 n. 케이크

□ der Reis /kein Pl. 데어 흐아이쓰 n. 쌀

□ die Pasta /kein Pl. 디 파스타 n. 파스타

□ die Nudel /-n 디 누들/디 누들ㄴ n. 국수

□ kochen 코흔 v. 요리하다

□ das Rezept /-e 다쓰 흐에쩨픞/디 흐에쩨프트 n. 요리법, 레시피

Kannst du mir das Rezept geben?
칸슽 두 미어 다쓰 흐에쩨픞 게븐?
나한테 요리법을 알려줄 수 있니?

□ schälen 슈앨른 v. 껍질을 벗기다

□ schneiden 슈나이든 v. 베다, 자르다

□ klein schneiden 클라인 슈나이든 (고기나 채소 등을) 칼로 잘게 썰다

□ mischen 미슌 v. 섞다

□ (ein)gießen (아인)기쓴 v. 붓다; 물을 주다 tip. '꽃에 물을 주다'라는 의미로도 많이 쓰여요.

□ braten 브흐아튼 v. (불이나 오븐에) 굽다

□ backen 박큰 v. (빵이나 케이크를) 굽다

□ (auf)brühen (아우프흐)브흐위흔 v. 데치다, 삶다

□ frittieren 프흐잍티어흔 v. (기름에) 튀기다

□ wärmen 브애어믄 v. 데우다, 뜨겁게 하다

□ verbrennen 프헤어브흐엔는 v. 태우다

Mir ist alles verbrannt.
미어 이슽 알르쓰 프헤어브흐안ㅌ
다 타 버렸어요.

□ vorheizen 프호어하이쯘 v. 예열하다

□ einfrieren 아인프흐이어흔 v. 얼리다, 냉동시키다
= frosten 프흐오스튼

□ auftauen 아우프흐타우은 v. 해동하다

□ einweichen 아인브아이히은
v. 연하게 하다, 부드럽게 하다

10. 음식

꼭! 써먹는 **실전 회화**

Elisabeth Was ist dein Lieblingsessen?
브아쓰 이슽 다인 리블링쓰에쓴?
네가 가장 좋아하는 음식이 뭐니?

Sahra Ich esse gerne Schnitzel mit Bratkartoffeln.
이히 에쓰 게어느 슈닐쯜 밑 브흐알카토프흘
나는 구운 감자와 함께 나오는 슈니쯜을 즐겨 먹어.

Elisabeth Schnitzel? Was ist das?
슈닐쯜? 브아쓰 이슽 다쓰?
슈니쯜이 뭐니?

Sahra Das ist ein Gericht aus Schweinefleisch.
다쓰 이슽 아인 그흐이힡 아우쓰 슈브아이느프흘라이슈
돼지고기로 만드는 요리야.

Schritt 11.

전화 & 인터넷 Das Telefon und das Internet 다쓰 텔레프혼 운ㅌ 다쓰 인터넬

□ das Telefon /-e
다쓰 텔레프혼/디 텔레프호느
n. 전화

□ das Handy /-s
다쓰 핸디/디 핸디쓰
n. 무선 전화기, 휴대 전화

□ das Smartphone /-s
다쓰 스맡프혼/디 스맡프혼쓰
n. 스마트폰

□ die Telefonnummer /-n
디 텔레프혼눔머/
디 텔레프혼눔먼
n. 전화번호

□ anrufen 안흐우프흔
v. 전화를 걸다, 통화하다

□ telefonieren
텔레프호니어흔
v. 전화를 걸다

□ auflegen 아우프흐레근
v. 전화를 끊다

□ die SMS /-
디 에쓰엠에쓰/디 에쓰엠에쓰
n. 문자 메시지

□ senden 젠든
= schicken 슈익큰
v. 보내다, 발송하다

□ der Klingelton /¨e
데어 클링을톤/디 클링을퇴느
n. 벨소리

□ die Batterie /-n
디 밭터흐이/디 밭터흐이은
= der Akku /-s
데어 악쿠/디 악쿠쓰
n. 배터리

□ (auf)laden
(아우프흐)라든
v. 충전하다

□ die App /-s 디 앱/디 앱쓰
= die Applikation /-en
디 앞플리카찌온/디 앞플리카찌오는
n. 애플리케이션, 앱

□ runterladen 흐운터라든
v. 다운로드하다

□ hochladen 호흐라든
v. 업로드하다

□ anmachen 안마흔
v. 켜다

□ einschalten 아인슈알튼
v. 스위치를 켜다

□ ausmachen 아우쓰마흔
v. 끄다

□ ausschalten 아우쓰슈알튼
v. 스위치를 끄다

□ das Internet /kein Pl.
다쓰 인터넽
n. 인터넷

□ das WLAN /kein Pl.
다쓰 브에란
= das drahtlose Netz /-e
다쓰 드흐알로즈 넽츠/
디 드흐알로즈 넽쯔
n. 와이파이, 무선 인터넷

□ das Netzwerk /-e
다쓰 넽츠브에엌/
디 넽츠브에어크
= das Netz /-e
다쓰 넽츠/디 넽쯔
n. 네트워크

□ das Computerspiel /-e
다쓰 컴퓨터슈필/
디 컴퓨터슈필르
n. 컴퓨터 게임

□ der Online-Einkauf /¨e
데어 온라인-아인카우프흐/
디 온라인-아인코이프흐
n. 인터넷 쇼핑

□ die E-Mail /-s
디 이메일/디 이메일쓰
n. 이메일

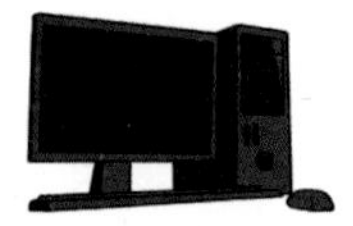

□ der Computer /-
데어 컴퓨터/디 컴퓨터
n. 컴퓨터

□ das Notebook /-s
다쓰 노트북/디 노트북쓰
n. 노트북 컴퓨터

□ das Tablet /-s
다쓰 타블렡/디 타블렡츠
n. 태블릿 피씨

□ der Bildschirm /-e
데어 빌ㅌ슈이엄/
디 빌ㅌ슈이어므
n. 모니터

□ die Tastatur /-en
디 타스타투어/
디 타스타투어흔
n. 키보드, 자판

□ tippen 팊픈
v. 키보드를 치다

□ die Maus /¨e
디 마우쓰/디 모이즈
n. 마우스

□ die drahtlose Maus /¨e
디 드흐알로즈 마우쓰/
디 드흐알로즈 모이즈
무선 마우스

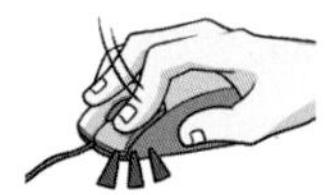

□ das Klicken /kein Pl.
다쓰 클릭큰
n. 클릭

□ klicken 클릭큰
v. 클릭하다

□ die Festplatte /-n
디 프헤슽플랕트/
디 프헤슽플랕튼
n. 하드 디스크

□ der, das RAM /-
데어, 다쓰 흐암/디 흐암
n. 램(RAM)

□ das Programm /-e
다쓰 프흐오그흐암/
디 프흐오그흐아므
n. 프로그램

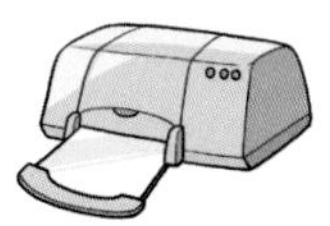

□ der Drucker /-
데어 드흐욱커/디 드흐욱커
n. 프린터

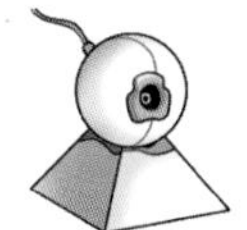

□ die Webcam /-s
디 웹캠/디 웹캠쓰
n. 웹캠

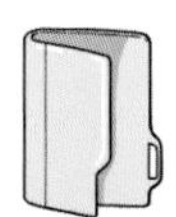

□ der Ordner /-
데어 오얼너/디 오얼너
n. 폴더

□ die Datei /-en
디 다타이/디 다타이은
n. 파일

□ speichern 슈파이히언
v. 저장하다

□ löschen 뢰쉰
v. (주로 컴퓨터 저장 내용을) 지우다, 삭제하다

□ die Sicherheit /-en
디 지히어하잍/디 지히어하이튼
n. 안전; 안심

□ der Computervirus / die Computerviren
데어 컴퓨터브이흐우쓰/디 컴퓨터브이흔
n. 컴퓨터 바이러스

□ sperren 슈페어흔
= blockieren 블록키어흔
v. 차단하다

□ das soziale Netzwerk /-e
다쓰 조찌알르 넽츠브에엌/디 조찌알르 넽츠브에어크
소셜 네트워크, SNS

□ das Blog /-s
다쓰 블록/디 블록쓰
n. 블로그

☐ das Telefon /-e 다쓰 텔레프혼/디 텔레프호느 n. 전화

☐ die Telefonnummer /-n 디 텔레프혼눔머/디 텔레프혼눔먼 n. 전화번호

Wie ist Ihre Telefonnummer?
브이 이슽 이어흐 텔레프혼눔머?
당신 전화번호가 어떻게 되나요?

☐ das Handy /-s 다쓰 핸디/디 핸디쓰 n. 무선 전화기, 휴대 전화

☐ das Smartphone /-s 다쓰 스맡프혼/디 스맡프혼쓰 n. 스마트폰

tip. 독일에 잠시 여행을 갔을 때 한국에서 쓰던 스마트폰을 어떻게 활용하면 될까요?
편의점과 마트 등 어디서나 쉽게 살 수 있는 프리페이드 유심칩을 사면 돼요.
지급한 비용 내에서 통화와 문자, 데이터를 마음대로 사용할 수 있고 재충전도 가능하니까요.

☐ der Anruf /-e 데어 안흐우프흐/디 안흐우프흐 n. 통화; 호출

☐ anrufen 안흐우프흔 v. 전화를 걸다, 통화하다

Ruf mich bitte an.
흐우프흐 미히 비티 안
제게 전화 주세요.

☐ telefonieren 텔레프호니어흔 v. 전화를 걸다

☐ auflegen 아우프흐레근 v. 전화를 끊다

☐ die Nachricht /-en 디 나흐이힡/디 나흐이히튼 n. 메시지

☐ Nachricht hinterlassen 나흐이힡 힌터라쓴 메시지를 남기다

Er hat eine Nachricht hinterlassen.
에어 핱 아이느 나흐이힡 힌터라쓴
그가 메시지를 남겼어요.

☐ die SMS /- 디 에쓰엠에쓰/디 에쓰엠에쓰 n. 문자 메시지

☐ senden 젠든 v. 보내다, 발송하다

= schicken 슈익큰

☐ der Klingelton /¨e 데어 클링을톤/디 클링을퇴느 n. 벨소리

☐ klingeln 클링을ㄴ v. 따르릉거리다, 울리다

□ stumm 슈툼 adj. 무음의

□ die App /-s 디 앺/디 앺쓰 n. 애플리케이션, 앱
= die Applikation /-en 디 앞플리카찌온/디 앞플리카찌오는

□ runterladen 흐운터라든 v. 다운로드하다
□ hochladen 호흐라든 v. 업로드하다

□ aktualisieren 앜투알리지어흔 v. 업데이트하다

□ die Batterie /-n 디 밭터흐이/디 밭터흐이은 n. 배터리
= der Akku /-s 데어 앜쿠/디 앜쿠쓰

Der Akku ist alle.
데어 앜쿠 이슽 알르
배터리가 없어요.

□ (auf)laden (아우프흐)라든 v. 충전하다
□ das Ladegerät /-e 다쓰 라드그흐앹/디 라드그흐애트 n. 충전기

Hast du dein Ladegerät dabei?
하슽 두 다인 라드그흐앹 다바이?
휴대 전화 충전기 가져왔어?

□ anmachen 안마흔 v. 켜다
□ einschalten 아인슈알튼 v. 스위치를 켜다

□ ausmachen 아우쓰마흔 v. 끄다
□ ausschalten 아우쓰슈알튼 v. 스위치를 끄다

□ das WLAN /kein Pl. 다쓰 브에란 n. 와이파이, 무선 인터넷
= das drahtlose Netz /-e 다쓰 드흐앝로즈 넬츠/디 드흐앝로즈 넬쯔

□ das Netzwerk /-e 다쓰 넬츠브에엌/디 넬츠브에어크 n. 네트워크
= das Netz /-e 다쓰 넬츠/디 넬쯔

□ das Internet /kein Pl. 다쓰 인터넫 n. 인터넷

Ich habe den Flug im Internet gebucht.
이히 하브 덴 프흘룩 임 인터넫 그부흩
인터넷으로 비행기를 예약했습니다.

□ das Computerspiel /-e 다쓰 컴퓨터슈필/디 컴퓨터슈필르 n. 컴퓨터 게임

□ der Online-Einkauf /¨e 데어 온라인-아인카우프흐/디 온라인-아인코이프흐 n. 인터넷 쇼핑
= das Onlineshopping /kein Pl. 다쓰 온라인숖핑

□ verbinden 프헤어빈든 v. 접속하다
= anschließen 안슐리쓴
□ die Verbindung /-en 디 프헤어빈둥/디 프헤어빈둥은 n. 접속, 연결
= der Anschluss /¨e 데어 안슐루쓰/디 안슐뤼쓰

□ die E-Mail /-s 디 이메일/디 이메일쓰 n. 이메일

tip. 독일에서는 인터넷 계정과 은행 계좌를 같은 단어로 써요.

□ das Konto /die Konten 다쓰 콘토/디 콘튼 n. 계정; (은행) 계좌

□ der Benutzername /-n 데어 브눝쩌나므/디 브눝쩌나믄 n. 아이디

Was ist dein Benutzername?
브아쓰 이슽 다인 브눝쩌나므?
아이디가 뭐니?

□ das Passwort /¨er 다쓰 파쓰브오얼/디 파쓰브외어터 n. 비밀번호

□ einloggen 아인록근 v. 로그인하다
□ ausloggen 아우쓰록근 v. 로그아웃하다
= abmelden 압멜든

Ich habe mich eingeloggt.
이히 하브 미히 아인그록흩
저 로그인했어요.

□ anmelden 안멜든 v. 회원 가입하다

= neu registrieren 노이 흐에기슽흐이어흔

□ das Konto löschen 다쓰 콘토 뢰슌 회원 탈퇴하다

= deaktivieren 데악티브이어흔 v.

□ der Computer /- 데어 컴퓨터/디 컴퓨터 n. 컴퓨터

□ das Notebook /-s 다쓰 노트북/디 노트북쓰 n. 노트북 컴퓨터

= der, das Laptop /-s 데어, 다쓰 랩톱/디 랩톱쓰

tip. 남성과 중성을 모두 사용합니다.

□ das Tablet /-s 다쓰 타블렡/디 타블렡츠 n. 태블릿 피씨

= der Tablet-PC /-s 데어 타블렡–페체/디 타블렡–페체쓰

□ der Bildschirm /-e 데어 빌ㅌ슈이엄/디 빌ㅌ슈이어므 n. 모니터

□ das Bild /-er 다쓰 빌ㅌ/디 빌더 n. 화면; 그림; 사진

□ die Tastatur /-en 디 타스타투어/디 타스타투어흔 n. 키보드, 자판

□ tippen 팊픈 v. 키보드를 치다

Sie ist am Tippen.
지 이슽 암 팊픈
그녀가 키보드를 치는 중이에요.

tip. 독일어 키보드는 한국에서 사용하는 키보드와 자판 배열이 조금 달라요. 특히 z 쩨트와 y 윕실론이 한국식과 반대로 놓여 있어 오타를 내는 경우가 많아요.

□ die Maus /¨e 디 마우쓰/디 모이즈 n. 마우스

□ die drahtlose Maus /¨e 디 드흐앝로즈 마우쓰/디 드흐앝로즈 모이즈 무선 마우스

□ das Mauspad /-s 다쓰 마우쓰팯/디 마우쓰팯츠 n. 마우스패드

□ das Klicken /kein Pl. 다쓰 클릭큰 n. 클릭

□ klicken 클릭큰 v. 클릭하다

Klicken Sie zwei mal.
클릭큰 지 쯔브아이 말
두 번 클릭하세요.

□ die Festplatte /-n 디 프헤슽플랕트/디 프헤슽플랕튼 n. 하드 디스크

□ der, das RAM /- 데어, 다쓰 흐암/디 흐암 n. 램(RAM)

tip. 남성과 중성을 모두 사용합니다.

= der Arbeitsspeicher /- 데어 아바잍츠슈파이히어/디 아바잍츠슈파이히어

☐ das Programm /-e 다쓰 프흐오그흐암/디 프흐오그흐아므 n. 프로그램

☐ installieren 인스탈리어흔 v. 설치하다

☐ der Drucker /- 데어 드흐욱커/디 드흐욱커 n. 프린터

☐ drucken 드흐욱큰 v. 프린트하다

Kannst du mir das drucken?
칸슽 두 미어 다쓰 드흐욱큰?
이것 좀 프린트해 줄 수 있어?

☐ der Scanner /- 데어 스캔너/디 스캔너 n. 스캐너

☐ die Webcam /-s 디 웹캠/디 웹캠쓰 n. 웹캠

☐ der Desktop /-s 데어 데슥톺/디 데슥톺쓰 n. 바탕화면

☐ der Ordner /- 데어 오얻너/디 오얻너 n. 폴더

☐ ordnen 오얻는 v. 정리하다; 분류하다

☐ die Datei /-en 디 다타이/디 다타이은 n. 파일

☐ speichern 슈파이히언 v. 저장하다

☐ löschen 뢰슌 v. (주로 컴퓨터 등에서 저장 내용을) 지우다

☐ die Sicherheit /-en 디 지히어하잍/디 지히어하이튼 n. 안전; 안심

☐ der Computervirus /die Computerviren 데어 컴퓨터브이흐우쓰/디 컴퓨터브이흔 n. 컴퓨터 바이러스

☐ der, die, das Spam /-s. 데어, 디, 다쓰 스팸/디 스팸쓰 n. 스팸 메일
= der E-Müll /kein Pl. 데어 에-뮐

tip. 남성, 여성, 중성 모두 사용해요.

☐ sperren 슈페어흔 v. 차단하다
= blockieren 블록키어흔

□ das soziale Netzwerk /-e 다쓰 조찌알르 넽츠브에엌/디 조찌알르 넽츠브에어크
소셜 네트워크, SNS

□ das Blog /-s 다쓰 블롴/디 블롴쓰 n. 블로그

Haben Sie ein Blog?
하븐 지 아인 블롴?
블로그 하세요? (개인 블로그를 가지고 있나요?)

□ praktisch 프흐앜티슈 adj. 실용적인

□ nützlich 뉱쯜리히 adj. 쓸모있는
= brauchbar 브흐아우흐바

11. 이메일

꼭! 써먹는 **실전 회화**

Elisabeth Hast du meine E-Mail gelesen?
하슽 두 마이느 이메일 그레즌?
내가 보낸 이메일 읽었니?

Lukas Nein, worum ging es?
나인, 브오흐움 깅 에쓰?
아니, 어떤 내용이었어?

Elisabeth Ich wollte fragen, ob du mir bei der Installation meines neuen Laptops helfen kannst.
이히 브올트 프흐아근, 옾 두 미어 바이 데어 인스탈라찌온 마이느쓰 노이은 렢톺쓰 헬프흔 칸슽
혹시 내 새 노트북 설치하는 것 좀 도와줄 수 있는지 물어보고 싶었어.

Lukas Natürlich. Wann soll ich dir helfen?
나튀얼리히. 브안 졸 이히 디어 헬프흔?
당연히 되지. 언제 도와주면 되니?

Elisabeth Mein neuer Laptop kommt morgen.
마인 노이어 렢톺 콤ㅌ 모어근
내 새 노트북이 내일 와.

연습 문제 Übung 위붕

다음 단어를 읽고 맞는 뜻과 연결하세요.

1. der Computer •	• 가구
2. die Familie •	• 가방
3. das Haus •	• 가족
4. die Heirat •	• 결혼
5. das Internet •	• 물
6. die Kleidung •	• 신발
7. das Möbel •	• 옷, 의복
8. der Schuh •	• 음식, 요리
9. die Speise •	• 인터넷
10. die Tasche •	• 전화
11. das Telefon •	• 집
12. das Wasser •	• 컴퓨터

1. der Computer – 컴퓨터 2. die Familie – 가족 3. das Haus – 집
4. die Heirat – 결혼 5. das Internet – 인터넷 6. die Kleidung – 옷, 의복
7. das Möbel – 가구 8. der Schuh – 신발 9. die Speise – 음식, 요리
10. die Tasche – 가방 11. das Telefon – 전화 12. das Wasser – 물

Kapitel 4

자연

Schritt 12.

동물 & 식물 Das Tier und die Pflanze 다쓰 티어 운ㅌ 디 프흘란쯔

□ das Tier /-e
다쓰 티어/디 티어흐
n. 동물

□ das Haustier /-e
다쓰 하우쓰티어/
디 하우쓰티어흐
n. 애완동물

□ züchten 쮜히튼
= aufziehen 아우프흐찌흔
v. 사육하다, 기르다

□ bellen 벨른
v. (개가) 짖다

□ miauen 미아우은
v. (고양이가) 야옹거리다

□ der Hund /-e
데어 훈ㅌ/디 훈드
n. 개(특히 수컷)

□ das Hündchen /-
다쓰 휜ㅌ히은/디 휜ㅌ히은
n. 강아지

□ die Katze /-n
디 캍쯔/디 캍쯘
n. 고양이(특히 암컷)

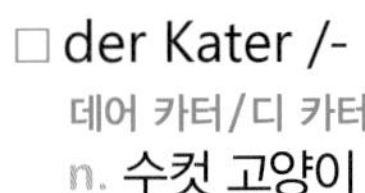

□ der Kater /-
데어 카터/디 카터
n. 수컷 고양이

□ das Rind /-er
다쓰 흐인ㅌ/디 흐인더
n. 소

□ das Schwein /-e
다쓰 슈브아인/디 슈브아이느
n. 돼지

□ der Hase /-n
데어 하즈/디 하즌
n. 토끼

□ das Schaf /-e
다쓰 슈아프흐/디 슈아프흐
n. 양

□ das Pferd /-e
다쓰 프헤엍/디 프헤어드
n. 말

□ das Zebra /-s
다쓰 쩨브흐아/디 쩨브흐아쓰
n. 얼룩말

□ der Löwe /-n
데어 뢰브으/디 뢰브은
n. 사자

□ der Tiger /-
데어 티거/디 티거
n. 호랑이

□ der Bär /-en
데어 배어/디 배어흔
n. 곰

□ der Fuchs /¨e
데어 프훅쓰/디 프휙쓰
n. 여우

□ der Wolf /¨e
데어 브올프흐/디 브욀프흐
n. 늑대; 이리

□ der Affe /-n
데어 앞프흐/디 앞프흔
n. 원숭이

□ der Elefant /-en
데어 엘레프한ㅌ/디 엘레프한튼
n. 코끼리

□ die Giraffe /-n
디 기흐아프흐/디 기흐아프흔
n. 기린

□ der Hirsch /-e
데어 히어슈/디 히어슈
n. 사슴

□ das Nashorn /-e
다쓰 나쓰호언/디 나쓰호어느
n. 코뿔소

□ das Flusspferd /-e
다쓰 프흘루쓰프헤얼/
디 프흘루쓰프헤어드
n. 하마

□ der Maulwurf /¨e
데어 마울브우어프흐/
디 마울브위어프흐
n. 두더지

die Maus /¨e
디 마우쓰/디 모이즈
n. 쥐, 생쥐

□ das Eichhörnchen /-
다쓰 아이히회언히은/
디 아이히회언히은
n. 다람쥐

□ die Fledermaus /¨e
디 프흘레더마우쓰/
디 프흘레더모이즈
n. 박쥐

□ der Vogel /¨
데어 프호글/디 프회글
n. 새

□ der Flügel /-
데어 프흘뤼글/디 프흘뤼글
n. 날개

□ der Schnabel /¨
데어 슈나블/디 슈내블
n. 부리

□ das Huhn /¨er
다쓰 훈/디 휘너
n. 닭

□ das Küken /-
다쓰 퀴큰/디 퀴큰
n. 병아리

□ die Ente /-n
디 엔트/디 엔튼
n. 오리

□ der Sperling /-e
데어 슈페얼링/디 슈페얼링으
n. 참새

□ die Taube /-n
디 타우브/디 타우븐
n. 비둘기

□ die Krähe /-n
디 크흐애흐/디 크흐애흔
n. 까마귀

□ der Adler /-
데어 아들러/디 아들러
n. 독수리

□ die Möwe /-n
디 뫼브으/디 뫼브은
n. 갈매기

□ die Schwalbe /-n
디 슈브알브/디 슈브알븐
n. 제비

□ der Strauß /-e
데어 슈트흐아우쓰/
디 슈트흐아우쓰
n. 타조

□ die Eule /-n
디 오일르/디 오일른
n. 부엉이

□ der Pinguin /-e
데어 핑구인/디 핑구이느
n. 펭귄

□ der Fisch /-e
데어 프히슈/디 프히슈
n. 물고기

□ die Kieme /-n
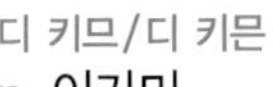
디 키므/디 키믄
n. 아가미

□ die Flosse /-n
디 프흘로쓰/디 프흘로쓴
n. 지느러미

□ das Aquarium /die Aquarien
다쓰 아쿠아흐이움/디 아쿠아흐이은
n. 수조, 수족관

□ der Walfisch /-e
데어 브알프히슈/디 브알프히슈
n. 고래

□ der Hai /-e
데어 하이/디 하이으
n. 상어

□ der Oktopus /-se
데어 옥토푸쓰/디 옥토푸쓰
n. 문어

□ die Schildkröte /-n
디 슈일ㅌ크흐외트/
디 슈일ㅌ크흐외튼
n. 거북

□ das Krokodil /-e
다쓰 크흐오코딜/
디 크흐오코딜르
n. 악어

□ die Schlange /-n
디 슐랑으/디 슐랑은
n. 뱀

□ die Eidechse /-n
디 아이데흐즈/디 아이데흐즌
n. 도마뱀

□ der Frosch /¨e
데어 프흐오슈/디 프흐외슈
n. 개구리

□ die Kaulquappe /-n
디 카울크브앞프/디 카울크브앞픈
n. 올챙이

□ das Insekt /-en
다쓰 인제클/디 인제크튼
n. 곤충

□ die Biene /-n
디 비느/디 비는
n. (꿀)벌

□ der Schmetterling /-e
데어 슈멭털링/디 슈멭털링으
n. 나비

□ die Ameise /-n
디 아마이즈/디 아마이즌
n. 개미

□ die Fliege /-n
디 프흘리그/디 프흘리근
n. 파리

□ die Mücke /-n
디 뮊크/디 뮊큰
= der Moskito /-s
데어 모스키토/디 모스키토쓰
n. 모기

□ die Kakerlake /-n
디 카커라크/디 카커라큰
n. 바퀴벌레

□ die Spinne /-n
디 슈핀느/디 슈핀는
n. 거미

□ die Pflanze /-n
디 프흘란쯔/디 프흘란쯘
n. 식물

□ der Baum /¨e
데어 바움/디 보이므
n. 나무

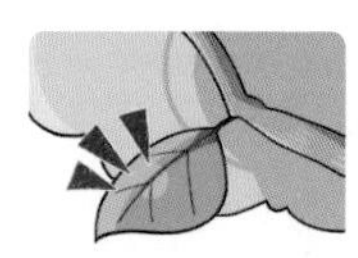

□ der Zweig /-e
데어 쯔브아잌/디 쯔브아이그
= der Ast /¨e
데어 아슽/디 애스트
n. (나뭇)가지

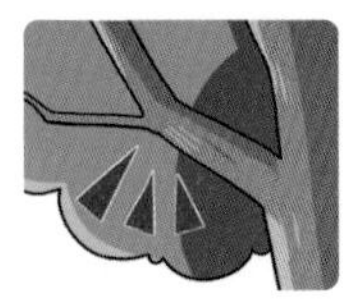

□ das Laub /kein Pl.
다쓰 라웊
n. 잎; 낙엽

□ die Wurzel /-n
디 브우어쯜/디 브우어쯜ㄴ
n. 뿌리

□ das Gras /¨er
다쓰 그흐아쓰/디 그흐애저
n. 풀

□ die Blume /-n
디 블루므/디 블루믄
n. 꽃

□ das Blatt /¨er
다쓰 블랕/디 블랱터
n. 잎, 꽃잎

□ blühen 블뤼흔
v. 꽃이 피다

□ die Rose /-n
디 흐오즈/디 흐오즌
n. 장미

□ die Lilie /-n
디 릴리으/디 릴리은
n. 백합

□ die Tulpe /-n
디 툴프/디 툴픈
n. 튤립

□ die Nelke /-n
디 넬크/디 넬큰
n. 카네이션

□ die Sonnenblume /-n
디 존는블루므/디 존는블루믄
n. 해바라기

□ der Löwenzahn /¨e
데어 뢰브은짠/디 뢰브은쨰느
n. 민들레

□ gießen 기쓴
= bewässern 브브애썬
v. 물을 주다

□ verwelken 프헤어브엘큰
= verblühen 프헤어블뤼흔
v. (풀과 꽃 등이) 시들다

□ pflücken 프흘륔큰
v. (과일·꽃 따위를)
따다, 꺾다

□ das Tier /-e 다쓰 티어/디 티어흐 n. 동물
　□ das Haustier /-e 다쓰 하우쓰티어/디 하우쓰티어흐 n. 애완동물

□ züchten 쮜히튼 v. 사육하다, 기르다
　= aufziehen 아우프흐찌흔

□ die Pfote /-n 디 프호트/디 프호튼 n. (동물의) 발, 다리

□ das Fell /-e 다쓰 프헬/디 프헬르 n. (동물의) 털; 가죽, 모피

□ der Schwanz /¨e 데어 슈브안츠/디 슈브앤쯔 n. 꼬리

□ die Klaue /-n 디 클라우으/디 클라우은 n. (맹수나 맹금류의) 발톱; (소, 염소의) 발굽
　□ die Kralle /-n 디 크흐알르/디 크흐알른 n. (맹수나 맹금류의) 발톱

□ der Hund /-e 데어 훈ㅌ/디 훈드 n. 개(특히 수컷)
　□ das Hündchen /- 다쓰 휜ㅌ히은/디 휜ㅌ히은 n. 강아지
　　= der Welpe /-n 데어 브엘프/디 브엘픈

□ bellen 벨른 v. (개가) 짖다

□ knurren 크누어흔 v. (개나 짐승 등이) 으르렁거리다

Das Hündchen knurrt, wenn es Angst hat.
다쓰 휜ㅌ히은 크누얼, 브엔 에쓰 앙슽 핱
강아지는 무서울 때 으르렁거려요.

□ beißen 바이쓴 v. 물다

□ die Katze /-n 디 캍쯔/디 캍쯘 n. 고양이(특히 암컷)
　□ der Kater /- 데어 카터/디 카터 n. 수컷 고양이

□ miauen 미아우은 v. (고양이가) 야옹거리다

□ kratzen 크흐앝쯘 v. 할퀴다

□ das Rind /-er 다쓰 흐인ㅌ/디 흐인더 n. 소

□ die Kuh /¨e 디 쿠/디 퀴흐 n. 암소

□ der Bulle /-n 데어 불르/디 불른 n. 수소

= der Stier /-e 데어 슈티어/디 슈티어흐

□ das Kalb /¨er 다쓰 칼ㅍ/디 캘버 n. 송아지

□ das Schwein /-e 다쓰 슈브아인/디 슈브아이느 n. 돼지

□ die Sau /¨e 디 자우/디 조이으 n. 암돼지

□ der Eber /- 데어 에버/디 에버 n. 수돼지

□ das Ferkel /- 다쓰 프헤어클/디 프헤어클 n. 새끼 돼지

□ der Hase /-n 데어 하즈/디 하즌 n. 토끼

□ das Schaf /-e 다쓰 슈아프흐/디 슈아프흐 n. 양

Den Wolf Schafe hüten lassen.
덴 브올프흐 슈아프흐 휘튼 라쓴
늑대에게 양을 지키게 하다. ('고양이에게 생선 가게를 맡긴다'는 의미의 독일 속담)

□ das Pferd /-e 다쓰 프헤얼/디 프헤어드 n. 말

□ das Pony /-s 다쓰 포니/디 포니쓰 n. 망아지; 포니

tip. 포니는 말의 한 품종으로, 몸이 작고 튼튼하며 인내력이 강해요. 영국이 원산지로 셰틀랜드 포니가 대표적이에요. 독일에서도 14종의 포니를 만나볼 수 있는데, 그중 5종이 독일 혈통이에요. 종마다 크기가 다른데 가장 작은 종은 몸길이가 약 112㎝ 정도라고 해요.

□ die Mähne /-n 디 매느/디 매는 n. 갈기

□ der Huf /-e 데어 후프흐/디 후프흐 n. 발굽(특히 말)

□ das Hufeisen /- 다쓰 후프흐아이즌/디 후프흐아이즌 n. 편자

tip. 편자란 말굽에 대어 붙이는 U자 모양의 쇳조각을 가리켜요. 독일인들에게 말은 힘의 상징이자 고귀한 동물이기에, 말을 보호하는 편자는 행운을 상징해요.

□ das Zebra /-s 다쓰 쩨브흐아/디 쩨브흐아쓰 n. 얼룩말

□ der Löwe /-n 데어 뢰브으/디 뢰브은 n. 사자

□ der Tiger /- 데어 티거/디 티거 n. 호랑이

□ der Bär /-en 데어 배어/디 배어흔 n. 곰

Das Wahrzeichen von Berlin ist der Bär.
다쓰 브아짜이히은 프혼 베얼린 이슽 데어 배어
베를린의 상징물은 곰이에요.

□ der Fuchs /¨e 데어 프훅쓰/디 프휙쓰 n. 여우

□ der Wolf /¨e 데어 브올프흐/디 브욀프흐 n. 늑대; 이리

□ der Affe /-n 데어 앞프흐/디 앞프흔 n. 원숭이

□ der Schimpanse /-n 데어 슈임판즈/디 슈임판즌 n. 침팬지

□ der Elefant /-en 데어 엘레프한ㅌ/디 엘레프한튼 n. 코끼리

□ das Elfenbein /-e 다쓰 엘프흔바인/디 엘프흔바이느 n. 상아

□ die Giraffe /-n 디 기흐아프흐/디 기흐아프흔 n. 기린

□ das Rentier /-e 다쓰 흐엔티어/디 흐엔티어흐 n. 순록

□ der Hirsch /-e 데어 히어슈/디 히어슈 n. 사슴

□ das Reh /-e 다쓰 흐에/디 흐에흐 n. 노루

□ das Nashorn /-e 다쓰 나쓰호언/디 나쓰호어느 n. 코뿔소

□ das Flusspferd /-e 다쓰 프흘루쓰프헤얼/디 프흘루쓰프헤어드 n. 하마
= das Nilpferd /-e 다쓰 닐프헤얼/디 닐프헤어드

□ der Dachs /-e 데어 다흐쓰/디 다흐쓰 n. 오소리

□ der Maulwurf /¨e 데어 마울브우어프흐/디 마울브위어프흐 n. 두더지

□ die Maus /¨e 디 마우쓰/디 모이즈 n. 쥐, 생쥐

□ die Ratte /-n 디 흐알트/디 흐알튼 n. 쥐, 들쥐

□ der Hamster /- 데어 함스터/디 함스터 n. 햄스터

Mein Hamster frisst am liebsten Kohl.
마인 함스터 프흐이씉 암 맆스튼 콜
제 햄스터는 양배추를 제일 잘 먹어요.

□ das Eichhörnchen /- 다쓰 아이히회언히은/디 아이히회언히은 n. 다람쥐

□ die Fledermaus /¨e 디 프흘레더마우쓰/디 프흘레더모이즈 n. 박쥐

□ der Vogel /¨ 데어 프호글/디 프회글 n. 새

□ der Flügel /- 데어 프흘뤼글/디 프흘뤼글 n. 날개

□ die Feder /-n 디 프헤더/디 프헤던 n. 깃털

□ der Schnabel /¨ 데어 슈나블/디 슈내블 n. 부리

□ das Ei /-er 다쓰 아이/디 아이어 n. 알

□ brüten 브흐위튼 v. 알을 품다

□ das Nest /-er 다쓰 네슽/디 네스터 n. 둥지

Der Vogel baut gerade sein Nest in dem Baum.
데어 프호글 바웉 그흐아드 자인 네슽 인 뎀 바움
새가 지금 나무에 자기 둥지를 짓고 있어요.

□ das Huhn /¨er 다쓰 훈/디 휘너 n. 닭

□ der Hahn /¨e 데어 한/디 해느 n. 수탉

□ die Henne /-n 디 헨느/디 헨는 n. 암탉

□ das Küken /- 다쓰 퀴큰/디 퀴큰 n. 병아리

□ die Ente /-n 디 엔트/디 엔튼 n. 오리

□ der Sperling /-e 데어 슈페얼링/디 슈페얼링으 n. 참새

= der Spatz /-en 데어 슈팥츠/디 슈팥쯘

□ die Taube /-n 디 타우브/디 타우븐 n. 비둘기

□ die Krähe /-n 디 크흐애흐/디 크흐애흔 n. 까마귀

□ der Adler /- 데어 아들러/디 아들러 n. 독수리

□ die Möwe /-n 디 뫼브으/디 뫼브은 n. 갈매기

□ die Schwalbe /-n 디 슈브알브/디 슈브알븐 n. 제비

□ der Truthahn /¨e 데어 트흐웉한/디 트흐웉핸느 n. 칠면조

□ der Pfau /-en 데어 프하우/디 프하우은 n. 공작

□ der Strauß /-e 데어 슈트흐아우쓰/디 슈트흐아우쓰 n. 타조

□ die Eule /-n 디 오일르/디 오일른 n. 부엉이

□ der Pinguin /-e 데어 핑구인/디 핑구이느 n. 펭귄

□ der Fisch /-e 데어 프히슈/디 프히슈 n. 물고기
 □ die Kieme /-n 디 키므/디 키믄 n. 아가미
 □ die Flosse /-n 디 프흘로쓰/디 프흘로쓴 n. 지느러미
 □ die Schuppe /-n 디 슈웊프/디 슈웊픈 n. 비늘

□ das Aquarium /die Aquarien 다쓰 아쿠아흐이움/디 아쿠아흐이은 n. 수조, 수족관

□ der Walfisch /-e 데어 브알프히슈/디 브알프히슈 n. 고래

□ der Delfin /-e 데어 델프힌/디 델프히느 n. 돌고래

□ der Hai /-e 데어 하이/디 하이으 n. 상어

□ der Oktopus /-se 데어 옥토푸쓰/디 옥토푸쓰 n. 문어

□ der Aal /-e 데어 알/디 알르 n. 뱀장어

□ die Schildkröte /-n 디 슈일ㅌ크흐외트/디 슈일ㅌ크흐외튼 n. 거북

Meine Schildkröte kann sehr gut schwimmen.
마이느 슈일ㅌ크흐외트 칸 제어 굳 슈브임믄
제 거북이는 헤엄을 잘 쳐요.

□ das Krokodil /-e 다쓰 크흐오코딜/디 크흐오코딜르 n. 악어
= der Alligator /-en 데어 알리가토어/디 알리가토어흔

□ die Schlange /-n 디 슐랑으/디 슐랑은 n. 뱀

□ die Eidechse /-n 디 아이데흐즈/디 아이데흐즌 n. 도마뱀

□ der Frosch /¨e 데어 프흐오슈/디 프흐외슈 n. 개구리
□ die Kaulquappe /-n 디 카울크브앞프/디 카울크브앞픈 n. 올챙이

□ das Insekt /-en 다쓰 인제큳/디 인제크튼 n. 곤충
□ der Wurm /¨er 데어 브우엄/디 브위어머 n. 벌레, 구더기
□ der Fühler /- 데어 프휠러/디 프휠러 n. 더듬이, 촉수; 촉각

tip. 'der Fühler'는 'fühlen 프휠른(느끼다)' 동사가 명사화된 형태입니다.

□ die Biene /-n 디 비느/디 비는 n. (꿀)벌

□ der Schmetterling /-e 데어 슈멭털링/디 슈멭털링으 n. 나비

□ die Ameise /-n 디 아마이즈/디 아마이즌 n. 개미

□ die Fliege /-n 디 프흘리그/디 프흘리근 n. 파리

□ die Mücke /-n 디 뮉크/디 뮉큰 n. 모기
= der Moskito /-s 데어 모스키토/디 모스키토쓰

□ die Kakerlake /-n 디 카커라크/디 카커라큰 n. 바퀴벌레

□ die Spinne /-n 디 슈핀느/디 슈핀는 n. 거미

□ die Pflanze /-n 디 프흘란쯔/디 프흘란쯘 n. 식물

□ pflanzen 프흘란쯘 v. 심다

Ich habe eine Blume gepflanzt.
이히 하브 아이느 블루므 그프흘란쯥
저는 꽃을 하나 심었어요.

□ der Baum /¨e 데어 바움/디 보이므 n. 나무

□ der Zweig /-e 데어 쯔브아잌/디 쯔브아이그 n. (나뭇)가지

= der Ast /¨e 데어 아슽/디 애스트

□ das Laub /kein Pl. 다쓰 라웊 n. 잎; 낙엽

□ das Blatt /¨er 다쓰 블랕/디 블랱터 n. 잎, 꽃잎

□ die Wurzel /-n 디 브우어쯜/디 브우어쯜ㄴ n. 뿌리

□ das Gras /¨er 다쓰 그흐아쓰/디 그흐애저 n. 풀

□ das Unkraut /¨er 다스 운크흐아웉/디 운크흐오이터 n. 잡초

Der Hund tobt sich mit den Kindern im Gras aus.
데어 훈ㅌ 톺ㅌ 지히 밑 덴 킨던 임 그흐아쓰 아우쓰
개가 아이들과 풀에서 뛰어 놀아요.

□ die Blume /-n 디 블루므/디 블루믄 n. 꽃

□ die Blüte /-n 디 블뤼트/디 블뤼튼 n. (나무의) 꽃

□ der Stempel /- 데어 슈템플/디 슈템플 n. 암술

□ das Staubblatt /¨er 다쓰 슈타웊블랕/디 슈타웊블랱터 n. 수술

□ blühen 블뤼흔 v. 꽃이 피다

Im Frühling blühen viele Blumen.
임 프흐륄링 블뤼흔 프힐르 블루믄
봄에는 많은 꽃들이 피어요.

□ die Rose /-n 디 흐오즈/디 흐오즌 n. 장미

□ die Lilie /-n 디 릴리으/디 릴리은 n. 백합

□ die Tulpe /-n 디 툴프/디 툴픈 n. 튤립

□ die Nelke /-n 디 넬크/디 넬큰 n. 카네이션

□ die Sonnenblume /-n 디 존는블루므/디 존는블루믄 n. 해바라기

□ der Löwenzahn /¨e 데어 뢰브은짠/디 뢰브은째느 n. 민들레

tip. 'Löwe 뢰브으(사자)'와 'Zahn 짠(치아)'이라는 단어가 합쳐져서 '사자의 이빨'이라는 의미예요. 독일 사람들은 민들레가 사자의 이빨처럼 보였나 봐요.

□ gießen 기쓴 v. 물을 주다

= bewässern 브브애썬

□ verwelken 프헤어브엘큰 v. (풀과 꽃 등이) 시들다

= verblühen 프헤어블뤼흔

□ pflücken 프흘뤼큰 v. (과일·꽃 따위를) 따다, 꺾다

12. 애완동물

꼭! 써먹는 **실전 회화**

Sahra Hast du ein Haustier?
하슽 두 아인 하우쓰티어?
너 애완동물 키우니?

Elisabeth Nein, ich habe Pflanzen lieber als Tiere. Hast du eins?
나인, 이히 하브 프흘란쯘 리버 알쓰 티어흐. 하슽 두 아인쓰?
아니, 난 동물보다 식물을 더 좋아해. 넌 있니?

Sahra Ja, ich habe einen Hund zu Hause.
야, 이히 하브 아이는 훈ㅌ 쭈 하우즈
응, 난 집에 개 한 마리가 있어.

Schritt 13.

시간 & 날짜 Die Zeit und das Datum 디 짜잍 운ㅌ 다쓰 다툼

□ die Zeit /-en
디 짜잍/디 짜잍튼
n. 시간, 때

□ die Stunde /-n
디 슈툰드/디 슈툰든
n. 시간, 시

tip. Zeit은 시간, 때를 나타내고,
Stunde는 '1시간, 2시간' 할 때의 시간을 말합니다.

□ die Uhr /-en
디 우어/디 우어흔
n. 시계; 시간; 시

□ die Minute /-n
디 미누트/디 미누튼
n. 분; 순간

□ die Sekunde /-n
디 제쿤드/디 제쿤든
n. 초; 순간, 잠시

□ die Viertelstunde /-n
디 프히어틀슈툰드/디 프히어틀슈툰든
n. 15분

□ viertel 프히어틀
adj. 4분의 1의

□ die halbe Stunde /-n
디 할브 슈툰드/디 할브 슈툰든
30분

□ halb 할ㅍ
adj. 2분의 1의, 절반의

□ der Morgen /-
데어 모어근/디 모어근
n. 아침

□ der Vormittag /-e
데어 프호어밑탁/디 프호어밑타그
n. 오전

□ der Mittag /-e
데어 밑탁/디 밑타그
n. 정오, 대낮

□ der Nachmittag /-e
데어 나흐밑탁/디 나흐밑타그
n. 오후

□ der Abend /-e
데어 아븐ㅌ/디 아븐드
n. 저녁

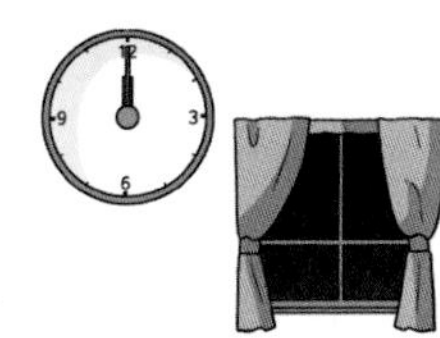

□ die Nacht /¨e
디 나흩/디 내히트
n. 밤, 야간

□ der Tag /-e
데어 탁/디 타그
n. 낮; 날, 일(日); 하루

□ die Woche /-n
디 브오흐/디 브오흔
n. 주, 주간

□ das Datum /die Daten
다쓰 다툼/디 다튼
n. 날짜

□ das Wochenende /-n
다쓰 브오흔엔드/디 브오흔엔든
n. 주말

□ der Kalender /- 데어 칼렌더/디 칼렌더
n. 달력

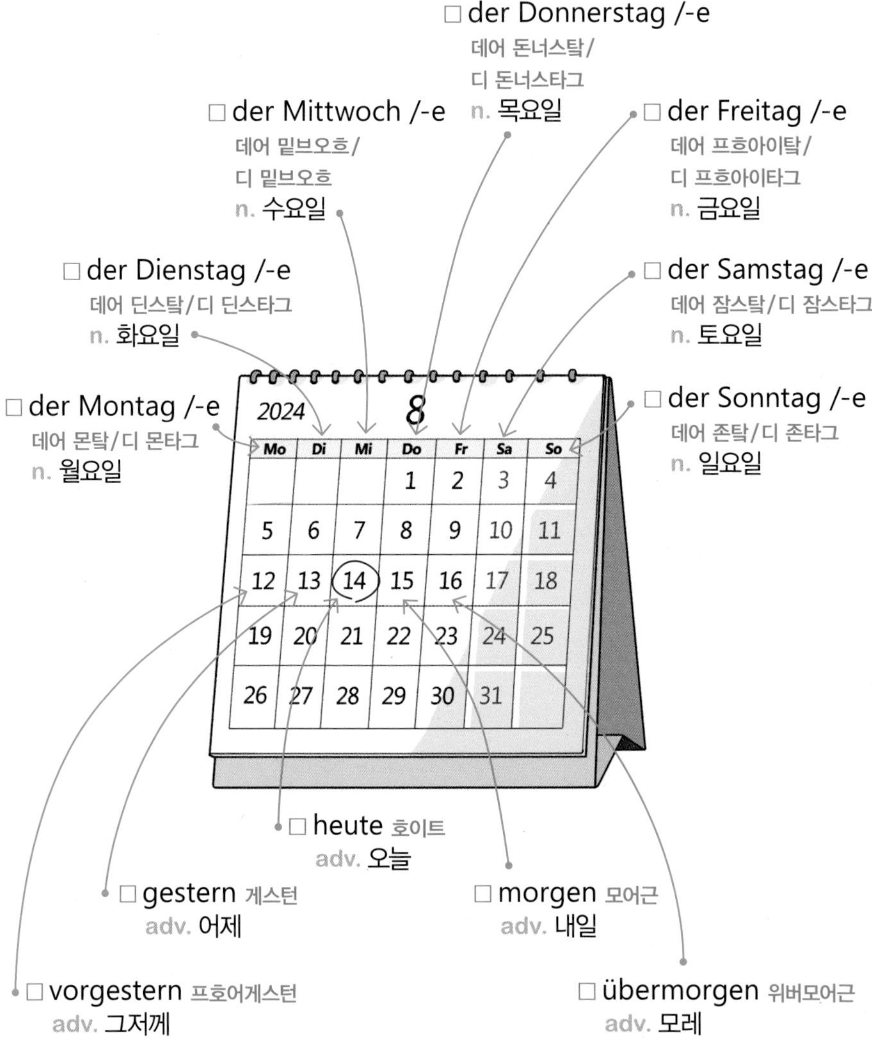

□ der Donnerstag /-e
데어 돈너스탁/
디 돈너스타그
n. 목요일
□ der Mittwoch /-e
데어 밑브오흐/
디 밑브오흐
n. 수요일
□ der Freitag /-e
데어 프흐아이탁/
디 프흐아이타그
n. 금요일
□ der Dienstag /-e
데어 딘스탁/디 딘스타그
n. 화요일
□ der Samstag /-e
데어 잠스탁/디 잠스타그
n. 토요일
□ der Montag /-e
데어 몬탁/디 몬타그
n. 월요일
□ der Sonntag /-e
데어 존탁/디 존타그
n. 일요일
2024
8
Mo
Di
Mi
Do
Fr
Sa
So
1 2 3 4
5 6 7 8 9 10 11
12 13 14 15 16 17 18
19 20 21 22 23 24 25
26 27 28 29 30 31
□ heute 호이트
adv. 오늘
□ gestern 게스턴
adv. 어제
□ morgen 모어근
adv. 내일
□ vorgestern 프호어게스턴
adv. 그저께
□ übermorgen 위버모어근
adv. 모레

□ der Feiertag /-e
데어 프하이어탁/디 프하이어타그
n. (공)휴일; 축제일

□ der, das Silvester /-
데어, 다쓰 질브에스터/디 질브에스터
n. 12월 31일의 밤

□ das Neujahr /kein Pl. 다쓰 노이야
n. 새해, 신년; 설날

□ das Ostern /-
다쓰 오스턴/디 오스턴
n. 부활절

□ das Weihnachten /-
다쓰 브아이나흐튼/디 브아이나흐튼
n. 크리스마스

□ der Monat /-e 데어 모낱/디 모나트
n. 달, 월(月); 개월

□ der Januar 데어 야누아
n. 1월

□ der Februar 데어 프헤브흐우아
n. 2월

□ der März 데어 매어츠
n. 3월

□ der April 데어 아프흐일
n. 4월

□ der Mai 데어 마이
n. 5월

□ der Juni 데어 유니
n. 6월

□ der Juli 데어 율리
n. 7월

□ der August 데어 아우구슽
n. 8월

□ der September 데어 젶템버
n. 9월

□ der Oktober 데어 옥토버
n. 10월

□ der November 데어 노브엠버
n. 11월

□ der Dezember 데어 데쳄버
n. 12월

□ das Jahr /-e 다쓰 야/디 야흐
n. 해, 년(年); 나이

□ das Jahrzehnt /-e 다쓰 야첸ㅌ/디 야첸트
n. 수십 년; 10년

□ das Jahrhundert /-e 다쓰 야훈�/디 야훈더트
n. 수백 년; 100년

□ die Vergangenheit /-en
디 프헤어강은하잍/디 프헤어강은하이튼
n. 과거

□ die Gegenwart / kein Pl. 디 게근브앝
n. 현재

□ die Zukunft /¨e
디 쭈쿤프흩/디 쭈퀸프흐트
n. 미래

□ die Zeit /-en 디 짜읻/디 짜읻튼 n. 시간, 때

Haben Sie kurz Zeit für mich?
하븐 지 쿠어츠 짜읻 프휘어 미히?
저를 위해 잠시 시간 내주실 수 있나요?

□ die Stunde /-n 디 슈툰드/디 슈툰든 n. 시간, 시

Wie viel Stunden brauchst du für die Hausaufgaben?
브이 프힐 슈툰든 브흐아우흐슽 두 프휘어 디 하우쓰아우프흐가븐?
숙제하는 데 몇 시간이나 필요하니?

□ die Uhr /-en 디 우어/디 우어흔 n. 시계; 시간; 시

□ die Sekunde /-n 디 제쿤드/디 제쿤든 n. 초; 순간, 잠시

□ die Minute /-n 디 미누트/디 미누튼 n. 분; 순간

□ die Viertelstunde /-n 디 프히어틀슈툰드/디 프히어틀슈툰든 n. 15분

□ viertel 프히어틀 adj. 4분의 1의

□ die halbe Stunde /-n 디 할브 슈툰드/디 할브 슈툰든 30분

□ halb 할ㅍ adj. 2분의 1의, 절반의

tip. 한국에서 13:30은 '한 시 반'이지만 독일에서는 'halb zwei 할ㅍ 쯔브아이'으로, '두 시가 되기 30분 전'이라 말해요. 시간을 말할 때, 이 점을 잊지 마세요.

□ der Tag /-e 데어 탁/디 타그 n. 낮; 날, 일(日); 하루

□ der Feiertag /-e 데어 프하이어탁/디 프하이어타그 n. (공)휴일; 축제일

Was machen Sie an den Feiertagen?
브아쓰 마흔 지 안 덴 프하이어타근?
휴일 동안 뭐 하실 건가요?

□ der Morgen /- 데어 모어근/디 모어근 n. 아침

tip. M이 대문자인지 소문자인지에 따라 의미가 달라져요. 'Morgen 모어근'은 명사로 '아침', 'morgen 모어근'은 부사로 '내일'이에요.

□ der Vormittag /-e 데어 프호어밑탁/디 프호어밑타그 n. 오전

□ der Mittag /-e 데어 밑탁/디 밑타그 n. 정오, 대낮

□ der Nachmittag /-e 데어 나흐밑탁/디 나흐밑타그 n. 오후

□ der Abend /-e 데어 아븐ㅌ/디 아븐드 n. 저녁

□ die Nacht /¨e 디 나흩/디 내히트 n. 밤, 야간

Gute Nacht.
구트 나흩
안녕히 주무세요.

□ die Woche /-n 디 브오흐/디 브오흔 n. 주, 주간

□ das Wochenende /-n 다쓰 브오흔엔드/디 브오흔엔든 n. 주말

Ich fliege dieses Wochenende nach Japan.
이히 프흘리그 디즈쓰 브오흔엔드 나흐 야판
저는 이번 주말에 일본으로 가요.

□ der Monat /-e 데어 모낱/디 모나트 n. 달, 월(月); 개월

□ der Januar 데어 야누아 n. 1월

□ der Februar 데어 프헤브흐우아 n. 2월

□ der März 데어 매어츠 n. 3월

□ der April 데어 아프흐일 n. 4월

□ der Mai 데어 마이 n. 5월

□ der Juni 데어 유니 n. 6월

□ der Juli 데어 율리 n. 7월

□ der August 데어 아우구슽 n. 8월

□ der September 데어 젭템버 n. 9월

□ der Oktober 데어 옥토버 n. 10월

□ der November 데어 노브엠버 n. 11월

□ der Dezember 데어 데쳄버 n. 12월

Ich bin im Dezember geboren.
이히 빈 임 데쳄버 그보어흔
저는 12월에 태어났어요.

□ das Jahr /-e 다쓰 야/디 야흐 n. 해, 년(年); 나이

□ das Jahrzehnt /-e 다쓰 야첸ㅌ/디 야첸트 n. 수십 년; 10년

□ das Jahrhundert /-e 다쓰 야훈덜/디 야훈더트 n. 수백 년; 100년

□ das Datum /die Daten 다쓰 다툼/디 다튼 n. 날짜

tip. 독일에서는 날짜를 일/월/연도 순으로 말해요. 일 단위는 서수로, 1999년까지 연도는 두 자리씩 끊어 읽어요. 단, 앞의 두 자리 뒤에 100(hundert 훈덜)이라는 단어를 넣어요. 예를 들어 1950년은 'neunzehnhundertfünfzig 노인첸훈덜프휜프흐찌히'라고 해요. 2000년부터는 한번에 읽습니다.

□ der Montag /-e 데어 몬탁/디 몬타그 n. 월요일

□ der Dienstag /-e 데어 딘스탁/디 딘스타그 n. 화요일

□ der Mittwoch /-e 데어 밑브오흐/디 밑브오흐 n. 수요일

□ der Donnerstag /-e 데어 돈너스탁/디 돈너스타그 n. 목요일

□ der Freitag /-e 데어 프흐아이탁/디 프흐아이타그 n. 금요일

□ der Samstag /-e 데어 잠스탁/디 잠스타그 n. 토요일

□ der Sonntag /-e 데어 존탁/디 존타그 n. 일요일

□ der Kalender /- 데어 칼렌더/디 칼렌더 n. 달력

□ vorgestern 프호어게스턴 adv. 그저께

□ gestern 게스턴 adv. 어제

□ heute 호이트 adv. 오늘

Heute ist das Wetter schön.
호이트 이슽 다쓰 브엘터 슈왼
오늘 날씨가 좋아요.

□ morgen 모어근 adv. 내일

□ übermorgen 위버모어근 adv. 모레

□ der, das Silvester /- 데어, 다쓰 질브에스터/디 질브에스터 n. 12월 31일의 밤

tip. 독일의 Silvester는 크리스마스와 부활절만큼 큰 축제예요. 새해를 맞아 모두 함께 밖으로 나와 불꽃놀이를 즐기죠.

□ das Neujahr /kein Pl. 다쓰 노이야 n. 새해, 신년; 설날

□ das Ostern /- 다쓰 오스턴/디 오스턴 n. 부활절

□ das Weihnachten /- 다쓰 브아이나흐튼/디 브아이나흐튼 n. 크리스마스

□ jetzt 옛츹 adv. 지금; 이때, 이제

□ früh 프흐위 adj. 일찍, 이른; 초기의

Ich muss morgen früh abreisen.
이히 무쓰 모어근 프흐위 압흐아이즌
내일 아침 일찍 출발해야 해요.

□ spät 슈팯 adj. 늦은

□ die Vergangenheit /-en 디 프헤어강은하잍/디 프헤어강은하이튼 n. 과거

□ die Gegenwart /kein Pl. 디 게근브앝 n. 현재

□ die Zukunft /¨e 디 쭈쿤프흩/디 쭈퀸프흐트 n. 미래

□ vorher 프호어헤어 adv. 이전에, 미리

□ nachher 나흐헤어 adv. 나중에, 후에

□ damals 다말쓰 adv. 그 당시, 그 무렵에

□ während 브애흐은ㅌ präp. ~하는 동안에

□ inzwischen 인쯔브이슌 adv. 그동안에, 그러는 사이에

□ zuerst 쭈에어슽 adv. 최초로

□ danach 다나흐 adv. 그러고 나서, 그 뒤에

□ schließlich 슐리쓸리히 adv. 끝으로, 마침내, 결국

□ zuletzt 쭈렡츹 adv. 마지막에, 최후에

□ die Dauer /kein Pl. 디 다우어 n. 기간; 지속

□ dauern 다우언 v. 계속되다; 오래 가다, 시간이 걸리다

□ plötzlich 플뢷쯜리히 adj. 갑자기; 예기치 못한, 뜻밖의

□ der Augenblick /-e 데어 아우근블릭/디 아우근블릭크 n. 순간, 찰나

= der Moment /-e 데어 모멘ㅌ/디 모멘트

□ einmal 아인말 adv. 한 번; 옛날에

□ diesmal 디쓰말 adv. 이번에

□ schon 슈온 adv. 이미, 벌써

Es ist schon 12 Uhr.
에쓰 이슽 슈온 쯔브욀프흐 우어
벌써 12시예요.

□ noch 노흐 adv. 아직, 지금도; 게다가, 그밖에

□ bis 비쓰 adv. ~까지

□ wann 브안 adv. 언제

□ gleich 글라이히 adv. 곧, 바로, 즉시

□ bald 발ㅌ adv. 곧, 금방

□ sofort 조프호얼 adv. 즉시, 지체 없이, 곧

Bis gleich!
비쓰 글라이히!
이따 봐!

□ eben 에븐 adv. 마침, 겨우

□ neulich 노일리히 adj. 지난날; 얼마 전에

Ich habe ihn neulich erst kennengelernt.
이히 하브 인 노일리히 에어슽 켄는그레언ㅌ
저는 그를 얼마 전에 알게 되었어요.

□ nie 니 adv. 결코 ~아니다; 단 한번도 ~한 적 없다

□ selten 젤튼 adv. 드물게

□ manchmal 만히말 adv. 여러 번, 때때로
  □ mehrmals 메어말쓰 adv. 여러 번, 수차례
  □ oft 오픝 adv. 자주, 빈번히

□ meistens 마이스튼쓰 adv. 흔히, 대부분, 대개
  □ häufig 호이프히히 adj. 빈번한, 잦은

□ regelmäßig 흐에글매씨히 adj. 언제나; 규칙적인; 습관적으로[회화]

□ jedes Mal 예드쓰 말 adv. 매번; 언제나, 항상
  □ immer 임머 adv. 늘, 항상

13. 약속

꼭! 써먹는 **실전 회화**

Lukas Hast du morgen Zeit?
하슽 두 모어근 짜읻?
내일 시간 돼?

Sahra Ja, um wie viel Uhr wollen wir uns treffen?
야, 움 브이 프힐 우어 브올른 브이어 운쓰 트흐에프흔?
응, 우리 몇 시에 만날까?

Lukas Lass uns um viertel vor sechs treffen.
라쓰 운쓰 움 프히어틀 프호어 제흐쓰 트흐에프흔
5시 45분에 보자. (6시 15분 전에 보자.)

Sahra Können wir uns eine Stunde später verabreden?
쾬는 브이어 운쓰 아이느 슈툰드 슈패터 프헤어압흐에든?
혹시 우리 약속을 한 시간만 늦출 수 있을까?

Lukas Okay, dann bis morgen.
오케이, 단 비쓰 모어근
그래, 그럼 내일 봐.

Schritt 14.

날씨 & 계절 Das Wetter und die Jahreszeit 다쓰 브엘터 운ㅌ 디 야흐쓰짜읻

□ das Wetter /-
다쓰 브엘터/디 브엘터
n. 날씨, 일기

□ der Wetterbericht /-e
데어 브엘터브흐이힡/디 브엘터브흐이히트
n. 일기예보

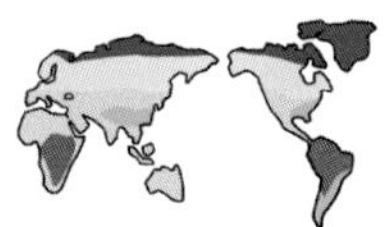

□ das Klima /die Klimata
다쓰 클리마/디 클리마타
n. 기후; 풍토

□ die Temperatur /-en
디 템퍼흐아투어/디 템퍼흐아투어흔
n. 온도, 기온; 체온

□ trocken 트흐옥큰
adj. 마른, 건조한

□ die Trockenheit /-en
디 트흐옥큰하읻/디 트흐옥큰하이튼
= die Dürre /-n 디 뒤어흐/디 뒤어흔
n. 건조; 가뭄

□ nass 나쓰
adj. 젖은, 축축한; 습기 찬

□ feucht 프호이힡
adj. 젖은, 축축한

□ die Feuchtigkeit /-en
디 프호이히티히카읻/디 프호이히티히카이튼
n. 습기, 수분; 습도

□ steigen 슈타이근
v. 올라가다; 높아지다

□ fallen 프할른
v. 떨어지다; 넘어지다;
(비·눈이) 내리다; (꽃이) 지다

□ warm 브암
adj. 따뜻한

□ die Wärme /kein Pl. 디 브애어므
n. 따뜻함, 온기

□ heiß 하이쓰
adj. 뜨거운, 더운

□ frisch 프흐이슈
adj. 상쾌한; 시원한; 신선한

□ kühl 퀼
adj. 시원한, 서늘한

□ kalt 칼트
adj. 추운, 싸늘한

□ die Kälte /kein Pl. 디 캘트
n. 추위, 차가움

□ frieren 프흐이어흔
v. 춥다, 차갑다; 얼다

□ das Eis /kein Pl. 다쓰 아이쓰
n. 얼음; 아이스크림

□ die Sonne /-n 디 존느/디 존는
n. 태양, 해; 햇빛

□ der Schatten /- 데어 슈앝튼/디 슈앝튼
n. 그늘; 그림자

□ der Himmel /- 데어 힘믈/디 힘믈
n. 하늘

□ klar 클라
adj. 깨끗한, 선명한; 투명한; 맑은

□ heiter 하이터
adj. 밝은; 갠

□ die Wolke /-n 디 브올크/디 브올큰
n. 구름

□ bewölkt 브브욀클
adj. 구름 낀

□ der Regen /- 데어 흐에근/디 흐에근
n. 비

□ regnen 흐에그는
v. 비가 오다

□ der Regenbogen /-
데어 흐에근보근/디 흐에근보근
n. 무지개

□ der Sturm /¨e
데어 슈투엄/디 슈튀어므
n. 폭풍, 폭풍우

□ der Schnee /kein Pl. 데어 슈네
n. 눈

□ der Nebel /- 데어 네블/디 네블
n. 안개; 연기

□ nebelig 네블리히
adj. 안개 낀

□ der Regenschirm /-e
데어 흐에근슈이엄/디 흐에근슈이어므
n. 우산

□ der Wind /-e 데어 브인ㅌ/디 브인드
n. 바람; 기류

□ der Blitz /-e 데어 블릳츠/디 블릳쯔
n. 번개; 섬광

□ der Donner /- 데어 돈너/디 돈너
n. 천둥

□ schneien 슈나이은
v. 눈이 오다

□ die Jahreszeit /-en
디 야흐쓰짜잍/디 야흐쓰짜잍튼
n. 계절

□ der Frühling /-e
데어 프흐윌링/디 프흐윌링으
n. 봄; 청춘

□ der Sommer /- 데어 좀머/디 좀머
n. 여름

□ der Herbst /-e 데어 헤엎슽/디 헤엎스트
n. 가을

□ der Winter /- 데어 브인터/디 브인터
n. 겨울

□ der Samen /- 데어 자믄/디 자믄
n. 씨, 씨앗

□ die Hitze /kein Pl. 디 힡쯔
n. 열; 더위

□ die Herbstfärbung /-en
디 헤엎슽프해어붕/디 헤엎슽프해어붕은
n. 단풍; 가을빛

□ der Schneemann /¨er
데어 슈네만/디 슈네맨너
n. 눈사람

□ das Wetter /- 다쓰 브엩터/디 브엩터 n. 날씨, 일기

□ der Wetterbericht /-e 데어 브엩터브흐이힡/디 브엩터브흐이히트 n. 일기예보

Der Wetterbericht stimmt nicht immer.
데어 브엩터브흐이힡 슈팀ㅌ 니힡 임머
일기예보가 항상 맞지는 않아요.

□ das Klima /die Klimata 다쓰 클리마/디 클리마타 n. 기후; 풍토

□ mild 밀ㅌ adj. 온화한; 부드러운; 잘 익은

□ rau 흐아우 adj. 황량한; 거친; 사나운

□ trocken 트흐옥큰 adj. 마른, 건조한

□ die Trockenheit /-en 디 트흐옥큰하잍/디 트흐옥큰하이튼 n. 건조; 가뭄

= die Dürre /-n 디 뒤어흐/디 뒤어흔

□ nass 나쓰 adj. 젖은, 축축한; 습기 찬

tip. 독일은 지리적으로 바다와 맞닿아 있는 곳이 거의 없어서 습도가 낮은 편이에요.

□ feucht 프호이힡 adj. 젖은, 축축한

□ die Feuchtigkeit /-en 디 프호이히티히카잍/디 프호이히티히카이튼 n. 습기, 수분; 습도

□ die Temperatur /-en 디 템퍼흐아투어/디 템퍼흐아투어흔 n. 온도, 기온; 체온

Heute haben wir sehr hohe Temperaturen.
호이트 하븐 브이어 제어 호흐 템퍼흐아투어흔
오늘은 기온이 매우 높아요.

□ steigen 슈타이근 v. 올라가다; 높아지다

□ fallen 프할른 v. 떨어지다; 넘어지다; (비·눈이) 내리다; (꽃이) 지다

□ warm 브암 adj. 따뜻한

□ die Wärme /kein Pl. 디 브애어므 n. 따뜻함, 온기

□ heiß 하이쓰 adj. 뜨거운, 더운

□ frisch 프흐이슈 adj. 상쾌한; 시원한; 신선한

□ kühl 퀼 adj. 시원한, 서늘한

□ kalt 칼ㅌ adj. 추운, 싸늘한

□ die Kälte /kein Pl. 디 캘트 n. 추위, 차가움

Ich möchte ein kaltes Wasser trinken.
이히 뫼히트 아인 칼트쓰 브아써 트흐잉큰
차가운 물을 마시고 싶어요.

□ der Frost /¨e 데어 프흐오슽/디 프흐외스트 n. 추위; 동상

□ frieren 프흐이어흔 v. 춥다, 차갑다; 얼다

□ das Eis /kein Pl. 다쓰 아이쓰 n. 얼음; 아이스크림

tip. 독일에는 아이스크림 전문점들이 많은데요, 아이스크림 종류가 다양해서 스파게티 아이스크림, 피자 아이스크림 등 재미있는 메뉴도 맛볼 수 있어요.

□ glatt 글랕 adj. 매끄러운, 미끄러운; 순조로운

□ die Glätte /kein Pl. 디 글랱트 n. 매끈매끈함, 미끄러움

□ das Glatteis /kein Pl. 다쓰 글랕아이쓰 n. 빙판(길)

□ die Sonne /-n 디 존느/디 존는 n. 태양, 해; 햇빛

□ sonnig 존니히 adj. 해가 비치는, 양지바른

□ der Sonnenbrand /¨e 데어 존는브흐안ㅌ/디 존는브흐앤드
n. 햇빛 화상(피부가 햇빛에 심하게 탐)

Ich habe einen Sonnenbrand bekommen.
이히 하브 아이는 존는브흐안ㅌ 브콤믄
햇빛에 제 살이 심하게 탔어요.

tip. 여름에 독일을 가면 공원 곳곳에서 선탠하는 사람들을 볼 수 있어요. 10월이면 급격히 해가 짧아져서 봄과 여름에 사람들이 거리로 나와 충분히 햇빛을 즐기죠.

□ scheinen 슈아이는 v. 빛나다; 비치다

□ hell 헬 adj. 맑은; 밝은; 빛나는; 선명한

□ das Licht /-er 다쓰 리힡/디 리히터 n. 빛

□ der Schatten /- 데어 슈앝튼/디 슈앝튼 n. 그늘; 그림자

□ dunkel 둥클 adj. 어두운; 흐린

□ die Dunkelheit /-en 디 둥클하잍/디 둥클하이튼 n. 암흑, 어둠

□ der Himmel /- 데어 힘믈/디 힘믈 n. 하늘

□ klar 클라 adj. 깨끗한, 선명한; 투명한; 맑은

Der Himmel ist ganz klar.
데어 힘믈 이슽 간츠 클라
하늘이 정말 맑아요.

□ heiter 하이터 adj. 밝은; 갠

□ die Wolke /-n 디 브올크/디 브올큰 n. 구름

□ bewölkt 브뵐클 adj. 구름 낀

□ wolkig 브올키히 adj. 구름 낀, 흐린; 구름 같은

□ der Nebel /- 데어 네블/디 네블 n. 안개; 연기

□ nebelig 네블리히 adj. 안개 낀

□ der Niederschlag /¨e 데어 니더슐랔/디 니더슐래그 n. 강수량

□ der Regen /- 데어 흐에근/디 흐에근 n. 비

□ regnen 흐에그는 v. 비가 오다

□ der Schauer /- 데어 슈아우어/디 슈아우어 n. 소나기

□ der Regenschirm /-e 데어 흐에근슈이엄/디 흐에근슈이어므 n. 우산

Hast du einen Regenschirm?
하슽 두 아이는 흐에근슈이엄?
우산 가지고 있니?

□ der Tropfen /- 데어 트흐옾흔/디 트흐옾흔 n. 방울, 물방울

□ tropfen 트흐옾흔 v. 방울방울 떨어지다

□ der Regenbogen /- 데어 흐에근보근/디 흐에근보근 n. 무지개

□ der Hagel /- 데어 하글/디 하글 n. 우박
 □ hageln 하글ㄴ v. 우박이 내리다

□ der Wind /-e 데어 브인ㅌ/디 브인드 n. 바람; 기류
 □ windig 브인디히 adj. 바람이 부는
 □ wehen 브에흔 v. 불다; 흩날리다, (깃발·머리칼이) 펄럭이다
 □ blasen 블라즌 v. (세차게) 불다, 바람을 불어넣다

□ der Sturm /¨e 데어 슈투엄/디 슈튀어므 n. 폭풍, 폭풍우

Ein Sturm zieht auf.
아인 슈투엄 찥 아우프흐
폭풍이 오고 있어요.

□ das Gewitter /- 다쓰 그브읻터/디 그브읻터 n. 뇌우; 악천후, 폭풍우
 □ der Blitz /-e 데어 블릳츠/디 블릳쯔 n. 번개; 섬광
 □ blitzen 블릳쯘 v. 반짝이다; 번개가 치다

□ der Donner /- 데어 돈너/디 돈너 n. 천둥
 □ donnern 돈넌 v. 천둥 치다

□ der Schnee /kein Pl. 데어 슈네 n. 눈
 □ schneien 슈나이은 v. 눈이 오다
 □ der Schneemann /¨er 데어 슈네만/디 슈네맨너 n. 눈사람
 □ die Schneeballschlacht /-en 디 슈네발슐라흩/디 슈네발슐라흐튼 n. 눈싸움

Er hat einen Schneemann gebaut.
에어 핱 아이는 슈네만 그바웉
그는 눈사람을 만들었어요.

□ die Jahreszeit /-en 디 야흐쓰짜읻/디 야흐쓰짜읻튼 n. 계절

□ der Frühling /-e 데어 프흐륄링/디 프흐륄링으 n. 봄; 청춘

□ der Samen /- 데어 자믄/디 자믄 n. 씨, 씨앗

□ sprießen 슈프흐이쓴 v. 싹트다; 생겨나다

□ die Knospe /-n 디 크노스프/디 크노스픈 n. 싹, 꽃봉오리

□ blühen 블뤼흔 v. 꽃이 피다

Die Blumen blühen schon.
디 블루믄 블뤼흔 슈온
꽃들이 벌써 피어요.

□ der Sommer /- 데어 좀머/디 좀머 n. 여름

□ die Sommerzeit /-en 디 좀머짜잍/디 좀머짜이튼 n. 서머 타임

tip. 여름에 긴 낮 시간을 효과적으로 이용하기 위해 표준 시간보다 시각을 앞당기는 제도를 말합니다.

□ die Hitze /kein Pl. 디 힡쯔 n. 열; 더위

□ der Hitzschlag /¨e 데어 힡츠슐랔/디 힡츠슐래그 n. 열사병

□ der Herbst /-e 데어 헤엎슽/디 헤엎스트 n. 가을

□ das Laub /kein Pl. 다쓰 라웊 n. 잎; 낙엽

□ die Herbstfärbung /-en 디 헤엎슽프해어붕/디 헤엎슽프해어붕은 n. 단풍; 가을빛

□ färben 프해어븐 v. 물들이다, 염색하다

□ bunt 분ㅌ adj. 다채로운, 알록달록한

□ die Ernte /-n 디 에언트/디 에언튼 n. 수확

□ ernten 에언튼 v. 수확하다

□ das Erntedankfest /-e 다쓰 에언트당ㅋ프헤슽/디 에언트당ㅋ프헤스트 n. 추수감사절

In Deutschland feiert man Erntedankfest am ersten Oktobersonntag.
인 도이츄란ㅌ 프하이얼 만 에언트당ㅋ프헤슽 암 에어스튼 옥토버존탁
독일에서는 10월 첫째 주 일요일에 추수감사절을 지내요.

□ der Winter /- 데어 브인터/디 브인터 n. 겨울

Im Winter gehen wir immer Ski fahren.
임 브인터 게흔 브이어 임머 쉬 프하흔
겨울에는 꼭 스키를 타러 갑니다.

14. 계절

꼭! 써먹는 **실전 회화**

Sahra Was ist deine Lieblingsjahreszeit?
브아쓰 이슽 다이느 리블링쓰야흐쓰짜잍?
넌 어떤 계절을 가장 좋아해?

Lukas Ich mag den Winter am meisten.
이히 막 덴 브인터 암 마이스튼
난 겨울이 가장 좋아.

Sahra Warum? Der Winter ist doch so kalt.
브아흐움? 데어 브인터 이슽 도흐 조 칼ㅌ
왜? 겨울은 엄청 춥잖아.

Lukas Stimmt, aber im Winter schneit es. Und ich liebe den Schnee.
슈팀ㅌ, 아버 임 브인터 슈나잍 에쓰. 운ㅌ 이히 리브 덴 슈네
맞아. 하지만 겨울에는 눈이 오잖아. 난 눈이 정말 좋아.

Schritt 15.

환경 & 위기 Die Umwelt und die Krise 디 움브엘ㅌ 운ㅌ 디 크흐이즈

□ die Welt /-en 디 브엘ㅌ/디 브엘튼
n. 지구; 세계

□ die Erde /-n 디 에어드/디 에어든
n. 지구; 흙

□ das Weltall /kein Pl. 다쓰 브엘ㅌ알
n. 우주

□ der Stern /-e 데어 슈테언/디 슈테어느
n. 별

□ der Planet /-en 데어 플라넽/디 플라네튼
n. 행성

□ der Mond /-e 데어 몬ㅌ/디 몬드
n. 달

□ die Umwelt /-en 디 움브엘ㅌ/디 움브엘튼
n. (자연) 환경

□ die Natur /kein Pl. 디 나투어
n. 자연

□ die Luft /¨e 디 루픝/디 뤼프흐트
n. 공기, 대기

□ das Wasser /- 다쓰 브아써/디 브아써
n. 물

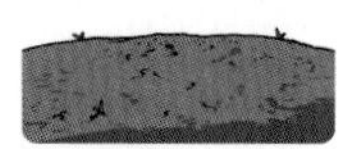

□ der Boden /¨ 데어 보든/디 뵈든
n. 땅; 바닥

□ der Umweltschutz /kein Pl.
데어 움브엘ㅌ슈웉츠
n. 환경 보호

□ die Verschmutzung /-en
디 프헤어슈뭍쭝/디 프헤어슈뭍쭝은
n. 오염

□ die Energie /-n 디 에너기/디 에너긴
n. 에너지, 힘

□ die Elektrizität /-en
디 엘렉트흐이찌탤/디 엘렉트흐이찌태튼
n. 전기, 전류

□ sparen 슈파흐은
v. 절약하다, 절감하다

□ verschwenden 프헤어슈브엔든
v. 낭비하다, 허비하다

□ das Gift /-e 다쓰 기픝/디 기프흐트
n. 독; 독약

□ giftig 기프흐티히
adj. 독성이 있는

□ der Abfall /¨e 데어 압프할/디 압프핼르
n. 쓰레기, 폐기물

□ der Müll /kein Pl. 데어 뮐
n. 쓰레기

□ die Naturkatastrophe /-n
디 나투어카타스트흐오프흐/
디 나투어카타스트흐오프흔
n. 자연재해

□ das Feuer /- 다쓰 프호이어/디 프호이어
n. 불, 화재

□ der Brand /¨e 데어 브흐안ㅌ/디 브흐앤드
n. 화재

□ die Feuerwehrstation /-en
디 프호이어브에어슈타찌온/
디 프호이어브에어슈타찌오는
n. 소방서

□ der Feueralarm /-e
데어 프호이어알람/디 프호이어알라므
n. 화재 경보

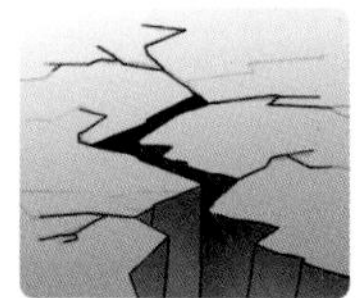

□ das Erdbeben /-
다쓰 에얼베븐/디 에얼베븐
n. 지진

□ der Vulkan /-e
데어 브울칸/디 브울카느
n. 화산

□ der Erdrutsch /-e
데어 에얼흐욷슈/디 에얼흐욷슈
n. 산사태

□ die Schneelawine /-n
디 슈네라브이느/디 슈네라브이는
n. 눈사태

□ die Flut /-en 디 프흘뤁/디 프흘루튼
n. 홍수, 범람; 밀물

□ die Sturmflut /-en
디 슈투엄프흘뤁/디 슈투엄프흘루튼
n. 해일

□ die Krise /-n 디 크흐이즈/디 크흐이즌
n. 위기; 경제 공황

□ kritisch 크흐이티슈
adj. 위험한; 비판적인

□ gefährlich 그프해얼리히
adj. 위험한; 위태로운

□ der Krieg /-e 데어 크흐읶/디 크흐이그
n. 전쟁

□ die Angst /¨e 디 앙슫/디 앵스트
n. 공포, 두려움

□ die Armut /kein Pl. 디 아뭍
n. 가난, 빈곤

□ arm 암
adj. 가난한, 결핍된; 불쌍한

□ der Reichtum /¨er
데어 흐아이히툼/디 흐아이히튀머
n. 부유; 풍부

□ reich 흐아이히
adj. 부유한, 돈이 많은; 풍부한

□ die Welt /-en 디 브엘ㅌ/디 브엘튼 n. 지구; 세계
□ das Weltall /kein Pl. 다쓰 브엘ㅌ알 n. 우주
□ die Erde /-n 디 에어드/디 에어든 n. 지구; 흙

□ der Stern /-e 데어 슈테언/디 슈테어느 n. 별
□ der Planet /-en 데어 플라넽/디 플라네튼 n. 행성

□ die Sonne /-n 디 존느/디 존는 n. 태양, 해; 햇빛
□ der Mond /-e 데어 몬ㅌ/디 몬드 n. 달

Heute ist der Mond sehr hell und groβ.
호이트 이슽 데어 몬ㅌ 제어 헬 운ㅌ 그흐오쓰
오늘은 달이 참 밝고 크네요.

□ die Natur /kein Pl. 디 나투어 n. 자연

□ das Element /-e 다쓰 엘레멘ㅌ/디 엘레멘트 n. 원소

□ die Luft /¨e 디 루픝/디 뤼프흐트 n. 공기, 대기

□ das Wasser /- 다쓰 브아써/디 브아써 n. 물

□ der Boden /¨ 데어 보든/디 뵈든 n. 땅; 바닥

□ die Umwelt /-en 디 움브엘ㅌ/디 움브엘튼 n. (자연) 환경
□ der Umweltschutz /kein Pl. 데어 움브엘ㅌ슈웉츠 n. 환경 보호
□ schützen 슈윁쯘 v. 지키다, 보호하다; 막다

□ die Verschmutzung /-en 디 프헤어슈뭍쭝/디 프헤어슈뭍쭝은 n. 오염
□ verschmutzen 프헤어슈뭍쯘 v. 더러워지다; 더럽혀서 망쳐 버리다

□ das Waldsterben /kein Pl. 다쓰 브알ㅌ슈테어븐 n. (공기 오염에 의한) 숲의 고사

□ die Erderwärmung /-en 디 에얼에어브애어뭉/디 에얼에어브애어뭉은 n. 지구 온난화

□ der Schaden /¨ 데어 슈아든/디 슈애든 n. 손해; 상처; 피해

□ schaden 슈아든 v. 해치다, 손상시키다; 손해를 주다

□ schädlich 슈애들리히 adj. 유해한; 손해가 되는

□ die Energie /-n 디 에너기/디 에너긴 n. 에너지, 힘

Musik ist die Energie meines Lebens.
무짘 이슽 디 에너기 마이느쓰 레븐쓰
음악은 제 삶의 에너지예요.

□ sparen 슈파흐은 v. 절약하다, 절감하다

□ verschwenden 프헤어슈브엔든 v. 낭비하다, 허비하다

□ alternativ 알터나티프흐 adj. 대체 가능한, 대안적인

□ die Elektrizität /-en 디 엘렉트흐이찌탤/디 엘렉트흐이찌태튼 n. 전기, 전류

□ der Strom /kein Pl. 데어 슈트흐옴 n. 전류

□ das Kraftwerk /-e 다쓰 크흐아픝브에엌/디 크흐아픝브에어크 n. 발전소

□ die Atomkraft /¨e 디 아톰크흐아픝/디 아톰크흐애프흐트 n. 원자력

□ die Wasserkraft /¨e 디 브아써크흐아픝/디 브아써크흐애프흐트 n. 수력

□ die Windkraft /¨e 디 브인ㅌ크흐아픝/디 브인ㅌ크흐애프흐트 n. 풍력

□ die Solarenergie /-n 디 졸라에너기/디 졸라에너긴 n. 태양 에너지

□ das Gift /-e 다쓰 기픝/디 기프흐트 n. 독; 독약

tip. Gift은 여성 관사를 쓰면 '선물'이며, 중성 관사를 쓰면 '독, 독약'이라는 의미입니다.

□ giftig 기프흐티히 adj. 독성이 있는

□ das Abgas /-e 다쓰 압가쓰/디 압가즈 n. 배기가스

Die Luft wurde durch Abgase verschmutzt.
디 루픝 브우어드 두어히 압가즈 프헤어슈뭍츹
공기가 배기가스로 더러워졌어요.

□ der Smog /-s 데어 스목/디 스목쓰 n. 스모그

□ der Abfall /¨e 데어 압프할/디 압프핼르 n. 쓰레기, 폐기물

□ der Müll /kein Pl. 데어 뮐 n. 쓰레기

□ die Naturkatastrophe /-n 디 나투어카타스트흐오프흐/디 나투어카타스트흐오프흔 n. 자연재해

□ das Feuer /- 다쓰 프호이어/디 프호이어 n. 불, 화재

□ die Feuerwehrstation /-en 디 프호이어브에어슈타찌온/디 프호이어브에어슈타찌오는 n. 소방서

□ der Feuerwehrmann /¨er 데어 프호이어브에어만/디 프호이어브에어맨너 n. 소방관

□ der Feueralarm /-e 데어 프호이어알람/디 프호이어알라므 n. 화재 경보

□ klingeln 클링을ㄴ v. 울리다; 벨을 누르다

Der Feueralarm klingelt.
데어 프호이어알람 클링을ㅌ
화재 경보가 울리고 있어요.

□ der Brand /¨e 데어 브흐안ㅌ/디 브흐앤드 n. 화재

□ der Waldbrand /¨e 데어 브알ㅌ브흐안ㅌ/디 브알ㅌ브흐앤드 n. 산불

□ brennen 브흐엔는 v. 타다

□ das Erdbeben /- 다쓰 에얼베븐/디 에얼베븐 n. 지진

□ beben 베븐 v. 떨다, 진동하다

□ zerstören 쩨어슈퇴어흔 v. 파괴하다; 멸망시키다

□ die Zerstörung /-en 디 쩨어슈퇴어흐웅/디 쩨어슈퇴어흐웅은 n. 파괴; 파멸

□ die Naturzerstörung /-en 디 나투어쩨어슈퇴어흐웅/디 나투어쩨어슈퇴어흐웅은 n. 자연 파괴

□ der Vulkan /-e 데어 브울칸/디 브울카느 n. 화산

In Japan ist ein Vulkan ausgebrochen.
인 야판 이슽 아인 브울칸 아우쓰그브흐오흔
일본에서 화산이 폭발했어요.

□ die Lava /die Laven 디 라브아/디 라븐 n. 용암

□ stürzen 슈튀어쯘 v. 흘러내리다; 추락하다

□ ausbrechen 아우쓰브흐에히은 v. 폭발하다; 탈출하다; 토하다

□ der Erdrutsch /-e 데어 에얼흐웉슈/디 에얼흐웉슈 n. 산사태

□ die Schneelawine /-n 디 슈네라브이느/디 슈네라브이는 n. 눈사태

Auf diesem Berg gibt es häufig Schneelawinen.
아우프흐 디즘 베엌 깁ㅌ 에쓰 호이프히히 슈네라브이는
이 산에서 자주 눈사태가 나요.

□ eingeschneit werden 아인그슈나잍 브에어든 눈 속에 갇히다

□ festsitzen 프헤슽짙쯘 v. 갇히다, 좌초하다

□ bedecken 브덱큰 v. 덮다, 덮어씌우다

□ begraben 브그흐아븐 v. 매장하다, 묻다

□ die Krise /-n 디 크흐이즈/디 크흐이즌 n. 위기; 경제 공황

□ kritisch 크흐이티슈 adj. 위험한; 비판적인

□ gefährlich 그프해얼리히 adj. 위험한; 위태로운

□ die Meeresströmung /-en 디 메어흐쓰슈트흐외뭉/디 메어흐쓰슈트흐외뭉은 n. 해류, 조류

□ die Tiefsee /kein Pl. 디 티프흐제 n. 심해

□ das Ertrinken /kein Pl. 다쓰 에어트흐잉큰 n. 익사

□ ertrinken 에어트흐잉큰 v. 물에 빠지다; 익사하다

□ sinken 징큰 v. 가라앉다, 침몰하다

= versinken 프헤어징큰

Die Titanic ist gesunken.
디 티타닉 이슽 그중큰
타이타닉은 침몰했어요.

□ die Flut /-en 디 프흘룯/디 프흘루튼 n. 홍수, 범람; 밀물

□ die Sturmflut /-en 디 슈투엄프흘룯/디 슈투엄프흘루튼 n. 해일

= die Flutwelle /-n 디 프흘룯브엘르/디 프흘룯브엘른

□ ernst 에언슽 adj. 진지한; 중대한, 심각한

Nimm das nicht so ernst.
님 다쓰 니힡 조 에언슽
심각하게 받아들이지 마.

□ die Konkurrenz /-en 디 콘쿠흐엔츠/디 콘쿠흐엔쯘 n. 경쟁

□ der Feind /-e 데어 프하인ㅌ/디 프하인드 n. 적, 원수

□ der Krieg /-e 데어 크흐잌/디 크흐이그 n. 전쟁

□ die Angst /¨e 디 앙슽/디 앵스트 n. 공포, 두려움

Hab keine Angst vor Fehlern.
합 카이느 앙슽 프호어 프헬런
실수를 두려워하지 마라.

□ flüchten 프흘뤼히튼 v. 달아나다, 피신하다

□ der Flüchtling /-e 데어 프흘뤼히틀링/디 프흘뤼히틀링으 n. 난민; 망명자

□ die Emigration /-en 디 에미그흐아찌온/디 에미그흐아찌오는 n. 이주, 이민

□ die Auswanderung /-en 디 아우쓰브안더흐웅/디 아우쓰브안더흐웅은 n. 이민, 해외 이주

□ die Armut /kein Pl. 디 아뭍 n. 가난, 빈곤

□ arm 암 adj. 가난한, 결핍된; 불쌍한

□ der Reichtum /¨er 데어 흐아이히툼/디 흐아이히튀머 n. 부유; 풍부

□ reich 흐아이히 adj. 부유한, 돈이 많은; 풍부한

□ der Reiche /-n 데어 흐아이히으/디 흐아이히은,
die Reiche /-n 디 흐아이히으/디 흐아이히은 n. 부자

□ die Arbeitslosigkeit /kein Pl. 디 아바잍츠로지히카잍 n. 실업
□ der Arbeitlose /-n 데어 아바잍츠로즈/디 아바잍츠로즌 n. 실업자

□ der Obdachlose /-n 데어 옾다흐로즈/디 옾다흐로즌 n. 노숙자
□ obdachlos 옾다흐로쓰 adj. 잘 곳이 없는, 집이 없는

□ die Sicherheit /-en 디 지히어하잍/디 지히어하이튼 n. 안전; 안심

Bringen Sie die Kinder in Sicherheit.
브흐잉은 지 디 킨더 인 지히어하잍
당신은 아이들을 안전한 곳으로 데려가세요.

15. 지진

꼭! 써먹는 **실전 회화**

Lukas Zurzeit passieren so viele Naturkatastrophen.
쭈어짜잍 파씨어흔 조 프힐르 나투어카타스트흐오프흔
요즘 너무 많은 자연재해가 발생해요.

Elisabeth Ja, vorgestern gab es sogar in Busan ein Erdbeben.
야, 프호어게스턴 갑 에쓰 조가 인 부산 아인 에얼베븐
맞아요. 그제는 부산에서도 지진이 발생했대요.

Lukas Gab es Verletzte?
갑 에쓰 프헤어렡츠트?
다친 사람이 있었나요?

Elisabeth Nein, zum Glück wurde niemand verletzt.
나인, 쭘 글뤽 브우어드 니만ㅌ 프헤어렡츹
아니요, 다행히 다친 사람은 없었어요.

연습 문제 Übung 위붕

다음 단어를 읽고 맞는 뜻과 연결하세요.

1. der Baum	•	• 개
2. das Datum	•	• 계절
3. der Hund	•	• 나무
4. die Jahreszeit	•	• 날씨
5. die Krise	•	• 날짜
6. die Pflanze	•	• 낮; 날, 일; 하루
7. die Sonne	•	• 동물
8. der Tag	•	• 시간, 때
9. das Tier	•	• 식물
10. die Umwelt	•	• 위기
11. das Wetter	•	• 태양, 해
12. die Zeit	•	• 환경

1. der Baum – 나무 2. das Datum – 날짜 3. der Hund – 개
4. die Jahreszeit – 계절 5. die Krise – 위기 6. die Pflanze – 식물
7. die Sonne – 태양, 해 8. der Tag – 낮; 날, 일; 하루 9. das Tier – 동물
10. die Umwelt – 환경 11. das Wetter – 날씨 12. die Zeit – 시간, 때

Kapitel 5

Schritt 16 학교

Schritt 17 직업

Schritt 18 음식점&카페

Schritt 19 상점

Schritt 20 병원&은행

Schritt 16.

학교 Die Schule 디 슐르

□ die Schule /-n 디 슐르/디 슐른
n. 학교

□ der Kindergarten /¨
데어 킨더가흐튼/디 킨더개어튼
n. 유치원

□ die Grundschule /-n
디 그흐운ㅌ슐르/디 그흐운ㅌ슐른
n. 초등학교(4년 과정)

□ das Gymnasium / die Gymnasien
다쓰 귐나지움/디 귐나지은
n. 김나지움, 중·고등학교(8~9년 과정)

□ die Universität /-en
디 우니브에지탵/디 우니브에지태튼
n. 대학교

□ die Klasse /-n
디 클라쓰/디 클라쓴
n. 학급, 반; 학년; 교실

□ der Unterricht /-e
데어 운터흐이힡/디 운터흐이히트
n. 수업

□ unterrichten 운터흐이히튼
= lehren 레흔
v. 가르치다, 강의하다

□ der Lehrer /- 데어 레흐어/디 레흐어,
die Lehrerin /-nen
디 레흐어흐인/디 레흐어흐인는
n. 선생, 교사

□ der Schüler /- 데어 슈윌러/디 슈윌러, die Schülerin /-nen 디 슈윌러흐인/디 슈윌러흐인는
n. 학생; 제자

□ der Student /-en 데어 슈투덴ㅌ/디 슈투덴튼, die Studentin /-nen 디 슈투덴틴/디 슈투덴틴는
n. 대학생

□ lernen 레어는
v. 배우다, 습득하다

□ studieren 슈투디어흔
v. 전공하다, 연구하다; 대학에 다니다

□ das Fach /¨er 다쓰 프하흐/디 프해히어
n. 과목; 전문 분야; 칸막이, 서랍

□ die Hausaufgabe /-n 디 하우쓰아우프흐가브/디 하우쓰아우프흐가븐
n. 숙제

□ der Bericht /-e 데어 브흐이힐/디 브흐이히트
n. 리포트, 보고서

□ das Pult /-e 다쓰 풀ㅌ/디 풀트
n. 책상; 교탁

□ der Stuhl /¨e 데어 슈툴/디 슈튈르
n. 의자

□ die Tafel /-n 디 타프흘/ 디 타프흘ㄴ
n. 칠판; 표

□ der Bleistift /-e
데어 블라이슈티픝/
디 블라이슈이프흐트
n. 연필

□ der Füller /-
데어 프휠러/디 프휠러
n. 만년필

□ der Kugelschreiber /-
데어 쿠글슈흐아이버/
디 쿠글슈흐아이버
n. 볼펜

□ schreiben 슈흐아이븐
v. 쓰다

□ notieren 노티어흔
v. 필기하다

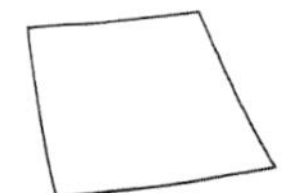

□ das Papier /-e
다쓰 파피어/디 파피어흐
n. 종이; 서류, 문서

□ das Heft /-e
다쓰 헤픝/디 헤프흐트
n. 공책, 노트

□ die Schultasche /-n
디 슐타슈/디 슐타슌
n. 책가방

□ das Federmäppchen /-
다쓰 프헤더맾히은/
디 프헤더맾히은
n. 필통

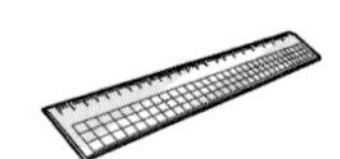

□ das Lineal /-e
다쓰 리네알/디 리네알르
n. 자

□ die Schere /-n
디 슈에어흐/디 슈에어흔
n. 가위

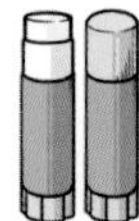

□ der Kleber /-
데어 클레버/디 클레버
n. 풀

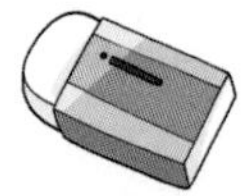

□ der Radiergummi /-s
데어 흐아디어구미/
디 흐아디어구미쓰
n. 지우개

□ die Prüfung /-en
디 프흐위프훙/디 프흐위프훙은
n. 시험; 검사

□ prüfen 프흐위프흔
v. 시험하다, 검사하다

□ bewerten 브브에어튼
v. 평가하다

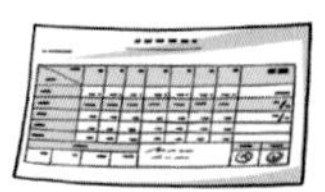

□ das Zeugnis /-se
다쓰 쪼잌니쓰/디 쪼잌니쓰
n. 성적표; 추천서; 증언

□ das Diplom /-e
다쓰 디플롬/디 디플로므
n. 대학 졸업 증서; 학위

□ die Ferien /kein Sg.
디 프헤어흐이은
n. 방학, 휴가

□ die Sommerferien /kein Sg.
디 좀머프헤어흐이은
n. 여름 방학

□ die Winterferien /kein Sg.
디 브인터프헤어흐이은
n. 겨울 방학

□ das Stipendium /die Stipendien
다쓰 슈티펜디움/디 슈티펜디은
n. 장학금

□ die Bibliothek /-en
디 비블리오텔/디 비블리오테크
n. 도서관

□ die Schule /-n 디 슐르/디 슐른 n. 학교

□ der Kindergarten /¨ 데어 킨더가흐튼/디 킨더개어튼 n. 유치원

□ die Grundschule /-n 디 그흐운ㅌ슐르/디 그흐운ㅌ슐른 n. 초등학교(4년 과정)

tip. 독일은 초등학교 4학년 때 적성에 따라 Gymnasium을 가거나 실업학교(Realschule 흐에알슐르), 종합 학교(Gesamtschule 그잠ㅌ슐르) 또는 직업 학교(Hauptschule 하우픝슐르)로 나뉘어 진학해요.

□ das Gymnasium /die Gymnasien 다쓰 귐나지움/디 귐나지은 n. 김나지움, 중·고등학교(8~9년 과정)

tip. Gymnasium은 의무 교육 중 가장 수준 높은 교육기관이에요.
10학년까지의 의무 교육을 마친 후, 대학을 가거나 바로 사회에 진출할지를 정합니다.

□ die Hochschule /-n 디 호흐슐르/디 호흐슐른 n. 대학교, 단과 대학

□ die Universität /-en 디 우니브에지탵/디 우니브에지태튼 n. 대학교

□ die Klasse /-n 디 클라쓰/디 클라쓴 n. 학급, 반; 학년; 교실

tip. klasse가 형용사로 쓰이면 '멋진, 훌륭한'의 의미예요.

□ das Klassenzimmer /- 다쓰 클라쓴찜머/디 클라쓴찜머 n. 교실

□ der Unterricht /-e 데어 운터흐이힡/디 운터흐이히트 n. 수업

□ unterrichten 운터흐이히튼 v. 가르치다, 강의하다

= lehren 레흔

□ lernen 레어는 v. 배우다, 습득하다

□ das Studium /die Studien 다쓰 슈투디움/디 슈투디은 n. 대학 공부; 연구, 조사

□ studieren 슈투디어흔 v. 전공하다, 연구하다; 대학에 다니다

Sie studiert Germanistik.
지 슈투디얼 게어마니스틱
그녀는 독문학을 전공해요.

□ der Lehrer /- 데어 레흐어/디 레흐어,
die Lehrerin /-nen 디 레흐어흐인/디 레흐어흐인는 n. 선생, 교사

□ der Schüler /- 데어 슈윌러/디 슈윌러,
die Schülerin /-nen 디 슈윌러흐인/디 슈윌러흐인는 n. 학생; 제자

□ der Student /-en 데어 슈투덴ㅌ/디 슈투덴튼,
die Studentin /-nen 디 슈투덴틴/디 슈투덴티는 n. 대학생

□ das Abitur /-e 다쓰 아비투어/디 아비투어흐 n. 김나지움의 졸업 시험

tip. 독일은 우리나라의 수능과 같은 대학 입학시험이 없고, Abitur 성적을 대학교에 제출합니다.

□ der Abschluss /¨e 데어 압슐루쓰/디 압슐뤼쓰 n. 종료; 졸업
□ abschließen 압슐리쓴 v. 종결하다; 잠그다

□ der Stundenplan /¨e 데어 슈툰든플란/디 슈툰든플래느 n. 시간표

□ das Fach /¨er 다쓰 프하흐/디 프해히어 n. 과목; 전문 분야; 칸막이, 서랍

Geschichte ist mein Lieblingsfach.
그슈이히트 이슽 마인 리블링쓰프하흐
역사는 제가 가장 좋아하는 과목이에요.

□ die Mathematik /kein Pl. 디 마트마틱 n. 수학
□ rechnen 흐에히는 v. 계산하다

□ die Geografie /kein Pl. 디 게오그흐아프히 n. 지리학
= die Erdkunde /kein Pl. 디 에얻쿤드
□ entdecken 엔ㅌ덱큰 v. 발견하다, 찾아내다

□ die Physik /kein Pl. 디 프휘짘 n. 물리학

□ die Chemie /kein Pl. 디 히에미 n. 화학

□ die Biologie /kein Pl. 디 비올로기 n. 생물학

□ die Wissenschaft /-en 디 브이쓴슈아픝/디 브이쓴슈아프흐튼 n. 과학; 학문

□ die Soziologie /kein Pl. 디 조찌올로기 n. 사회학
□ die Sozialkunde /-n 디 조찌알쿤드/디 조찌알쿤든 n. (정치) 사회과

□ die Religion /-en 디 흐엘리기온/디 흐엘리기오는 n. 종교 수업; 종교

□ die Philosophie /-n 디 프힐로조프히/디 프힐로조프힌 n. 철학

□ nachdenken 나흐뎅큰 v. 곰곰이 생각하다, 사고하다

□ die Psychologie /kein Pl. 디 퓌히올로기 n. 심리학

□ analysieren 아나뤼지어흔 v. 분석하다; 분해하다

□ die Pädagogik /kein Pl. 디 패다고긱 n. 교육학

□ diskutieren 디스쿠티어흔 v. 토론하다

□ die Geschichte /-n 디 그슈이히트/디 그슈이히튼 n. 역사학; 이야기

□ erklären 에어클래어흔 v. 설명하다

□ verstehen 프헤어슈테흔 v. 이해하다

□ die Musik /kein Pl. 디 무직 n. 음악; 음악 수업

□ singen 징은 v. 노래하다

□ der Sport /-e 데어 슈포엍/디 슈포어트 n. 체육, 스포츠, 운동

□ turnen 투어는 v. 체조하다

□ die Hausaufgabe /-n 디 하우쓰아우프흐가브/디 하우쓰아우프흐가븐 n. 숙제

□ der Bericht /-e 데어 브흐이힡/디 브흐이히트 n. 리포트, 보고서

□ die Pause /-n 디 파우즈/디 파우즌 n. 휴식 (시간)

Die Pause ist 15 Minuten lang.
디 파우즈 이슽 프휜프흐첸 미누튼 랑
휴식 시간은 15분이에요.

tip. 독일의 초·중·고교에서는 쉬는 시간이 되면 학생들을 교실 밖으로 내보내 야외 활동을 하도록 합니다.

□ das Pult /-e 다쓰 풀ㅌ/디 풀트 n. 책상; 교탁

□ der Stuhl /¨e 데어 슈툴/디 슈튈르 n. 의자

□ die Tafel /-n 디 타프흘/ 디 타프흘ㄴ n. 칠판; 표

□ der Schwamm /¨e 데어 슈브암/디 슈브앰므 n. 스펀지

tip. 칠판을 지울 때 Schwamm에 물을 묻혀 사용합니다.

□ der Bleistift /-e 데어 블라이슈티픝/디 블라이슈이프흐트 n. 연필

□ der Füller /- 데어 프휠러/디 프휠러 n. 만년필

□ der Kugelschreiber /- 데어 쿠글슈흐아이버/디 쿠글슈흐아이버 n. 볼펜

tip. 독일에서는 초등학생 때부터 만년필을 사용해요. 그래서 입학 때 책가방과 함께 만년필을 선물하기도 해요. 그리고 모든 숙제와 시험을 만년필로 쓰기 때문에 잉크를 지우는 펜이 따로 있어요.

□ schreiben 슈흐아이븐 v. 쓰다

□ notieren 노티어흔 v. 필기하다

□ das Papier /-e 다쓰 파피어/디 파피어흐 n. 종이; 서류, 문서

□ das Heft /-e 다쓰 헤픝/디 헤프흐트 n. 공책, 노트

□ lesen 레즌 v. 읽다

□ ein Buch lesen 아인 부흐 레즌 책을 읽다

□ die Schultasche /-n 디 슐타슈/디 슐타슌 n. 책가방

□ das Federmäppchen /- 다쓰 프헤더맾히은/디 프헤더맾히은 n. 필통

□ das Lineal /-e 다쓰 리네알/디 리네알르 n. 자

□ die Schere /-n 디 슈에어흐/디 슈에어흔 n. 가위

□ der Kleber /- 데어 클레버/디 클레버 n. 풀

□ kleben 클레븐 v. 붙이다; 끈적거리다

□ der Radiergummi /-s 데어 흐아디어구미/디 흐아디어구미쓰 n. 지우개

□ radieren 흐아디어흔 v. (지우개로) 지우다, 삭제하다

Kannst du mir einen Radiergummi leihen?
칸슽 두 미어 아이는 흐아디어구미 라이흔?
나 지우개 좀 빌려줄 수 있니?

□ das Semester /- 다쓰 제메스터/디 제메스터 n. 학기

□ die Vorlesung /-en 디 프호어레중/디 프호어레중은 n. 강연, 강의 (대학교 수업)

□ der Kurs /-e 데어 쿠어쓰/디 쿠어즈 n. 강좌, 코스 (학원 수업)

□ die Prüfung /-en 디 프흐위프훙/디 프흐위프훙은 n. 시험; 검사

□ die Prüfung schreiben 디 프흐위프훙 슈흐아이븐 시험을 보다

□ die Klassenarbeit /-en 디 클라쓴아바잍/디 클라쓴아바이튼 n. 필기 시험

□ prüfen 프흐위프흔 v. 시험하다, 검사하다

□ bewerten 브브에어튼 v. 평가하다

□ sich vorbereiten auf 지히 프흐어브흐아이튼 아우프흐 준비하다

□ bestehen 브슈테흔 v. 통과하다; 극복하다, 견디다; 구성되다

□ wiederholen 브이더홀른 v. 복습하다; 반복하다

tip. 독일에서는 복습은 중요시하나 예습은 절대로 못하게 해요.

□ das Zeugnis /-se 다쓰 쪼잌니쓰/디 쪼잌니쓰 n. 성적표; 추천서; 증언

□ die Note /-n 디 노트/디 노튼 n. 성적, 점수

tip. '음표, 악보'라는 뜻도 있습니다.

□ mündlich 뮌틀리히 adj. 구두의

die mündliche Note
디 뮌틀리히으 노트
참여도 점수(= 구두 시험 점수)

tip. 독일에서 학업 성취도는 필기 시험 및 수업 참여도를 통해 정해지기 때문에, 학생들은 수업에 적극적으로 참여해요.

□ schriftlich 슈흐이프흐틀리히 adj. 서면의

die schriftliche Note
디 슈흐이프흐틀리히으 노트
필기 시험 점수(= 서면 시험 점수)

□ ausgezeichnet 아우쓰그짜이히늩 adj. 뛰어난, 탁월한; 성적 1

= sehr gut 제어 굳

□ gut 굳 adj. 좋은, 우수한, 훌륭한; 성적 2

□ befriedigend 브프흐이디근ㅌ adj. 만족스러운, 충족시키는; 성적 3

□ genügend 그뉘근ㅌ adj. 충분한; 성적 4

= ausreichend 아우쓰흐아이히은ㅌ

□ mangelhaft 망을하픝 adj. 결점이 있는, 불충분한; 성적 5

□ schlecht 슐레힡 adj. 나쁜, 부적합한, 불충분한; 성적 6

tip. 독일에서는 성적을 6단계로 나눠요. 대부분의 학교에서 한 학기에 성적 6(schlecht)을 3과목 이상 받으면 낙제로 간주하여 유급돼요.

□ das Zertifikat /-e 다쓰 쩨어티프히칼/디 쩨어티프히카트 n. 수료증; 자격증

□ das Diplom /-e 다쓰 디플롬/디 디플로므 n. 대학 졸업 증서; 학위

□ die Ferien /kein Sg. 디 프헤어흐이은 n. 방학, 휴가

□ die Osterferien /kein Sg. 디 오스터프헤어흐이은 n. 부활절 방학

□ die Sommerferien /kein Sg. 디 좀머프헤어흐이은 n. 여름 방학

□ die Weihnachtsferien /kein Sg. 디 브아이나흐츠프헤어흐이은 n. 크리스마스 방학

□ die Winterferien /kein Sg. 디 브인터프헤어흐이은 n. 겨울 방학

□ das Stipendium /die Stipendien 다쓰 슈티펜디움/디 슈티펜디은 n. 장학금

□ die Bibliothek /-en 디 비블리오텍/디 비블리오테큰 n. 도서관

16. 시험

꼭! 써먹는 **실전 회화**

Lukas Wie war die Prüfung?
브이 브아 디 프흐위프흥?
시험 어땠어?

Benjamin Sie war sehr schwer.
지 브아 제어 슈브에어
시험이 엄청 어려웠어.

Lukas Wann bekommen wir die Noten?
브안 브콤믄 브이어 디 노튼?
우리 성적은 언제쯤 받을 수 있어?

Benjamin Nächste Woche. Dann haben wir Ferien.
내흐스트 브오흐. 단 하븐 브이어 프헤어흐이은
다음주. 그러고 나면 방학이야.

Schritt 17.

직업 Die Arbeit 디 아바잍

☐ die Arbeit /-en 디 아바잍/디 아바이튼
n. 일, 노동; 직업, 직장

☐ arbeiten 아바이튼
v. 일하다, 근무하다

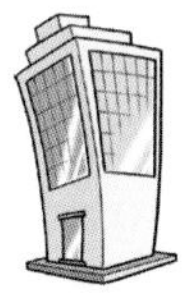

☐ der Arbeitsplatz /¨e
데어 아바잍츠플랕츠/디 아바잍츠플랱쯔
n. 직장

☐ der Job /-s 데어 죱/디 죱쓰
n. 직업, 직장; 아르바이트[회화]

☐ der Arbeitgeber /-
데어 아바잍게버/디 아바잍게버,
die Arbeitgeberin /-nen
디 아바잍게버흐인/디 아바잍게버흐인는
n. 고용인

☐ der Arbeitnehmer /-
데어 아바잍네머/디 아바잍네머,
die Arbeitnehmerin /-nen
디 아바잍네머흐인/디 아바잍네머흐인는
n. 피고용인; 종업원

☐ das Büro /-s
다쓰 뷔흐오/디 뷔흐오쓰
n. 사무실

☐ zur Arbeit gehen
쭈어 아바잍 게흔
출근하다

☐ sich verspäten
지히 프헤어슈패튼
v. 지각하다, 늦다

☐ Feierabend machen
프하이어아븐ㅌ 마흔
퇴근하다

☐ die Dienstreise /-n
디 딘슽흐아이즈/
디 딘슽흐아이즌
n. 출장

☐ die Marktforschung /-en
디 마킅프호어슝/
디 마킅프호어슝은
n. 시장조사

□ das Dokument /-e
다쓰 도쿠멘ㅌ/디 도쿠멘트
n. 문서, 서류

□ die Sitzung /-en
디 짙쭝/디 짙쭝은
= die Konferenz /-en
디 콘프허흐엔츠/
디 콘프허흐엔쯘
= die Tagung /-en
디 타궁/디 타궁은
n. 회의

□ die Präsentation /-en
디 프흐애젠타찌온/
디 프흐애젠타찌오는
n. 프레젠테이션

□ der Lohn /¨e
데어 론/디 뢰느
= das Gehalt /-e
다쓰 그할ㅌ/디 그할트
n. 급여, 임금

□ der Bonus /-se
데어 보누쓰/디 보누쓰
= die Prämie /-n
디 프흐애미으/디 프흐애미은
n. 보너스, 상여금; 수당

□ der Urlaub /-e
데어 우얼라웊/디 우얼라우브
n. 휴가

□ kündigen 퀸디근
v. 사직하다

□ entlassen 엔ㅌ라쓴
v. 해고하다

□ sich bewerben
지히 브브에어븐
v. (특히 직장을) 구하다; 지망하다

□ der Lebenslauf /¨e
데어 레븐쓰라우프흐/
디 레븐쓰로이프흐
n. 이력서; 경력

□ die Vorstellung /-en
디 프호어슈텔룽/
디 프호어슈텔룽은
n. 소개, 인사; 면접

□ verhandeln 프헤어한들ㄴ
v. 협의하다; 협상하다

□ der Beruf /-e

데어 브흐우프흐/디 브흐우프흐

n. 직업; 직무

□ der Sekretär /-e

데어 제크흐에태어/디 제크흐에태어흐,

die Sekretärin /-nen

디 제크흐에태어흐인/디 제크흐에태어흐인는

n. 비서

□ der Feuerwehrmann /¨er

데어 프호이어브에어만/디 프호이어브에어맨너

n. 소방관

□ der Polizist /-en

데어 폴리찌슽/디 폴리찌스튼,

die Polizistin /-nen

디 폴리찌스틴/디 폴리찌스틴는

n. 경찰관

□ der Arzt /¨e 데어 아흐츹/디 애어츠트,

die Ärztin /-nen

디 애어츠틴/디 애어츠틴는

n. 의사

□ der Krankenpfleger /-

데어 크흐앙큰프흘레거/디 크흐앙큰프흘레거,

die Krankenschwester /-n

디 크흐앙큰슈브에스터/디 크흐앙큰슈브에스턴

n. 간호사

□ der Apotheker /-

데어 아포테커/디 아포테커,

die Apothekerin /-nen

디 아포테커흐인/디 아포테커흐인는

n. 약사

□ der Bäcker /- 데어 백커/디 백커,

die Bäckerin /-nen

디 백커흐인/디 백커흐인는

n. 제빵사; 빵집 주인

□ der Koch /¨e 데어 코흐/디 쾨히으,
die Köchin /-nen
디 쾨힌/디 쾨힌는
n. 요리사

□ der Friseur /-e
데어 프흐이죄어/디 프흐이죄어흐,
die Friseurin /-nen
디 프흐이죄어흐인/디 프흐이죄어흐인는
n. 미용사

□ der Ingenieur /-e
데어 인즈뇌어/디 인즈뇌어흐,
die Ingenieurin /-nen
디 인즈뇌어흐인/디 인즈뇌어흐인는
n. 기술자, 기사

□ der Maler /- 데어 말러/디 말러,
die Malerin /-nen
디 말러흐인/디 말러흐인는
n. 화가

□ der Kellner /- 데어 켈너/디 켈너,
die Kellnerin /-nen
디 켈너흐인/디 켈너흐인는
n. 웨이터

□ der Rechtsanwalt /¨e
데어 흐에힡츠안브알ㅌ/디 흐에힡츠안브앨트,
die Rechtsanwältin /-nen
디 흐에힡츠안브앨틴/디 흐에힡츠안브앨틴는
n. 변호사

□ der Journalist /-en
데어 주오날리슽/디 주오날리스튼,
die Journalistin /-nen
디 주오날리스틴/디 주오날리스틴는
n. 언론인, (신문) 기자

□ der Programmierer /-
데어 프흐오그흐암미어흐어/
디 프흐오그흐암미어흐어,
die Programmiererin /-nen
디 프흐오그흐암미어흐어흐인/
디 프흐오그흐암미어흐어흐인는
n. 프로그래머

□ die Arbeit /-en 디 아바잍/디 아바이튼 n. 일, 노동; 직업, 직장

□ arbeiten 아바이튼 v. 일하다, 근무하다

tip. 우리에게 익숙한 '아르바이트'는 바로 '일, 노동'을 의미하는 독일어 'die Arbeit'에서 유래했어요.

Wo arbeiten Sie?
브오 아바이튼 지?
어디서 일하시나요?

□ der Arbeitsplatz /¨e 데어 아바잍츠플랕츠/디 아바잍츠플랱쯔 n. 직장

□ der Job /-s 데어 좁/디 좁쓰 n. 직업, 직장; 아르바이트[회화]

□ die Zeitarbeit /-en 디 짜잍아바잍/디 짜잍아바이튼 n. 시간제 노동

□ die Teilzeitarbeit /-en 디 타일짜잍아바잍/디 타일짜잍아바이튼 n. 파트타임

□ der Beruf /-e 데어 브흐우프흐/디 브흐우프흐 n. 직업; 직무

Was ist Ihr Beruf?
브아쓰 이슽 이어 브흐우프흐?
당신의 직업은 무엇인가요?

□ der Beamte /-n 데어 브암트/디 브암튼,
die Beamtin /-nen 디 브암틴/디 브암틴는 n. 공무원; 관리

□ der Feuerwehrmann /¨er 데어 프호이어브에어만/디 프호이어브에어맨너 n. 소방관

□ der Polizist /-en 데어 폴리찌슽/디 폴리찌스튼,
die Polizistin /-nen 디 폴리찌스틴/디 폴리찌스틴는 n. 경찰관

□ der Arzt /¨e 데어 아촡/디 애어츠트,
die Ärztin /-nen 디 애어츠틴/디 애어츠틴는 n. 의사

□ der Krankenpfleger /- 데어 크흐앙큰프흘레거/디 크흐앙큰프흘레거,
die Krankenschwester /-n 디 크흐앙큰슈브에스터/디 크흐앙큰슈브에스턴 n. 간호사

□ der Apotheker /- 데어 아포테커/디 아포테커,
die Apothekerin /-nen 디 아포테커흐인/디 아포테커흐인는 n. 약사

□ der Bäcker /- 데어 백커/디 백커,
die Bäckerin /-nen 디 백커흐인/디 백커흐인는 n. 제빵사; 빵집 주인

□ der Koch /¨e 데어 코흐/디 쾨히으,
die Köchin /-nen 디 쾨힌/디 쾨힌는 n. 요리사

□ der Kellner /- 데어 켈너/디 켈너,
die Kellnerin /-nen 디 켈너흐인/디 켈너흐인는 n. 웨이터

□ der Friseur /-e 데어 프흐이죄어/디 프흐이죄어흐,
die Friseurin /-nen 디 프흐이죄어흐인/디 프흐이죄어흐인는 n. 미용사

□ der Rechtsanwalt /¨e 데어 흐에힡츠안브알ㅌ/디 흐에힡츠안브앨트,
die Rechtsanwältin /-nen 디 흐에힡츠안브앨틴/디 흐에힡츠안브앨틴는 n. 변호사

□ der Ingenieur /-e 데어 인즈뇌어/디 인즈뇌어흐,
die Ingenieurin /-nen 디 인즈뇌어흐인/디 인즈뇌어흐인는 n. 기술자, 기사

□ der Journalist /-en 데어 주오날리슽/디 주오날리스튼,
die Journalistin /-nen 디 주오날리스틴/디 주오날리스틴는 n. 언론인, (신문) 기자

□ der Maler /- 데어 말러/디 말러,
die Malerin /-nen 디 말러흐인/디 말러흐인는 n. 화가

□ der Programmierer /- 데어 프흐오그흐암미어흐어/디 프흐오그흐암미어흐어,
die Programmiererin /-nen 디 프흐오그흐암미어흐어흐인/디 프흐오그흐암미어흐어흐인는 n. 프로그래머

□ der Arbeitgeber /- 데어 아바잍게버/디 아바잍게버,
die Arbeitgeberin /-nen 디 아바잍게버흐인/디 아바잍게버흐인는 n. 고용인

tip. Arbeitgeber 아바잍게버 = Arbeit 아바잍+geber 게버
'Geber 게버'는 동사 'geben 게븐'의 명사형으로 '주는 사람'이에요.
즉, '일을 주는 사람'이라는 뜻으로 '고용인'을 의미해요.

□ der Arbeitnehmer /- 데어 아바읻네머/디 아바읻네머,
die Arbeitnehmerin /-nen 디 아바읻네머흐인/디 아바읻네머흐인는 n. 피고용인; 종업원

tip. Arbeitnehmer 아바읻네머 = Arbeit 아바읻+nehmer 네머
'Nehmer 네머'는 동사 'nehmen 네믄'의 명사형으로 '받는 사람'이에요.
즉, '일을 받는 사람'이라는 뜻으로 '피고용인'을 의미해요.

□ der Angestellte /-n 데어 안그슈텔트/디 안그슈텔튼,
die Angestellte /-n 디 안그슈텔트/디 안그슈텔튼 n. 사원; 종업원; 봉급생활자

□ der Chef /-s 데어 슈에프흐/디 슈에프흐쓰,
die Chefin /-nen 디 슈에프흰/디 슈에프흰는 n. 장(과장, 부장, 국장, 소장 등)

□ der Kollege /-n 데어 콜레그/디 콜레근,
die Kollegin /-nen 디 콜레긴/디 콜레긴는 n. 동료(같은 직무 또는 지위)

□ der Mitarbeiter /- 데어 밑아바이터/디 밑아바이터,
die Mitarbeiterin /-nen 디 밑아바이터흐인/디 밑아바이터흐인는
n. 함께 일하는 사람; 협력자

□ der Sekretär /-e 데어 제크흐에태어/디 제크흐에태어흐,
die Sekretärin /-nen 디 제크흐에태어흐인/디 제크흐에태어흐인는 n. 비서

□ der Praktikant /-en 데어 프흐악티칸ㅌ/디 프흐악티칸튼,
die Praktikantin /-nen 디 프흐악티칸틴/디 프흐악티칸틴는 n. 인턴; 실습생
□ das Praktikum /die Praktika 다쓰 프흐악티쿰/디 프흐악티카 n. 인턴십

Er macht Praktikum im Goethe-Institut.
에어 마흗 프흐악티쿰 임 괴트-인스티퉅
그는 독일문화원에서 인턴십을 해요.

tip. 독일은 9~11학년 때 의무적으로 인턴을 하여 학점을 취득해야 해요.

□ suchen 주흔 v. 찾다; 구하다
□ finden 프힌든 v. 찾아내다, 발견하다

□ die Anzeige /-n 디 안짜이그/디 안짜이근 n. 광고; 공고; 신고

□ die Stelle /-n 디 슈텔르/디 슈텔른 n. 직장; 직책 tip. '자리, 장소, 위치'라는 뜻도 있습니다.

Die Stelle ist noch frei.
디 슈텔르 이슷 노흐 프흐아이
그 직책은 아직 비어 있어요.

□ das Stellenangebot /-e 다쓰 슈텔른안그봍/디 슈텔른안그보트 n. 구인
= die Stellenausschreibung /-en
디 슈텔른아우쓰슈흐아이붕/디 슈텔른아우쓰슈흐아이붕은

□ die Bewerbung /-en 디 브브에어붕/디 브브에어붕은 n. 지원, 신청; 구직
□ sich bewerben 지히 브브에어븐 v. (특히 직장을) 구하다; 지망하다

□ der Lebenslauf /¨e 데어 레븐쓰라우프흐/디 레븐쓰로이프흐 n. 이력서; 경력

□ das Motivationsschreiben /kein Pl. 다쓰 모티브아찌온쓰슈흐아이븐 n. 지원서; 자기소개서
□ die Karriere /-n 디 카흐이에흐/디 카흐이에흔 n. 경력, 이력; 성공
□ die Erfahrung /-en 디 에어프하흐웅/디 에어프하흐웅은 n. 경험; 숙련

Welche Erfahrungen haben Sie?
브엘히으 에어프하흐웅은 하븐 지?
당신은 어떤 경험들을 하셨나요?

□ die Vorstellung /-en 디 프호어슈텔룽/디 프호어슈텔룽은 n. 면접; 소개, 인사
□ das Gespräch /-e 다쓰 그슈프흐애히/디 그슈프흐애히으 n. 면접; 대화

□ wünschen 브윈슌 v. 원하다, 바라다; 기원하다
□ verlangen 프헤어랑은 v. 요구하다

□ der Arbeitsvertrag /¨e 데어 아바잍츠프헤어트흐악/디 아바잍츠프헤어트흐애그 n. 노동 계약

□ die Unterschrift /-en 디 운터슈흐이픝/디 운터슈흐이프흐튼 n. 서명, 사인
□ unterschreiben 운터슈흐아이븐 v. 서명하다, 사인하다

□ das Büro /-s 다쓰 뷔흐오/디 뷔흐오쓰 n. 사무실

□ die Abteilung /-en 디 압타일룽/디 압타일룽은 n. 부서; 분야; 구분; 부대

□ die Personalabteilung /-en 디 페어조날압타일룽/디 페어조날압타일룽은 n. 인사부

□ die Finanzabteilung /-en 디 프히난츠압타일룽/디 프히난츠압타일룽은 n. 재무부

□ die Marketingabteilung /-en 디 마케팅압타일룽/디 마케팅압타일룽은 n. 마케팅부

□ die Geschäftsabteilung /-en 디 그슈애픝츠압타일룽/디 그슈애픝츠압타일룽은 n. 영업부

□ die Rechtsabteilung /-en 디 흐에힡츠압타일룽/디 흐에힡츠압타일룽은 n. 법무부

□ die Kundenbetreuung /-en 디 쿤든브트흐오이웅/디 쿤든브트흐오이웅은 n. 고객 센터

□ das Dokument /-e 다쓰 도쿠멘ㅌ/디 도쿠멘트 n. 문서, 서류

□ die Sitzung /-en 디 짙쭝/디 짙쭝은 n. 회의

= die Konferenz /-en 디 콘프허흐엔츠/디 콘프허흐엔쯘

= die Tagung /-en 디 타궁/디 타궁은

Die Sitzung ist um 13 Uhr.
디 짙쭝 이슽 움 드흐아이첸 우어
회의가 13시에 있어요.

□ der Konferenzraum /¨e 데어 콘프허흐엔츠흐아움/디 콘프허프엔츠흐오이므 n. 회의실

□ die Präsentation /-en 디 프흐애젠타찌온/디 프흐애젠타찌오는 n. 프레젠테이션

□ der Präsentator /-en 데어 프흐애젠타토어/디 프흐애젠타토어흔 n. 발표자

□ verdienen 프헤어디는 v. 벌다

□ das Einkommen /- 다쓰 아인콤믄/디 아인콤믄 n. 소득, 수입; 봉급

□ der Lohn /¨e 데어 론/디 뢰느 n. 급여, 임금

= das Gehalt /-e 다쓰 그할ㅌ/디 그할트

□ der Bruttolohn /¨e 데어 브흐욷토론/디 브흐욷토뢰느 n. 총 급여

= das Bruttogehalt /-e 다쓰 브흐욷토그할ㅌ/디 브흐욷토그할트

□ der Nettolohn /¨e 데어 넽토론/디 넽토뢰느 n. 실수령 급여

= das Nettogehalt /-e 다쓰 넽토그할ㅌ/디 넽토그할트

□ der Durchschnittslohn /¨e 데어 두어히슈닡츠론/디 두어히슈닡츠뢰느 n. 평균 임금

□ der Mindestlohn /¨e 데어 민드슽론/디 민드슽뢰느 n. 최저 임금

Der Mindestlohn ist mit dem 1. Januar 2015 in Deutschland eingefürt worden.

데어 민드슽론 이슽 밑 뎀 에어스튼 야누아 쯔브아이타우즌ㅌ프휜프흐첸 인 도이츄란ㅌ 아이그프휘얼 브오어든

2015년 1월 1일 독일에 최저 임금이 도입되었다.

□ die Gehaltszulage /-n 디 그할츠쭈라그/디 그할츠쭈라근 n. 수당

□ der Bonus /-se 데어 보누쓰/디 보누쓰 n. 보너스, 상여금; 수당

= die Prämie /-n 디 프흐애미으/디 프흐애미은

□ zur Arbeit gehen 쭈어 아바잍 게흔 출근하다

□ die Fahrgemeinschaft /-en 디 프하그마인슈아픝/디 프하그마인슈아프흐튼 n. 카풀

□ der Stau /-s, -e 데어 슈타우/디 슈타우쓰, 디 슈타우으 n. 교통 체증

tip. 복수형이 2가지입니다.

□ die Stoßzeit /-en 디 슈토쓰짜잍/디 슈토쓰짜이튼 n. 러시아워; 일과 중 제일 바쁜 시간

□ die Hauptverkehrszeit /-en 디 하우픝프헤어케어쓰짜잍/디 하우픝프헤어케어쓰짜이튼 n. 러시아워

= der Berufsverkehr /kein Pl. 데어 브흐우프흐쓰프헤어케어

□ die Verspätung /-en 디 프헤어슈패퉁/디 프헤어슈패퉁은 n. 지각

□ sich verspäten 지히 프헤어슈패튼 v. 지각하다, 늦다

□ Feierabend machen 프하이어아븐ㅌ 마흔 퇴근하다

□ der Streik /-s 데어 슈트흐아잌/디 슈트흐아잌쓰 n. 파업

□ die Rente /-n 디 흐엔트/디 흐엔튼 n. 연금

= die Pension /-en 디 펑지온/디 펑지오는

□ in Rente gehen 인 흐엔트 게흔 퇴직하다

= in Pension gehen 인 펑지온 게흔

□ der Vorruhestand /¨e 데어 프호어흐우흐슈탄ㅌ/디 프호어흐우흐슈탠드 n. 조기 퇴직

□ kündigen 퀸디근 v. 사직하다

□ die Kündigung /-en 디 퀸디궁/디 퀸디궁은 n. 사직서

= der Kündigungsbrief /-e 데어 퀸디궁쓰브흐이프흐/디 퀸디궁쓰브흐이프흐

□ entlassen 엔ㅌ라쓴 v. 해고하다

□ die Entlassung /-en 디 엔ㅌ라쑹/디 엔ㅌ라쑹은 n. 해고

□ die Umstrukturierung /-en 디 움슈트흐욱투어흐이어흐웅/디 움슈트흐욱투어흐이어흐웅은 n. 구조 조정

= die Neuordnung /-en 디 노이오어드눙/디 노이오어드눙은

□ der Urlaub /-e 데어 우얼라웊/디 우얼라우브 n. 휴가

Sie hat drei Tage lang Urlaub.
지 할 드흐아이 타그 랑 우얼라웊
그녀는 3일간 휴가예요.

□ der bezahlte Urlaub /-e 데어 브짤트 우얼라웊/디 브짤트 우얼라우브 n. 유급 휴가

□ der Vaterschaftsurlaub /-e 데어 프하터슈아픝츠우얼라웊/디 프하터슈아픝츠우얼라우브 n. (남성) 출산 휴가

□ der Mutterschaftsurlaub /-e 데어 뭍터슈아픝츠우얼라웊/디 뭍터슈아픝츠우얼라우브 n. (여성) 출산 휴가

□ die Elternzeit /-en 디 엘턴짜잍/디 엘턴짜이튼 n. 육아 휴직

□ der Bildungsurlaub /-e 데어 빌둥쓰우얼라웊/디 빌둥쓰우얼라우브 n. 연수 휴가

tip. 독일은 직장인에게 1년에 10일의 연수 휴가가 법적으로 주어집니다.

□ der Außendienst /-e 데어 아우쓴딘슽/디 아우쓴딘스트 n. 외근

□ die Dienstreise /-n 디 딘슽흐아이즈/디 딘슽흐아이즌 n. 출장
= die Geschäftsreise /-n 디 그슈애픝츠흐아이즈/디 그슈애픝츠흐아이즌

□ die Marktforschung /-en 디 마릌프호어슝/디 마릌프호어슝은 n. 시장조사

□ der Kunde /-n 데어 쿤드/디 쿤든 n. 고객

□ verhandeln 프헤어한들ㄴ v. 협의하다; 협상하다
□ überreden 위버흐에든 v. 설득하다

□ verkaufen 프헤어카우프흔 v. 팔다
□ kaufen 카우프흔 v. 사다, 구입하다

17. 인턴

꼭! 써먹는 **실전 회화**

Lukas Guten Tag, Frau Meier.
Hier ist die neue Praktikantin Sahra.
구튼 탁, 프흐아우 마이어. 히어 이슽 디 노이으 프흐악티칸틴 자흐아
안녕하세요, 마이어 씨. 여기는 새로 온 인턴 사라예요.

Sahra Guten Tag, Frau Meier.
Es freut mich Sie kennenzulernen.
구튼 탁, 프흐아우 마이어. 에쓰 프흐오잍 미히 지 켄는쭈레어는
안녕하세요, 마이어 씨. 만나뵙게 되어 반갑습니다.

Frau Meier Guten Tag, Sahra. Warum haben Sie sich für die Stelle in der Marketingabteilung beworben?
쿠튼 탁, 자흐아. 브아흐움 하븐 지 지히 프휘어 디 슈텔르 인 데어 마케팅압타일룽 브브오어븐?
안녕하세요, 사라. 마케팅 부서에 지원하게 된 이유가 뭔가요?

Sahra Ich habe Marketing studiert und interessiere mich für die Arbeit in Ihrem Unternehmen.
이히 하브 마케팅 슈투디엍 운ㅌ 인터흐씨어흐 미히 프휘어 디 아바잍 인 이어흠 운터네믄
대학교에서 마케팅을 전공했고 마케팅 부서에서 하는 일에 관심이 있어요.

음식점&카페 Das Restaurant und das Café 다쓰 흐에스토흐앙 운ㅌ 다쓰 카프헤

□ das Restaurant /-s
다쓰 흐에스토흐앙/
디 흐에스토흐앙쓰
n. 음식점, 레스토랑

□ empfehlen 엠프헬른
v. 추천하다, 권하다;
소개하다

□ die Reservierung /-en
디 흐에저브이어흐웅/
디 흐에저브이어흐웅은
n. 예약

□ der Platz /¨e
데어 플랕츠/디 플랱쯔
n. 자리, 좌석; 장소; 광장

□ der Tisch /-e
데어 티슈/디 티슈
n. 식탁; 탁자; 책상

□ die Bestellung /-en
디 브슈텔룽/디 브슈텔룽은
n. 주문; 예약

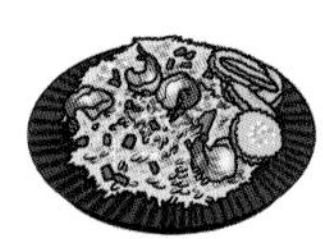

□ das Essen /-
다쓰 에쓴/디 에쓴
= das Gericht /-e
다쓰 그흐이힡/디 그흐이히트
= die Speise /-n
디 슈파이즈/디 슈파이즌
n. 음식, 식사, 요리

□ die Speisekarte /-n
디 슈파이즈카트/
디 슈파이즈카튼
n. 메뉴, 식단

□ die Vorspeise /-n
디 프호어슈파이즈/
디 프호어슈파이즌
n. 전채, 애피타이저

□ der Salat /-e
데어 잘랕/디 잘라트
n. 샐러드

□ die Hauptspeise /-n
디 하우픝슈파이즈/
디 하우픝슈파이즌
n. 메인 요리

□ das Steak /-s
다쓰 스테이크/디 스테이크쓰
n. 스테이크

□ die Spaghetti /-
디 슈파겥티/디 슈파겥티
n. 스파게티

□ die Pizza /-s,
die Pizzen
디 피짜/디 피짜쓰, 디 피쯘
n. 피자

□ das Schnitzel /-
다쓰 슈닡쯜/디 슈닡쯜
n. 슈니쯜, 돈가스(커틀릿)

□ die Haxe /-n
디 학쓰/디 학쓴
n. 학스(돼지의 무릎 관절 요리)

□ die Soße /-n
디 조쓰/디 조쓴
n. 소스

□ der Nachtisch /-e
데어 나흐티슈/디 나흐티슈
n. 디저트

□ das Eis /kein Pl.
다쓰 아이쓰
n. 아이스크림; 얼음

□ das Getränk /-e
다쓰 그트흐앵ㅋ/디 그트흐앵크
n. 음료; 주류

□ der Wein /-e
데어 브아인/디 브아이느
n. 와인, 포도주

□ das Bier /-e
다쓰 비어/디 비어흐
n. 맥주

□ das Wasser /-
다쓰 브아써/디 브아써
n. 물

□ das Mineralwasser /-
다쓰 미너흐알브아써/
디 미너흐알브아써
n. 탄산수

□ die Limonade /-n
디 리모나드/디 리모나든
n. 레모네이드

□ das Glas /¨er
다쓰 글라쓰/디 글래저
n. 유리컵, 유리잔; 유리

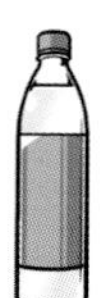

□ die Flasche /-n
디 프흘라슈/디 프흘라슌
n. 병

□ das Salz /-e
다쓰 잘츠/디 잘쯔
n. 소금

□ der Zucker /-
데어 쭉커/디 쭉커
n. 설탕

□ der Pfeffer /-
데어 프헤프허/디 프헤프허
n. 후추

□ lecker 렉커
adj. 맛있는

□ salzig 잘찌히
adj. 짠

□ süß 즈위쓰
adj. 단; 귀여운

□ scharf 슈아프흐
adj. 매운; 날카로운

□ sauer 자우어
adj. 신

□ bitter 빝터
adj. 쓴

□ das Café /-s
다쓰 카프헤/디 카프헤쓰
n. 카페, 커피숍

□ der Kaffee /-s
데어 카프헤/디 카프헤쓰
n. 커피(콩); 커피숍

□ der Espresso /-s
데어 에스프흐에쏘/
디 에스프흐에쏘쓰
n. 에스프레소

□ die Sahne /kein Pl.
디 자느
n. 크림

□ die Milch /-e
디 밀히/디 밀히으
n. 우유

□ der Tee /-s
데어 테/디 테쓰
n. 차

□ die Tasse /-n
디 타쓰/디 타쓴
n. 찻잔

□ der Teelöffel /-
데어 테뢰프흘/디 테뢰프흘
n. 찻숟가락

□ die Serviette /-n
디 제흐브이엘트/
디 제흐브이엘튼
n. 냅킨

□ die Rechnung /-en
디 흐에히눙/디 흐에히눙은
n. 계산서, 청구서; 계산

□ die Quittung /-en
디 크브읻퉁/디 크브읻퉁은
n. 영수증

□ das Trinkgeld /-er
다쓰 트흐잉ㅋ겔ㅌ/
디 트흐잉ㅋ겔더
n. 팁

□ das Restaurant /-s 다쓰 흐에스토흐앙/디 흐에스토흐앙쓰 n. 음식점, 레스토랑

□ empfehlen 엠프헬른 v. 추천하다, 권하다; 소개하다

□ die Empfehlung /-en 디 엠프헬룽/디 엠프헬룽은 n. 추천(장); 소개

□ reservieren 흐에저브이어흔 v. 예약하다

□ die Reservierung /-en 디 흐에저브이어흐웅/디 흐에저브이어흐웅은 n. 예약

□ belegen 블레근 v. (좌석 따위를) 확보하다; 지정하다; 할당하다

Haben Sie reserviert?
하븐 지 흐에저브이얼?
예약하셨습니까?

□ der Platz /¨e 데어 플랕츠/디 플랱쯔 n. 자리, 좌석; 장소; 광장

□ der Tisch /-e 데어 티슈/디 티슈 n. 식탁; 탁자; 책상 **tip.** 식사, 음식이라는 뜻도 있습니다.

□ bestellen 브슈텔른 v. 주문하다; 예약하다

□ die Bestellung /-en 디 브슈텔룽/디 브슈텔룽은 n. 주문; 예약

□ umbestellen 움브슈텔른 v. 주문을 바꾸다

tip. 독일 식당에서는 테이블마다 모든 주문과 계산을 하는 담당 웨이터가 있어요. 그래서 처음에 인사한 담당이 아닌 다른 웨이터에게 식사에 필요한 것이나 추가 주문, 계산서를 요청하면 실례랍니다.

□ zubereiten 쭈브흐아이튼 v. (음식을) 마련하다, 준비하다; 조리하다

□ das Essen /- 다쓰 에쓴/디 에쓴 n. 음식, 식사, 요리

= das Gericht /-e 다쓰 그흐이힡/디 그흐이히트

= die Speise /-n 디 슈파이즈/디 슈파이즌

□ das Frühstück /-e 다쓰 프흐위스튁/디 프흐위스튀크 n. 아침 식사

□ das Mittagessen /- 다쓰 밑탁에쓴/디 밑탁에쓴 n. 점심 식사; 오찬

□ das Abendessen /- 다쓰 아븐ㅌ에쓴/디 아븐ㅌ에쓴 n. 저녁 식사

□ die Speisekarte /-n 디 슈파이즈카트/디 슈파이즈카튼 n. 메뉴, 식단

= die Menükarte /-n 디 메뉘카트/디 메뉘카튼

□ das Tagesmenü /-s 다쓰 타그쓰메뉘/디 타그쓰메뉘쓰 n. 오늘의 메뉴

Was ist das Tagesmenü?
브아쓰 이슽 다쓰 타그쓰메뉘?
오늘의 메뉴는 무엇인가요?

□ die Vorspeise /-n 디 프호어슈파이즈/디 프호어슈파이즌 n. 전채, 애피타이저

□ die Suppe /-n 디 쥬프/디 쥬픈 n. 수프

□ der Salat /-e 데어 잘랕/디 잘라트 n. 샐러드

□ die Hauptspeise /-n 디 하우픝슈파이즈/디 하우픝슈파이즌 n. 메인 요리

□ das Steak /-s 다쓰 스테이크/디 스테이크쓰 n. 스테이크
□ roh 흐오 adj. 날것의, 생것의
□ blutig 블루티히 adj. 레어; 피투성이의, 피가 나는; 핏빛의
□ englisch 엥글리슈 adj. 미디엄 레어; 영국식의
□ rosa 흐오자 adj. 미디엄; 장밋빛의, 핑크색의
□ halbrosa 할ㅍ흐오자 adj. 미디엄 웰던
□ durch gebraten 두어히 그브흐아튼 adj. 웰던

tip. 독일에서 스테이크 굽기에 대해 말할 때 기본적으로 'roh 흐오, blutig 블루티히, durch gebraten 두어히 그브흐아튼'은 독일어로 많이 하지만 '미디엄 레어'부터 '미디엄 웰던'까지는 영어로 해요.

Wie möchten Sie das Steak haben?
브이 뫼히튼 지 다쓰 스테이크 하븐?
스테이크는 어떻게 해 드릴까요?

Medium-rare bitte.
미디움-래어 비트
미디엄 레어로 해 주세요.

□ die Spaghetti /- 디 슈파겥티/디 슈파겥티 n. 스파게티

□ die Pizza /-s, die Pizzen 디 피짜/디 피짜쓰, 디 피쯘 n. 피자 **tip.** 복수형이 2가지입니다.

□ das Schnitzel /- 다쓰 슈닡쯜/디 슈닡쯜 n. 슈니쯜, 돈가스(커틀릿)

□ die Haxe /-n 디 학쓰/디 학쓴 n. 학스(돼지의 무릎 관절 요리)

□ die Soße /-n 디 조쓰/디 조쓴 n. 소스

□ die Jägersoße /-n 디 얘거조쓰/디 얘거조쓴 n. 얘거 소스, (버섯과 베이컨을 활용한) 독일 특제 크림 소스

□ der Nachtisch /-e 데어 나흐티슈/디 나흐티슈 n. 디저트

= das Dessert /-s 다쓰 데쎄어/디 데쎄어쓰

□ die Dessertkarte /-n 디 데쎄어카트/디 데쎄어카튼 n. 디저트 메뉴판

Den Nachtisch bestellen wir später.
덴 나흐티슈 브슈텔른 브이어 슈페터
디저트는 나중에 주문할게요.

□ das Eis /kein Pl. 다쓰 아이쓰 n. 아이스크림; 얼음

□ das Tiramisu /-s 다쓰 티흐아미쑤/디 티흐아미쑤쓰 n. 티라미수

□ selbstgemacht 젤ㅍ슽그마흗 adj. 수제의, 직접 만든

□ das Getränk /-e 다쓰 그트흐앵ㅋ/디 그트흐앵크 n. 음료; 주류

□ der Aperitif /-s 데어 아페흐이티프흐/디 아페흐이티프흐쓰 n. 식전주

□ der Wein /-e 데어 브아인/디 브아이느 n. 와인, 포도주

□ die Weinkarte /-n 디 브아인카트/디 브아인카튼 n. 와인 메뉴판

□ der Glühwein /-e 데어 글뤼브아인/디 글뤼브아이느 n. 글뤼와인

□ der Eiswein /-e 데어 아이쓰브아인/디 아이쓰브아이느 n. 아이스와인

tip. 글뤼와인은 설탕 혹은 꿀과 과일, 향료를 넣어 따뜻하게 마시는 적포도주이며, 아이스와인은 얼린 포도로 만든 디저트용 와인입니다.

□ das Bier /-e 다쓰 비어/디 비어흐 n. 맥주

□ das Wasser /- 다쓰 브아써/디 브아써 n. 물

□ das stille Wasser /- 다쓰 슈틸르 브아써/디 슈틸르 브아써 탄산이 없는 물

tip. 독일에서는 주로 탄산수를 마시기 때문에 음식점에서 일반 물을 마시고 싶다면 반드시 '탄산이 없는 물'을 요청해야 합니다.

□ das Mineralwasser /- 다쓰 미너흐알브아써/디 미너흐알브아써 n. 탄산수

□ die Kohlensäure /kein Pl. 디 콜른조이흐 n. 탄산

□ die Limonade /-n 디 리모나드/디 리모나든 n. 레모네이드

□ das Glas /¨er 다쓰 글라쓰/디 글래저 n. 유리컵, 유리잔; 유리; 안경

Könnte ich ein Glas Wasser bekommen?
퀸트 이히 아인 글라쓰 브아써 브콤믄?
물 한 컵 주시겠어요?

□ die Flasche /-n 디 프흘라슈/디 프흘라슌 n. 병

□ das Gewürz /-e 다쓰 그브위어츠/디 그브위어쯔 n. 양념, 향료, 조미료

□ das Salz /-e 다쓰 잘츠/디 잘쯔 n. 소금

□ der Zucker /- 데어 쭉커/디 쭉커 n. 설탕

□ der Pfeffer /- 데어 프헤프허/디 프헤프허 n. 후추

□ lecker 렉커 adj. 맛있는

□ fade 프하드 adj. 맛없는; (술 따위가) 김빠진

□ schmecken 슈멕큰 v. ~한 맛이 나다

Hat es Ihnen geschmeckt?
할 에쓰 이는 그슈멕클?
입맛이 맞으셨나요?

□ salzig 잘찌히 adj. 짠

□ süß 즈위쓰 adj. 단; 귀여운

□ scharf 슈아프흐 adj. 매운; 날카로운

□ ölig 욀리히 adj. 기름기가 많은

□ sauer 자우어 adj. 신

□ bitter 빝터 adj. 쓴

□ das Café /-s 다쓰 카프헤/디 카프헤쓰 n. 카페, 커피숍

□ der Kaffee /-s 데어 카프헤/디 카프헤쓰 n. 커피(콩); 커피숍

□ koffeinfrei 코프헤인프흐아이 adj. 디카페인의

□ der Espresso /-s 데어 에스프흐에쏘/디 에스프흐에쏘쓰 n. 에스프레소

□ die Sahne /kein Pl. 디 자느 n. 크림

□ die Milch /-e 디 밀히/디 밀히으 n. 우유

□ der Tee /-s 데어 테/디 테쓰 n. 차

□ der schwarze Tee /-s 데어 슈브아쯔 테/디 슈브아쯔 테쓰 홍차

□ der grüne Tee /-s 데어 그흐위느 테/디 그흐위느 테쓰 녹차

□ der Kamillentee /-s 데어 카밀른테/디 카밀른테쓰 n. 캐모마일차

Möchten Sie Kaffee oder Tee?
뫼히튼 지 카프헤 오더 테?
커피와 차 중에 어떤 걸로 드릴까요?

□ die Tasse /-n 디 타쓰/디 타쓴 n. 찻잔

□ der Teelöffel /- 데어 테료프흘/디 테료프흘 n. 찻숟가락

□ die Serviette /-n 디 제흐브이엘트/디 제흐브이엘튼 n. 냅킨

Könnte ich noch eine Serviette bekommen?
쾬트 이히 노흐 아이느 제흐브이엘트 브콤믄?
냅킨 한 장 더 주시겠어요?

□ zahlen 짤른 v. 지불하다, 돈을 내다

Ich möchte zahlen bitte.
이히 뫼히트 짤른 비트
계산 부탁합니다.

□ die Rechnung /-en 디 흐에히눙/디 흐에히눙은 n. 계산서, 청구서; 계산

□ rechnen 흐에히는 v. 계산하다

□ die Quittung /-en 디 크브잍퉁/디 크브잍퉁은 n. 영수증

□ das Trinkgeld /-er 다쓰 트흐잉ㅋ겔ㅌ/디 트흐잉ㅋ겔더 n. 팁

□ stimmen 슈팀믄 v. 맞다, 일치하다; 적합하다; 투표하다

Es stimmt so. → **tip.** 팁을 포함하여 결제액보다 많은 금액을 줄 때 쓰는 표현이에요.
에쓰 슈팀ㅌ 조
그대로 맞습니다.(나머지는 팁입니다.)

□ der Rest /-e 데어 흐에슽/디 흐에스트 n. 나머지; 초과

Der Rest ist für Sie.
데어 흐에슽 이슽 프휘어 지
나머지는 당신 것입니다.(나머지는 팁입니다.)

18. 음식 주문

꼭! 써먹는 **실전 회화**

Kellner Kann ich Ihre Bestellung aufnehmen?
칸 이히 이어흐 브슈텔룽 아우프흐네믄?
주문하시겠어요?

Sahra Ja, für mich ein Jägerschnitzel mit Bratkartoffeln.
야, 프휘어 미히 아인 얘거슈닡쯜 밑 브흐앝카토프흘ㄴ
네, 저는 독일 특제 소스를 활용한 슈니쯜과 구운 감자로 주세요.

Kellner Sonst noch was?
존슽 노흐 브아쓰?
더 필요하신 것은 없습니까?

Sahra Nein, das war's.
나인, 다쓰 브아쓰
네, 이게 다입니다.

Schritt 19.

상점 Das Geschäft 다쓰 그슈애픝

□ das Geschäft /-e
다쓰 그슈애픝/디 그슈애프흐트
n. 상점; 일

□ der Laden /¨ 데어 라든/ 디 래든
n. 가게, 점포

□ der Markt /¨e
데어 마클/디 매어크트
n. 시장

□ der Supermarkt /¨e
데어 주퍼마클/디 주퍼매어크트
n. 슈퍼마켓, 마트

□ die Ware /-n 디 브아흐/디 브아흔
n. 상품, 제품

□ das Produkt /-e
다쓰 프흐오두클/디 프흐오두크트
n. 제품; 수확

□ der Geschäftsmann /¨er
데어 그슈애픝츠만/디 그슈애픝츠맨너,
die Geschäftsfrau /-en
디 그슈애픝츠프흐아우/디 그슈애픝츠프흐아우은
n. 상인, 판매원

□ shoppen 숖픈
v. 쇼핑하다

□ einkaufen 아인카우프흔
v. 장을 보다

□ das Kaufhaus /¨er
다쓰 카우프흐하우쓰/디 카우프흐호이저
n. 백화점

□ der Kiosk /-e 데어 키오슥/디 키오스크
n. 매점; 가판점, 노점

□ kaufen 카우프흔
v. 사다, 구입하다

□ der Kauf /¨e 데어 카우프흐/디 코이프흐
n. 구매, 구입

□ verkaufen 프헤어카우프흔
v. 팔다

□ der Verkäufer /-
데어 프헤어코이프허/디 프헤어코이프허,
die Verkäuferin /-nen
디 프헤어코이프허흐인/디 프헤어코이프허흐인는
n. 판매원

□ umtauschen 움타우슌
v. 교환하다, 바꾸다

□ rückerstatten 흐윅에어슈탈튼
v. 환불하다

□ das Regal /-e 다쓰 흐에갈/디 흐에갈르
n. 진열장, 선반

□ die Kasse /-n 디 카쓰/디 카쓴
n. 계산대

□ teuer 토이어
adj. 비싼

□ billig 빌리히
= preiswert 프흐아이쓰브에얼
adj. 값싼, 저렴한; 적당한 값의

□ die Apotheke /-n
디 아포테크/디 아포테큰
n. 약국

□ das Schmerzmittel /-
다쓰 슈메어츠밑틀/
디 슈메어츠밑틀
n. 진통제

□ die Salbe /-n
디 잘브/디 잘븐
n. 연고

□ das Pflaster /-
다쓰 프플라스터/디 프플라스터
n. 반창고

□ der Friseursalon /-s
데어 프흐이죄어잘롱/
디 프흐이죄어잘롱쓰
n. 미용실

□ der Buchladen /¨
데어 부흐라든/디 부흐래든
n. 서점

□ das Reisebüro /-s
다쓰 흐아이즈뷔흐오/
디 흐아이즈뷔흐오쓰
n. 여행사

□ der Blumenladen /¨
데어 블루믄라든/
디 블루믄래든
n. 꽃집

□ der Obstladen /¨
데어 옾슽라든/
디 옾슽래든
n. 과일 가게

□ die Eisdiele /-n
디 아이쓰딜르/디 아이쓰딜른
n. 아이스크림 가게

□ die Metzgerei /-en
디 멭츠거흐아이/
디 멭츠거흐아이은
n. 정육점

□ die Bäckerei /-en
디 백커흐아이/
디 백커흐아이은
n. 빵집

□ der Kleiderladen /¨
데어 클라이더라든/
디 클라이더래든
n. 옷가게

□ die Größe /-n
디 그흐외쓰/디 그흐외쓴
n. 사이즈, 치수;
신장, 키

□ das Schuhgeschäft /-e
다쓰 슈그슈애픝/
디 슈그슈애프흐트
n. 신발 가게

□ die Parfümerie /-n
디 파프휘머흐이/
디 파프휘머흐인
n. 화장품 가게; 향수 가게

□ das Parfüm /-s
다쓰 파프휨/디 파프휨쓰
n. 향수

□ die Schminke /-n
디 슈밍크/디 슈밍큰
n. 화장품

□ die Wäscherei /-en
디 브애슈어흐아이/
디 브애슈어흐아이은
n. 세탁소

□ die Wäsche /-n
디 브애슈/디 브애슌
n. 빨래, 세탁

□ die Trockenreinigung /-en
디 트흐옥큰흐아이니궁/
디 트흐옥큰흐아이니궁은
n. 드라이클리닝

□ Flecken entfernen
프흘랙큰 엔ㅌ프헤어는
얼룩을 제거하다

□ bügeln 뷔글ㄴ
v. 다림질하다

□ ausbessern 아우쓰베썬
= reparieren 흐에파흐이어흔
v. 수선하다

□ das Geschäft /-e 다쓰 그슈애픝/디 그슈애프흐트 n. 상점; 일

tip. '사업, 장사'라는 뜻도 있습니다.

□ der Geschäftsmann /¨er 데어 그슈애픝츠만/디 그슈애픝츠맨너,
die Geschäftsfrau /-en 디 그슈애픝츠프흐아우/디 그슈애픝츠프흐아우은
n. 상인, 판매원

□ der Laden /¨ 데어 라든/ 디 래든 n. 가게, 점포

□ der Markt /¨e 데어 마릍/디 매어크트 n. 시장

□ der Fischmarkt /¨e 데어 프히슈마릍/디 프히슈매어크트 n. 어시장

□ der Flohmarkt /¨e 데어 프흘로마릍/디 프흘로매어크트 n. 벼룩시장

Hier ist heute Markt.
히어 이슽 호이트 마릍
오늘 여기 시장이 섰어요.

□ shoppen 숖픈 v. 쇼핑하다

□ einkaufen 아인카우프흔 v. 장을 보다

□ das Einkaufszentrum /die Einkaufszentren
다쓰 아인카우프흐쓰쩬트흐움/디 아인카우프흐쓰쩬트흔 n. 쇼핑 센터

□ der Supermarkt /¨e 데어 주퍼마릍/디 주퍼매어크트 n. 슈퍼마켓, 마트

□ das Pfand /¨er 다쓰 프한ㅌ/디 프핸더 n. 보증금; 전당물

tip. 독일에서는 음료 가격에 캔이나 병에 대한 보증금(Pfand 프한ㅌ)이 포함되어 있어요.
그래서 빈 캔이나 빈병을 가게에 가져다주면 보증금을 돌려받을 수 있어요.

□ das Kaufhaus /¨er 다쓰 카우프흐하우쓰/디 카우프흐호이저 n. 백화점

□ die Ware /-n 디 브아흐/디 브아흔 n. 상품, 제품

□ das Produkt /-e 다쓰 프흐오두큳/디 프흐오두크트 n. 제품; 수확

□ das Milchprodukt /-e 다쓰 밀히프흐오두큳/디 밀히프흐오두크트 n. 유제품

□ der Kiosk /-e 데어 키오슥/디 키오스크 n. 매점; 가판점, 노점

□ kaufen 카우프흔 v. 사다, 구입하다

□ der Kauf /¨e 데어 카우프흐/디 코이프흐 n. 구매, 구입

Ich habe die Zeitung am Kiosk gekauft.
이히 하브 디 짜이퉁 암 키오슥 그카우픝
전 이 신문을 매점에서 샀어요.

□ verkaufen 프헤어카우프흔 v. 팔다

Sie hat das Fahrrad auf dem Flohmarkt verkauft.
지 할 다쓰 프하흐앝 아우프흐 뎀 프흘로마큳 프헤어카우픝
그녀는 벼룩시장에서 그 자전거를 팔았어요.

□ der Verkäufer /- 데어 프헤어코이프허/디 프헤어코이프허,
die Verkäuferin /-nen 디 프헤어코이프허흐인/디 프헤어코이프허흐인는 n. 판매원

□ umtauschen 움타우슌 v. 교환하다, 바꾸다

□ rückerstatten 흐윅에어슈탙튼 v. 환불하다

□ die Rückerstattung /-en 디 흐윅에어슈탙퉁/디 흐윅에어슈탙퉁은 n. 환불; 상환

□ zurückgeben 쭈흐윅게븐 v. 돌려주다, 반품하다

□ das Regal /-e 다쓰 흐에갈/디 흐에갈르 n. 진열장, 선반

□ die Kasse /-n 디 카쓰/디 카쓴 n. 계산대

□ teuer 토이어 adj. 비싼

□ billig 빌리히 adj. 값싼, 저렴한; 적당한 값의
= preiswert 프흐아이쓰브에얼

□ sparsam 슈파잠 adj. 경제적인; 절약하는
= ökonomisch 외코노미슈

□ der Rabatt /-e 데어 흐아밭/디 흐아바트 n. 할인
= die Ermäßigung /-en 디 에어매씨궁/디 에어매씨궁은
= der Preisnachlass /¨e 데어 프흐아이쓰나흐라쓰/디 프흐아이쓰나흐래쓰
□ ermäßigen 에어매씨근 v. 할인하다; 절약하다; 깎다

□ der Schlussverkauf /¨e 데어 슐루쓰프헤어카우프흐/디 슐루쓰프헤어코이프흐 n. 바겐세일

Bald ist Schlussverkauf!
발ㅌ 이슽 슐루쓰프헤어카우프흐!
이제 곧 세일 기간이야!

□ der Räumungsverkauf /¨e 데어 흐오이뭉쓰프헤어카우프흐/디 흐오이뭉쓰프헤어코이프흐 n. 재고 정리 세일

□ die Qualität /-en 디 크브알리탵/디 크브알리태튼 n. 품질

Diese Uhr hier hat die beste Qualität.
디즈 우어 히어 핱 디 베스트 크브알리탵
여기 이 시계의 품질은 최고예요.

□ das Haltbarkeitsdatum /-s 다쓰 할ㅌ바카잍츠다툼/디 할ㅌ바카잍츠다툼쓰 n. 유통기한

□ die Apotheke /-n 디 아포테크/디 아포테큰 n. 약국
□ das Erkältungsmittel /- 다쓰 에어캘퉁쓰밑틀/디 에어캘퉁쓰밑틀 n. 감기약
□ das Schmerzmittel /- 다쓰 슈메어츠밑틀/디 슈메어츠밑틀 n. 진통제
□ das Desinfektionsmittel /- 다쓰 데쓰인프헥찌온쓰밑틀/디 데쓰인프헥찌온쓰밑틀 n. 소독약
□ das Wundheilmittel /- 다쓰 브운ㅌ하일밑틀/디 브운ㅌ하일밑틀 n. 외상 치료제
□ das Blutstillungsmittel /- 다쓰 블뤁슈틸룽쓰밑틀/디 블뤁슈틸룽쓰밑틀 n. 지혈제
□ die Salbe /-n 디 잘브/디 잘븐 n. 연고
□ das Pflaster /- 다쓰 프흘라스터/디 프흘라스터 n. 반창고

Eine Packung Pflaster bitte.
아이느 팍쿵 프흘라스터 비트
반창고 한 통 주세요.

□ der Friseursalon /-s 데어 프흐이죄어잘롱/디 프흐이죄어잘롱쓰 n. 미용실
= der Friseur /-e 데어 프흐이죄어/디 프흐이죄어흐

□ der Buchladen /¨ 데어 부흐라든/디 부흐래든 n. 서점
= die Buchhandlung /-en 디 부흐한들룽/디 부흐한들룽은

□ das Reisebüro /-s 다쓰 흐아이즈뷔흐오/디 흐아이즈뷔흐오쓰 n. 여행사

□ der Blumenladen /¨ 데어 블루믄라든/디 블루믄래든 n. 꽃집

□ der Obstladen /¨ 데어 옵슽라든/디 옵슽래든 n. 과일 가게

□ die Eisdiele /-n 디 아이쓰딜르/디 아이쓰딜른 n. 아이스크림 가게

□ die Metzgerei /-en 디 멭츠거흐아이/디 멭츠거흐아이은 n. 정육점

□ die Bäckerei /-en 디 백커흐아이/디 백커흐아이은 n. 빵집

□ die Trödelbude /-n 디 트흐외들부드/디 트흐외들부든 n. 헌옷 가게; 고물상

□ der Kleiderladen /¨ 데어 클라이더라든/디 클라이더래든 n. 옷가게

□ die Garderobe /-n 디 가더흐오브/디 가더흐오븐 n. 피팅룸, 탈의실
= die Ankleidekabine /-n 디 안클라이드카비느/디 안클라이드카비는

Die Garderobe ist dort drüben.
디 가더흐오브 이슽 도얼 드흐위븐
피팅룸은 저쪽에 있습니다.

□ die Schaufensterpuppe /-n 디 슈아우프헨스터풒프/디 슈아우프헨스터풒픈 n. 마네킹
□ der Kleiderbügel /- 데어 클라이더뷔글/디 클라이더뷔글 n. 옷걸이
□ der Spiegel /- 데어 슈피글/디 슈피글 n. 거울
□ die Größe /-n 디 그흐외쓰/디 그흐외쓴 n. 사이즈, 치수; 신장, 키

□ das Schuhgeschäft /-e 다쓰 슈그슈애픁/디 슈그슈애프흐트 n. 신발 가게
= der Schuhladen /¨ 데어 슈라든/디 슈래든

□ der Spielwarenladen /¨ 데어 슈필브아흔라든/디 슈필브아흔래든 n. 장난감 가게

□ die Parfümerie /-n 디 파프휘머흐이/디 파프휘머흐인 n. 화장품 가게; 향수 가게

□ das Parfüm /-s 다쓰 파프휨/디 파프휨쓰 n. 향수

□ die Schminke /-n 디 슈밍크/디 슈밍큰 n. 화장품

□ die Lotion /-en 디 로찌온/디 로찌오는 n. 로션(주로 영어식 발음으로 사용함)

= die Emulsion /-en 디 에물지온/디 에물지오는

□ das Gesichtswasser /¨ 다쓰 그지힡츠브아써/디 그지힡츠브애써 n. 토너, 화장수

□ die Puderdose /-n 디 푸더도즈/디 푸더도즌 n. 콤팩트 파우더

□ der Lippenstift /-e 데어 맆픈슈티픝/디 맆픈슈티프흐트 n. 립스틱

□ die Wimperntusche /-n 디 브임펀투슈/디 브임펀투슌 n. 마스카라

□ der Nagellack /-e 데어 나글락/디 나글락크 n. 매니큐어

□ die Sonnencreme /-s 디 존는크흐엠/디 존는크흐엠쓰 n. 선크림

Vergiss die Sonnencreme nicht.
프헤어기쓰 디 존는크흐엠 니힡
선크림 잊지 마.

□ die Wäscherei /-en 디 브애슈어흐아이/디 브애슈어흐아이은 n. 세탁소

□ die Wäsche /-n 디 브애슈/디 브애슌 n. 빨래, 세탁

Ich werde diese Kleider in die Wäscherei geben.
이히 브에어드 디즈 클라이더 인 디 브애슈어흐아이 게븐
이 옷들을 세탁소에 맡길 거예요.

tip. 'die Wäsche 디 브애슈'는 '빨랫감, 세탁물'의 의미도 있는데, 이때는 복수형이 없어요.

□ die Trockenreinigung /-en 디 트흐옥큰흐아이니궁/디 트흐옥큰흐아이니궁은 n. 드라이클리닝

□ reinigen 흐아이니근 v. 깨끗하게 하다; 청소하다

□ der Fleck /-e(n) 데어 프흘랙/디 프흘랙크(디 프흘랙큰) n. 얼룩

□ Flecken entfernen 프흘랙큰 엔ㅌ프헤어는 얼룩을 제거하다

□ bügeln 뷔글ㄴ v. 다림질하다

Ich muss das Hemd bügeln.
이히 무쓰 다쓰 헴ㅌ 뷔글ㄴ
전 그 와이셔츠를 다림질해야 해요.

□ ausbessern 아우쓰베썬 v. 수선하다
= reparieren 흐에파흐이어흔

□ schneiden 슈나이든 v. 베다, 자르다

□ nähen 내흔 v. 바느질하다
□ die Nadel /-n 디 나들/디 나들ㄴ n. 바늘
□ der Faden /¨ 데어 프하든/디 프해든 n. 실

19. 옷 가게

꼭! 써먹는 **실전 회화**

Verkäuferin Kann ich Ihnen helfen?
칸 이히 이는 헬프흔?
무엇을 도와드릴까요? (제가 도와드릴까요?)

Sahra Ich suche ein Kleid für meine Freundin.
이히 주흐 아인 클라읻 프휘어 마이느 프흐오인딘
제 친구를 위한 원피스를 찾고 있어요.

Verkäuferin Wie ist ihr Gröβe?
브이 이슽 이어 그흐외쓰?
그녀의 사이즈가 어떻게 되죠?

Sahra Gröβe M wird ihr passen.
그흐외쓰 엠 브이엍 이어 파쓴
M 사이즈면 그녀에게 잘 맞을 거예요.

Verkäuferin Wie wäre es mit diesem roten Kleid?
브이 브애어흐 에쓰 밑 디즘 흐오튼 클라읻?
이 빨간 원피스 어떠세요?

Sahra Schön, ich nehme es.
슈왼, 이히 네므 에쓰
예쁘네요, 그걸로 할게요.

Schritt 20.

병원 & 은행 Das Krankenhaus und die Bank 다쓰 크흐앙큰하우쓰 운ㅌ 디 방ㅋ

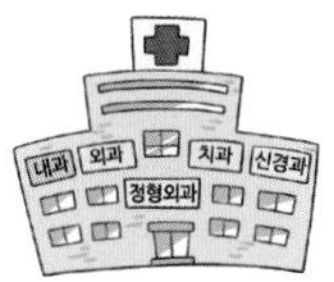

□ das Krankenhaus /¨er
다쓰 크흐앙큰하우쓰/디 크흐앙큰호이저
n. 병원; 종합 병원

□ die Privatklinik /-en
디 프흐이브앝클리닠/디 프흐이브앝클리니큰
n. 의원; 개인 병원

□ der Arzt /¨e
데어 아츹/디 애어츠트,
die Ärztin /-nen
디 애어츠틴/디 애어츠틴는
n. 의사

□ der Krankenpfleger /-
데어 크흐앙큰프흘레거/디 크흐앙큰프흘레거,
die Krankenschwester /-n
디 크흐앙큰슈브에스터/디 크흐앙큰슈브에스턴
n. 간호사

□ der Patient /-en
데어 파찌엔ㅌ/디 파찌엔튼,
die Patientin /-nen
디 파찌엔틴/디 파찌엔틴는
n. 환자, 병자

□ untersucht werden
운터주흩 브에어든
상담하다, 진찰을 받다

□ das Symptom /-e
다쓰 쥠프톰/디 쥠프토므
n. 증상, 증세

□ schmerzen 슈메어쯘
v. 아프다, 통증이 있다

□ der Schmerz /-en 데어 슈메어츠/디 슈메어쯘
n. 아픔, 고통

□ der Kopfschmerz /-en
데어 콮흐슈메어츠/디 콮흐슈메어쯘
n. 두통

□ die Verletzung /-en
디 프헤어렡쭝/디 프헤어렡쭝은
n. 상처, 부상

□ die Erkältung /-en
디 에어캘퉁/디 에어캘퉁은
n. 감기

□ die Grippe /-n 디 그흐잎프/디 그흐잎픈
n. 독감, 유행성 감기

□ das Fieber /- 다쓰 프히버/디 프히버
n. 열

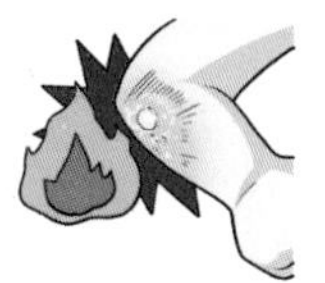

□ die Brandwunde /-n
디 브흐안ㅌ브운드/디 브흐안ㅌ브운든
n. 화상

□ der blaue Fleck /-e(n)
데어 블라우으 프흘렉/
디 블라우으 프흘렉크(프흘렉큰)
멍

□ husten 후스튼
v. 기침하다

□ das Erbrechen /kein Pl.
다쓰 에어브흐에히은
n. 구토

□ der Ausschlag /¨e

데어 아우쓰슐락/디 아우쓰슐래그

n. 뾰루지; 발진

□ stechen 슈테히은

v. (벌레 따위가) 물다; 쏘다

□ der Zahnschmerz /-en

데어 짠슈메어츠/디 짠슈메어쯘

n. 치통

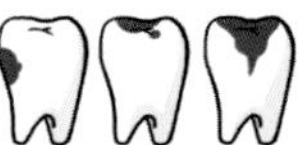

□ die Karies /kein Pl. 디 카흐이으쓰

n. 충치

□ ins Krankhaus aufgenommen werden

인쓰 크흐앙큰하우쓰 아우프흐그놈믄 브에어든

입원하다

□ aus dem Krankenhaus entlassen werden

아우쓰 뎀 크흐앙큰하우쓰 엔ㅌ라쓴 브에어든

퇴원하다

□ die Operation /-en

디 오퍼흐아찌온/디 오퍼흐아찌오는

n. 수술

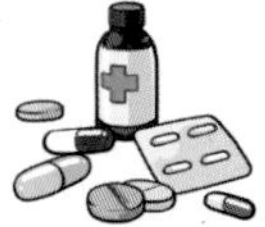

□ das Medikament /-e

다쓰 메디카멘ㅌ/디 메디카멘트

= die Medizin /-en 디 메디찐/디 메디찌는

n. 약

□ die Bank /-en 디 방ㅋ/디 방큰

n. 은행

□ das Geld /-er 다쓰 겔ㅌ/디 겔더

n. 돈

□ das Bargeld /-er 다쓰 바겔ㅌ/디 바겔더

n. 현금

□ das Kleingeld /-er
다쓰 클라인겔ㅌ/디 클라인겔더
n. 잔돈, 거스름돈

□ die Münze /-n 디 뮌쯔/디 뮌쯘
n. 동전

□ einzahlen 아인짤른
v. 예금하다; 입금하다

□ die Überweisung /-en
디 위버브아이중/디 위버브아이중은
n. 계좌 이체

□ das Verleihen /kein Pl.
다쓰 프헤어라이흔
= das Darlehen /kein Pl.
다쓰 다레흔
n. 대출

□ der Geldautomat /-en
데어 겔ㅌ아우토맡/겔ㅌ아우토마튼
= der Bankautomat /-en
데어 방ㅋ아우토맡/디 방ㅋ아우토마튼
n. 현금 (자동) 인출기

□ das Konto /die Konten
다쓰 콘토/디 콘튼
n. (은행) 계좌; 계정

□ Geld abheben 겔ㅌ 압헤븐
돈을 찾다, 출금하다

□ der Zins /-en 데어 찐쓰/디 찐즌
n. 이자

□ die Kreditkarte /-n
디 크흐에딭카트/디 크흐에딭카튼
n. 신용카드

□ das Online-Banking /kein Pl.
다쓰 온라인-뱅킹
n. 인터넷 뱅킹

□ das Krankenhaus /¨er 다쓰 크흐앙큰하우쓰/디 크흐앙큰호이저 n. 병원; 종합 병원

□ die Privatklinik /-en 디 프흐이브앝클리닠/디 프흐이브앝클리니큰 n. 의원; 개인 병원

tip. 독일에는 자신의 주치의가 모두 있어요. 한 의사를 선택해 1차 진단을 받고 필요시에만 다른 전문의를 소개 받아요. 예약은 필수예요.

□ der Patient /-en 데어 파찌엔ㅌ/디 파찌엔튼,
die Patientin /-nen 디 파찌엔틴/디 파찌엔틴는 n. 환자, 병자

□ der Kranke /-n 데어 크흐앙크/디 크흐앙큰,
die Kranke /-n 디 크흐앙크/디 크흐앙큰 n. 환자

□ der Arzt /¨e 데어 아츹/디 애어츠트,
die Ärztin /-nen 디 애어츠틴/디 애어츠틴는 n. 의사

□ der Krankenpfleger /- 데어 크흐앙큰프흘레거/디 크흐앙큰프흘레거,
die Krankenschwester /-n 디 크흐앙큰슈브에스터/디 크흐앙큰슈브에스턴 n. 간호사

□ untersucht werden 운터주흩 브에어든 상담하다, 진찰을 받다

□ das Symptom /-e 다쓰 쥠프톰/디 쥠프토므 n. 증상, 증세

Wie sind die Symptome?
브이 진ㅌ 디 쥠프토므?
증상이 어떤가요?

□ schmerzen 슈메어쯘 v. 아프다, 통증이 있다
- □ der Schmerz /-en 데어 슈메어츠/디 슈메어쯘 n. 아픔, 고통
- □ der Kopfschmerz /-en 데어 콮흐슈메어츠/디 콮흐슈메어쯘 n. 두통
- □ der Bauchschmerz /-en 데어 바우흐슈메어츠/디 바우흐슈메어쯘 n. 복통

□ krank 크흐앙ㅋ adj. 아픈, 병든; 허약한

Meine Oma ist krank.
마이느 오마 이슽 크흐앙ㅋ
할머니가 편찮으세요.

□ die Brandwunde /-n 디 브흐안ㅌ브운드/디 브흐안ㅌ브운든 n. 화상

□ ersticken 에어슈틱큰 v. 숨이 막히다

□ empfinden 엠프힌든 v. 느끼다, 지각하다

□ empfindungslos 엠프힌둥쓰로쓰 adj. 무감각한

□ taub 타웁 adj. 무감각한; 귀가 먹은

□ sich verletzen 지히 프헤어렡쯘 v. 다치다, 부상당하다

□ die Verletzung /-en 디 프헤어렡쭝/디 프헤어렡쭝은 n. 상처, 부상

= die Wunde /-n 디 브운드/디 브운든

□ die Narbe /-n 디 나브/디 나븐 n. 흉터

□ die Hautabschürfung /-en 디 하웉압슈위어프흥/디 하웉압슈위어프흥은 n. 찰과상

= die Streifwunde /-n 디 슈트흐아이프흐브운드/디 슈트흐아이프흐브운든

□ der blaue Fleck /-e(n) 데어 블라우으 프흘렉/디 블라우으 프흘렉크(프흘렉큰) 멍

□ sich verstauchen 지히 프헤어슈타우흔 v. 삐다, 접질리다

= sich verrenken 지히 프헤어흐엥큰

□ anschwellen 안슈브엘른 v. 붓다

□ die Krücke /-n 디 크흐윅크/디 크흐윅큰 n. 목발

□ die Erkältung /-en 디 에어캘퉁/디 에어캘퉁은 n. 감기

□ die Grippe /-n 디 그흐잎프/디 그흐잎픈 n. 독감, 유행성 감기

□ husten 후스튼 v. 기침하다

□ das Fieber /- 다쓰 프히버/디 프히버 n. 열

Er hatte hohes Fieber.
에어 핱트 호흐쓰 프히버
그는 열이 높았어요.

□ der Blutdruck /kein Pl. 데어 블뤁드흐욱 n. 혈압

□ die Verdauungsstörung /-en
디 프헤어다우웅쓰슈퇴어흐웅/디 프헤어다우웅쓰슈퇴어흐웅은 n. 소화 불량

□ der Magen /¨ 데어 마근/디 매근 n. 위

□ die Blinddarmentzündung /-en 디 블린ㄷ담엔ㅌ쮠둥/디 블린ㄷ담엔ㅌ쮠둥은 n. 맹장염

□ sich übergeben 지히 위버게븐 v. 구역질이 나다, 메스껍다

□ die Übelkeit /-en 디 위블카잍/디 위블카이튼 n. 구역질, 메스꺼움

□ (sich) erbrechen (지히) 에어브흐에히은 v. 구토하다

= kotzen 콭쯘

□ das Erbrechen /kein Pl. 다쓰 에어브흐에히은 n. 구토

□ der Durchfall /¨e 데어 두어히프할/디 두어히프핼르 n. 설사

□ die Verstopfung /-en 디 프헤어슈톺프홍/디 프헤어슈톺프홍은 n. 변비

□ die Bewegungskrankheit /-en 디 브브에궁쓰크흐앙크하잍/디 브브에궁쓰크흐앙크하이튼 n. 멀미

= die Kinetose /-n 디 키네토즈/디 키네토즌

□ der Schwindel /- 데어 슈브인들/디 슈브인들 n. 어지러움, 현기증

□ schwindelig 슈브인들리히 adj. 어지러운, 현기증이 나는

Mir ist schwindelig.
미어 이슽 슈브인들리히
나는 어지러워요.

□ der Blutmangel /kein Pl. 데어 블뤁망을 n. 빈혈

= die Anämie /-n 디 아내미/디 아내민

□ das Nesselfieber /- 다쓰 네쓸프히버/디 네쓸프히버 n. 두드러기

□ der Ausschlag /¨e 데어 아우쓰슐랔/디 아우쓰슐래그 n. 뾰루지; 발진

□ der Pickel /- 데어 피클/디 피클 n. 여드름

□ stechen 슈테히은 v. (벌레 따위가) 물다; 쏘다

□ der Zahnschmerz /-en 데어 짠슈메어츠/디 짠슈메어쯘 n. 치통

□ der Backenzahn /¨e 데어 박큰짠/디 박큰째느 n. 어금니

□ die Karies /kein Pl. 디 카흐이으쓰 n. 충치

□ die Zahnspange /-n 디 짠슈팡으/디 짠슈팡은 n. 치아 교정기

Ich habe Zahnschmerzen.
이히 하브 짠슈메어쯘
이가 아파요(나는 치통이 있어요).

□ die Erbkrankheit /-en 디 에엎크흐앙ㅋ하잍/디 에엎크흐앙ㅋ하이튼 n. 유전병

□ ins Krankhaus aufgenommen werden
인쓰 크흐앙큰하우쓰 아우프흐그놈믄 브에어든 입원하다

□ aus dem Krankenhaus entlassen werden
아우쓰 뎀 크흐앙큰하우쓰 엔ㅌ라쓴 브에어든 퇴원하다

□ die Operation /-en 디 오퍼흐아찌온/디 오퍼흐아찌오는 n. 수술

□ die Betäubung /-en 디 브토이붕/디 브토이붕은 n. 마취

□ die Krankenversicherung /-en
디 크흐앙큰프헤어지히어흐웅/디 크흐앙큰프헤어지히어흐웅은 n. 의료보험

□ der Krankenschein /-e 데어 크흐앙큰슈아인/디 크흐앙큰슈아이느 n. 진단서
= das Attest /-e 다쓰 아테슽/디 아테스트

□ die Verschreibung /-en 디 프헤어슈흐아이붕/디 프헤어슈흐아이붕은 n. 처방전
= das Rezept /-e 다쓰 흐에쩨픝/디 흐에쩨프흐트

□ das Medikament /-e 다쓰 메디카멘ㅌ/디 메디카멘트 n. 약
= die Medizin /-en 디 메디찐/디 메디찌는

□ die Nebenwirkung /-en 디 네븐브이어쿵/디 네븐브이어쿵은 n. 부작용

Hat diese Medizin Nebenwirkungen?
할 디즈 메디찐 네븐브이어쿵은?
이 약은 부작용이 있나요?

□ die Bank /-en 디 방ㅋ/디 방큰 n. 은행

□ das Geld /-er 다쓰 겔ㅌ/디 겔더 n. 돈

□ das Bargeld /-er 다쓰 바겔ㅌ/디 바겔더 n. 현금

□ das Kleingeld /-er 다쓰 클라인겔ㅌ/디 클라인겔더 n. 잔돈, 거스름돈

□ die Münze /-n 디 뮌쯔/디 뮌쯘 n. 동전

□ der Scheck /- 데어 슈엑/디 슈엑 n. 수표

□ das Konto /die Konten 다쓰 콘토/디 콘튼 n. (은행) 계좌; 계정

□ das Sparkonto /die Sparkonten 다쓰 슈파콘토/디 슈파콘튼 n. 저축 예금(계좌)

□ einzahlen 아인짤른 v. 예금하다; 입금하다

□ Geld abheben 겔ㅌ 압헤븐 돈을 찾다, 출금하다

□ die Überweisung /-en 디 위버브아이중/디 위버브아이중은 n. 계좌 이체

tip. 한국은 당일 계좌 이체를 할 수 있지만, 독일은 인터넷 뱅킹으로 계좌 이체를 해도 영업일 기준 1~3일 정도가 소요되니 참고하세요.

□ der Zins /-en 데어 찐쓰/디 찐즌 n. 이자

□ das Verleihen /kein Pl. 다쓰 프헤어라이흔 n. 대출

= das Darlehen /kein Pl. 다쓰 다레흔

□ der Darlehenszins /-en 데어 다레흔쓰찐쓰/디 다레흔쓰찐즌 n. 대출 금리

□ der Wechselkurs /-e 데어 브에흐즐쿠어쓰/디 브에흐즐쿠어즈 n. 환율

Wie ist der Wechselkurs heute?
브이 이슽 데어 브에흐즐쿠어쓰 호이트?
오늘 환율이 어떻게 됩니까?

□ die Kreditkarte /-n 디 크흐에딭카트/디 크흐에딭카튼 n. 신용카드

□ die EC-Karte /-n 디 에체-카트/디 에체-카튼 n. 체크카드
= die Eurochequekarte /-n 디 오이흐오쉨카트/디 오이흐오쉨카튼

□ die Gebühr /-en 디 그뷔어/디 그뷔어흔 n. 수수료; 요금

□ der Geldautomat /-en 데어 겔ㅌ아우토맡/겔ㅌ아우토마튼 n. 현금 (자동) 인출기
= der Bankautomat /-en 데어 방ㅋ아우토맡/디 방ㅋ아우토마튼

□ das Online-Banking /kein Pl. 다쓰 온라인-뱅킹 n. 인터넷 뱅킹

□ das Passwort /¨er 다쓰 파쓰브오얼/디 파쓰브외어터
n. 핀 번호, 비밀번호

20. 두통

꼭! 써먹는 **실전 회화**

Lukas Geht es dir nicht gut? Du siehst krank aus.
겥 에쓰 디어 니힡 긑? 두 지슽 크흐앙ㅋ 아우쓰
어디 안 좋니? 너 아파 보여.

Elisabeth Ich habe Kopfschmerzen.
이히 하브 콮흐슈메어쯘
머리가 아파.

Lukas Warst du beim Arzt?
브아슽 두 바임 아흐츹?
병원에 갔었어? (의사한테 가봤어?)

Elisabeth Nein, aber ich habe eine Kopfschmerztablette genommen.
나인, 아버 이히 하브 아이느 콮흐슈메어츠타블렡트 그놈믄
아니, 하지만 두통약은 먹었어.

연습 문제 Übung 위붕

다음 단어를 읽고 맞는 뜻과 연결하세요.

1.	die Arbeit •	• 병원
2.	die Bank •	• 상점; 일
3.	das Café •	• 선생, 교사
4.	das Essen •	• 시장
5.	das Geschäft •	• 은행
6.	der Kaffee •	• 음식, 식사
7.	das Krankenhaus •	• 음식점
8.	der Lehrer •	• 직업, 직장
9.	der Markt •	• 카페, 커피숍
10.	das Restaurant •	• 커피
11.	die Schule •	• 학교
12.	der Schüler •	• 학생

1. die Arbeit – 직업, 직장 2. die Bank – 은행 3. das Café – 카페, 커피숍
4. das Essen – 음식, 식사 5. das Geschäft – 상점; 일 6. der Kaffee – 커피
7. das Krankenhaus – 병원 8. der Lehrer – 선생, 교사 9. der Markt – 시장
10. das Restaurant – 음식점 11. die Schule – 학교 12. der Schüler – 학생

Kapitel 6

교통 Der Verkehr 데어 프헤어케어

□ der Verkehr /kein Pl.
데어 프헤어케어
n. 교통; 교류

□ das Verkehrsmittel /-
다쓰 프헤어케어쓰밑틀/디 프헤어케어쓰밑틀
n. 교통수단

□ zu Fuß gehen 쭈 프후쓰 게흔
걸어가다

□ laufen 라우프흔
v. 걷다[회화], 가다; 달리다, 뛰다

□ das Fahrrad /¨er
다쓰 프하흐랄/디 프하흐애더
n. 자전거

□ das Motorrad /¨er
다쓰 모토어흐랄/디 모토어흐애더
n. 오토바이

□ das Auto /-s 다쓰 아우토/디 아우토쓰
n. 자동차

□ das Taxi /-s 다쓰 탁씨/디 탁씨쓰
n. 택시

□ der Bus /-se 데어 부쓰/디 부쓰
n. 버스

□ die U-Bahn /-en 디 우-반/디 우-바는
= die Untergrundbahn /-en
디 운터그흐운ㅌ반/디 운터그흐운ㅌ바는
n. 지하철

□ der Zug /¨e 데어 쭉/디 쮜그
n. 기차

□ das Schiff /-e
다쓰 슈이프흐/디 슈이프흐
n. 배

□ das Flugzeug /-e
다쓰 프흘룩쪼익/디 프흘룩쪼이그
n. 비행기

□ der Flughafen /¨
데어 프흘룩하프흔/디 프흘룩해프흔
n. 공항

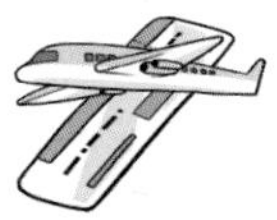

□ das Flugticket /-s
다쓰 프흘룩티켙/디 프흘룩티켙츠
n. 항공권

□ der Reisepass /¨e
데어 흐아이즈파쓰/디 흐아이즈패쓰
n. 여권

□ die Bordkarte /-n 디 보얼카트/디 보얼카튼
n. 탑승권

□ abfliegen 압프흘리근
v. 이륙하다

□ landen 란든
v. 착륙하다

□ einsteigen 아인슈타이근
v. 올라타다, 승차하다

□ aussteigen 아우쓰슈타이근
v. 내리다, 하차하다

□ der Pilot /-en 데어 필롵/디 필로튼,
die Pilotin /-nen 디 필로틴/디 필로티는
n. 비행기 조종사

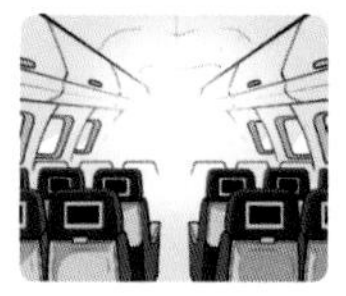

□ der Sitz /-e 데어 짙츠/디 짙쯔
n. 자리, 좌석

□ der Dutyfreeshop /-s
데어 듀티프리슢/디 듀티프리슢쓰
n. 면세점

□ das Gepäck /-e 다쓰 그팩/디 그팩크
n. 수하물; 여행 가방

□ der Flugbegleiter /-
데어 프흘룩브글라이터/디 프흘룩브글라이터,
die Flugbegleiterin /-nen
디 프흘룩브글라이터흐인/
디 프흘룩브글라이터흐인는
n. 항공 승무원

□ die Economyclass /kein Pl.
디 에코노미클라쓰
n. 이코노미 클래스

□ die Businessclass /kein Pl.
디 비즈니쓰클라쓰
n. 비즈니스 클래스

□ die erste Klasse /kein Pl.
디 에어스트 클라쓰
퍼스트 클래스

□ die Informationsstelle /-n
디 인프호어마찌온쓰슈텔르/
디 인프호어마찌온쓰슈텔른
n. 안내소

□ das Handgepäck /-e
다쓰 한ᄐ그팩/디 한ᄐ그팩크
n. 수하물; 핸드 캐리어

□ der Bahnsteig /-e
데어 반슈타잌/디 반슈타이그
n. 승강장

□ das Gleis /-e 다쓰 글라이쓰/디 글라이즈
n. 선로; 플랫폼

□ die Station /-en
디 슈타찌온/디 슈타찌오는
n. 정거장, 정류장

□ umsteigen 움슈타이근
v. 갈아타다

□ die Fahrkarte /-n
디 프하카트/디 프하카튼
n. 승차권, 차표

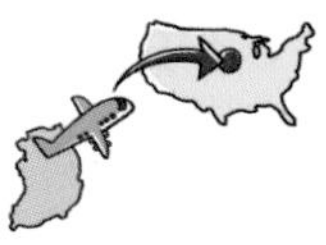

□ das Reiseziel /-e
다쓰 흐아이즈찔/디 흐아이즈찔르
n. 여행 목적지; 행선지

□ das Boot /-e 다쓰 봍/디 보트
n. 보트, 작은 배

□ der Hafen /¨ 데어 하프흔/디 해프흔
n. 항구

□ der Verkehr /kein Pl. 데어 프헤어케어 n. 교통; 교류

□ das Verkehrsmittel /- 다쓰 프헤어케어쓰밑틀/디 프헤어케어쓰밑틀 n. 교통수단

□ zu Fuß gehen 쭈 프후쓰 게흔 걸어가다

□ laufen 라우프흔 v. 걷다[회화], 가다; 달리다, 뛰다

□ das Fahrrad /¨er 다쓰 프하흐앝/디 프하흐애더 n. 자전거

□ der Fahrradweg /-e 데어 프하흐앝브엑/디 프하흐앝브에그 n. 자전거 전용 도로

□ das Motorrad /¨er 다쓰 모토어흐앝/디 모토어흐애더 n. 오토바이

□ der Helm /-e 데어 헬ㅁ/디 헬므 n. 헬멧

□ das Auto /-s 다쓰 아우토/디 아우토쓰 n. 자동차

□ das Taxi /-s 다쓰 탁씨/디 탁씨쓰 n. 택시

□ der Bus /-se 데어 부쓰/디 부쓰 n. 버스

Ich nehme den Bus.
이히 네므 덴 부쓰
저는 버스를 탈게요.

□ die Straßenbahn /-en 디 슈트흐아쓴반/디 슈트흐아쓴바는 n. 시가 전차; 시가 철도
= die Tram/die Trams 디 트흐암/디 트흐암쓰

□ die U-Bahn /-en 디 우-반/디 우-바는 n. 지하철
= die Untergrundbahn /-en 디 운터그흐운ㅌ반/디 운터그흐운ㅌ바는

□ die S-Bahn /-en 디 에쓰-반/디 에쓰-바는 n. 도시 고속 전철
= die Schnellbahn /-en 디 슈넬반/디 슈넬바는

tip. 독일에는 3가지 종류의 전철이 있어요. 도심 내에서만 운행하는 U-Bahn(Untergrundbahn)과 거리 곳곳에 시가 전차(트램) Straßenbahn이 있어요. 그리고 도시와 도시를 빠르게 이어주는 schnell 슈넬(빠른)의 S를 붙인 S-Bahn(Schnellbahn)이 있는데, U-Bahn과 S-Bahn은 노선 번호 앞에 U 우 또는 S 에쓰가, Straßenbahn은 노선 번호로만 있거나 M 엠이 붙어 있어요.

□ der Zug /¨e 데어 쭉/디 쮜그 n. 기차

□ das Schiff /-e 다쓰 슈이프흐/디 슈이프흐 n. 배

□ das Flugzeug /-e 다쓰 프흘룩쪼잌/디 프흘룩쪼이그 n. 비행기

□ fliegen 프흘리근 v. 날다, 비행하다

□ der Flughafen /¨ 데어 프흘룩하프흔/디 프흘룩해프흔 n. 공항

Ich bin am Flughafen angekommen.
이히 빈 암 프흘룩하프흔 안그콤믄
저 공항에 도착했어요.

□ der Flug /¨e 데어 프흘룩/디 프흘뤼그 n. 비행; 비행기 여행

□ der einfache Flug /¨e 데어 아인프하흐 프흘룩/디 아인프하흐 프흘뤼그 편도 여행

□ der Hin- und Rückflug /¨e 데어 힌- 운ㅌ 흐윅프흘룩/디 힌- 운ㅌ 흐윅프흘뤼그 n. 왕복 여행

□ der Direktflug /¨e 데어 디흐에클프흘룩/디 디흐에클프흘뤼그 n. 직항

□ der Anschlussflug /¨e 데어 안슐루쓰프흘룩/디 안슐루쓰프흘뤼그 n. 경유(편)

□ das Flugticket /-s 다쓰 프흘룩티켙/디 프흘룩티켙츠 n. 항공권

□ die Bordkarte /-n 디 보얼카트/디 보얼카튼 n. 탑승권

□ die Flugnummer /-n 디 프흘룩눔머/디 프흘룩눔먼 n. 항공편 번호

□ der Reisepass /¨e 데어 흐아이즈파쓰/디 흐아이즈패쓰 n. 여권

Zeigen Sie mir Ihren Reisepass bitte.
짜이근 지 미어 이어흔 흐아이즈파쓰 비트
여권을 보여 주세요.

□ das Visum /die Visen 다쓰 브이줌/디 브이즌 n. 비자

= die Visa 디 브이자

tip. 독일에서 관광 및 출장이 아니거나 90일을 초과하여 체류할 경우에는 비자를 미리 신청해야 해요. 거주하고 있는 경우에는 관할 지역 외국인청에서 발급받을 수 있어요. 비자의 종류에 따라 간단한 독일어 능력을 증명해야 발급해 주는 경우도 있어요.

□ der Schalter /- 데어 슈알터/디 슈알터 n. 창구(고객 응대하는 곳을 폭넓게 가리킴)

= der Counter /- 데어 카운터/디 카운터

□ der Fahrkartenschalter /- 데어 프하카튼슈알터/디 프하카튼슈알터 n. 매표소

□ einsteigen 아인슈타이근 v. 올라타다, 승차하다

□ abfliegen 압프흘리근 v. 이륙하다

□ der Abflug /¨e 데어 압프흘룩/디 압프흘뤼그 n. 이륙; (철새 따위가) 떠나감

□ landen 란든 v. 착륙하다

□ die Landung /-en 디 란둥/디 란둥은 n. 착륙

□ die Zwischenlandung /-en 디 쯔브이슌란둥/디 쯔브이슌란둥은 n. 중간 착륙

tip. Zwischenlandung은 목적지로 가는 중간 경유지에 비행기가 착륙하여 노선을 갈아타거나 잠시 머물다 가는 경우(스탑오버)를 말해요.

□ aussteigen 아우쓰슈타이근 v. 내리다, 하차하다

□ der Ausstieg /-e 데어 아우쓰슈틱/디 아우쓰슈티그 n. 하차

Lass uns hier aussteigen.
라쓰 운쓰 히어 아우쓰슈타이근
우리 여기서 내리자.

□ der Pilot /-en 데어 필롵/디 필로튼,

die Pilotin /-nen 디 필로틴/디 필로티는 n. 비행기 조종사

□ der Kapitän /-e 데어 카피탠/디 카피태느 n. 선장, 함장; 기장

□ der Flugbegleiter /- 데어 프흘룩브글라이터/디 프흘룩브글라이터,

die Flugbegleiterin /-nen 디 프흘룩브글라이터흐인/디 프흘룩브글라이터흐인는 n. 항공 승무원

□ begleiten 브글라이튼 v. 동행하다; 안내하다, 에스코트하다

□ die Linie /-n 디 리니으/디 리니은 n. 정기 노선, 항로; 선, 차선

□ der Sitz /-e 데어 짙츠/디 짙쯔 n. 자리, 좌석

□ der Platz /¨e 데어 플랕츠/디 플랱쯔 n. 자리, 좌석; 장소; 광장

Das ist mein Sitz.
다쓰 이슽 마인 짙츠
여긴 제 자리예요.

□ der Fensterplatz /¨e 데어 프헨스터플랕츠/디 프헨스터플랱쯔 n. 창가 좌석
= Sitzplatz am Fenster 짙츠플랕츠 암 프헨스터
□ der Gangplatz /¨e 데어 강플랕츠/디 강플랱쯔 n. 복도 좌석
= Sitzplatz am Gang 짙츠플랕츠 암 강

□ die Economyclass /kein Pl. 디 에코노미클라쓰 n. 이코노미 클래스
□ die Businessclass /kein Pl. 디 비즈니쓰클라쓰 n. 비즈니스 클래스
□ die erste Klasse /kein Pl. 디 에어스트 클라쓰 퍼스트 클래스

□ die Zollanmeldung /-en 디 쫄안멜둥/디 쫄안멜둥은 n. 세관 신고서
□ verzollen 프헤어쫄른 v. 관세를 물다
□ die Steuer /-n 디 슈토이어/디 슈토이언 n. 세금
□ deklarieren 데클라흐이어흔 v. (상품 따위를 세관에) 신고하다

Haben Sie etwas zu verzollen?
하븐 지 엘브아쓰 쭈 프헤어쫄른?
관세를 납부할 물품이 있습니까?

□ der Dutyfreeshop /-s 데어 듀티프리숖/디 듀티프리숖쓰 n. 면세점

□ die Ausreiseerlaubnis /-se 디 아우쓰흐아이즈에어라웊니쓰/디 아우쓰흐아이즈에어라웊니쓰 n. 출국 허가
□ das Einreiseformular /-e 다쓰 아인흐아이즈프호어물라/디 아인흐아이즈프호어물라흐 n. 입국 신고서

□ das Gepäck /-e 다쓰 그팩/디 그팩크 n. 수하물; 여행 가방
□ das Handgepäck /-e 다쓰 한ㅌ그팩/디 한ㅌ그팩크 n. 수하물; 핸드 캐리어

□ die Flughafensicherheit /-en 디 프흘룩하프흔지히어하잍/디 프흘룩하프흔지히어하이튼 n. 검색대

□ die Informationsstelle /-n 디 인프호어마찌온쓰슈텔르/디 인프호어마찌온쓰슈텔른 n. 안내소

□ der Bahnsteig /-e 데어 반슈타잌/디 반슈타이그 n. 승강장

□ das Gleis /-e 다쓰 글라이쓰/디 글라이즈 n. 선로; 플랫폼

□ die Station /-en 디 슈타찌온/디 슈타찌오는 n. 정거장, 정류장

□ die Endstation /-en 디 엔ㅌ슈타찌온/디 엔ㅌ슈타찌오는 n. 종점, 종착역

□ der Hauptbahnhof /¨e 데어 하우픝반홒흐/디 하우픝반회프흐 n. 중앙역

□ die Fahrkarte /-n 디 프하카트/디 프하카튼 n. 승차권, 차표

□ umsteigen 움슈타이근 v. 갈아타다

□ der Fahrplan /¨e 데어 프하플란/디 프하플래느 n. 운행 시간표

□ das Reiseziel /-e 다쓰 흐아이즈찔/디 흐아이즈찔르 n. 여행 목적지; 행선지

□ der Nachtzug /¨e 데어 나흩쭉/디 나흩쮜그 n. 야간열차

□ der Schlafwagen /- 데어 슐라프흐브아근/디 슐라프흐브아근 n. 침대차

Er hat einen Nachtzug gebucht.
에어 핱 아이는 나흩쭉 그부흩
그는 야간열차를 예약했어요.

□ der Schaffner /- 데어 슈아프흐너/디 슈아프흐너,
die Schaffnerin /-nen 디 슈아프흐너흐인/디 슈아프흐너흐인는 n. 차장; 안내원

□ kontrollieren 콘트흐올리어흔 v. 검사하다, 감독하다; 순회하다

□ die Kontrolle /-n 디 콘트흐올르/디 콘트흐올른 n. 검사, 감독

□ das Steuer /- 다쓰 슈토이어/디 슈토이어 n. 운전대, 핸들, 키

□ steuern 슈토이언 v. 조종하다, 키를 잡다

tip. 중성명사 'das Steuer 다쓰 슈토이어(운전대)'를 남성명사 'der Steuer 데어 슈토이어(세금)'와 헷갈리지 마세요. '세금'의 복수 형태에는 '-n'이 붙지만, '운전대'는 단수와 복수 형태가 동일해요.

□ das Boot /-e 다쓰 봍/디 보트 n. 보트, 작은 배

□ die Fähre /-n 디 프해어흐/디 프해어흔 n. 유람선(나룻배); 나루터

□ die Seekrankheit /-en 디 제크흐앙ㅋ하잍/디 제크흐앙ㅋ하이튼 n. 뱃멀미

□ seekrank werden 제크흐앙ㅋ 브에어든 뱃멀미하다

□ der Hafen /¨ 데어 하프흔/디 해프흔 n. 항구

In Hamburg gibt es viele Häfen.
임 함부엌 깁ㅌ 에쓰 프힐르 해프흔
함부르크에는 항구가 많아요.

21. 비행기 예약

꼭! 써먹는 **실전 회화**

Lukas Ich möchte einen Flug nach Frankfurt buchen.
이히 뫼히트 아이는 프흘뤀 나흐 프흐앙크프후엍 부흔
프랑크푸르트로 가는 비행기 예약하고 싶어요.

Rezeptionist An welchem Datum?
안 브엘히음 다툼?
언제 떠나실 예정인가요? (어떤 날짜로 예약하시나요?)

Lukas Am ersten September ab Seoul bitte.
암 에어스튼 젚템버 압 서울 비트
9월 1일에 서울에서 떠나요.

Rezeptionist Einfach oder Hin- und Rückflug?
아인프하흐 오더 힌- 운ㅌ 흐윅프흘뤀?
편도 티켓을 원하시나요 왕복을 원하시나요?

Lukas Hin und zurück bitte.
힌 운ㅌ 쭈흐윅 비트
왕복으로 부탁드립니다.

Schritt 22.

운전 Das Fahren 다쓰 프하흔

□ fahren 프하흔
v. 운전하다

□ das Fahren /kein Pl. 다쓰 프하흔
n. 운전

□ das Auto /-s
다쓰 아우토/디 아우토쓰
n. 자동차

□ der Lastwagen /-
데어 라슽브아근/디 라슽브아근
= der LKW /-s 데어 엘카브에/디 엘카브에쓰
n. 화물차, 트럭

□ das Cabrio /-s
다쓰 카브흐이오/디 카브흐이오쓰
n. 오픈카

□ das Lenkrad /¨er
다쓰 렝ㅋ흐앝/디 렝ㅋ흐애더
= das Steuer /- 다쓰 슈토이어/디 슈토이어
n. 운전대, 핸들

□ der Gurt /-e 데어 구얼/디 구어트
= der Anschnallgurt /-e
데어 안슈날구얼/디 안슈날구어트
n. 안전벨트

□ Gas geben 가쓰 게븐
= schnell fahren 슈넬 프하흔
속력을 내다

□ anhalten 안할튼
v. 정지하다

□ bremsen 브흐엠즌
v. 제동을 걸다

□ der Scheinwerfer /-
데어 슈아인브에어프허/디 슈아인브에어프허
n. 헤드라이트

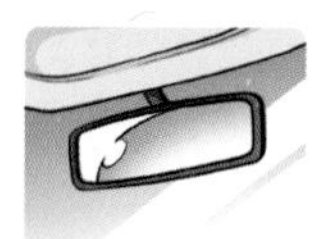

□ der Rückspiegel /-
데어 흐윅슈피글/디 흐윅슈피글
n. 백미러

□ der Seitenspiegel /-
데어 자이튼슈피글/디 자이튼슈피글
n. 사이드 미러

□ das Verkehrsschild /-er
다쓰 프헤어케어쓰슈일ㅌ/디 프헤어케어쓰슈일더
n. 교통 표지판

□ die Geschwindigkeitsüberschreitung /-en
디 그슈브인디히카잍츠위버슈흐아이퉁/
디 그슈브인디히카잍츠위버슈흐아이퉁은
n. 속도위반

□ die Hupe /-n 디 후프/디 후픈
n. 경적

□ das Rad /¨er 다쓰 흐앝/디 흐애더
n. 바퀴

□ der Reifen /-
데어 흐아이프흔/디 흐아이프흔
n. 타이어

□ verstoßen 프헤어슈토쓴
= vergehen 프헤어게흔
= übertreten 위버트흐에튼
v. 위반하다

□ das Telefonieren am Steuer
다쓰 텔레프호니어흔 암 슈토이어
운전 중 통화

□ Trunkenheit am Steuer
트흐웅큰하잍 암 슈토이어
음주 운전

□ die Ampel /-n 디 암플/디 암플ㄴ
n. 신호등

□ schnell 슈넬
adj. 빠른

□ eilig 아일리히
adj. 서둘러, 급히

□ die Tankstelle /-n
디 탕ㅋ슈텔르/디 탕ㅋ슈텔른
n. 주유소

□ tanken 탕큰
v. 주유하다

□ das Bußgeld /-er
다쓰 부쓰겔ㅌ/디 부쓰겔더
n. 벌금

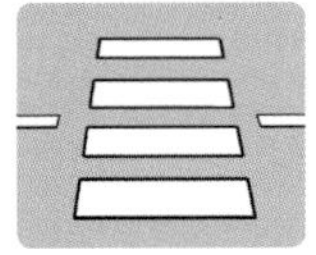

□ der Zebrastreifen /-
데어 쩨브흐아슈트흐아이프흔/
디 쩨브흐아슈트흐아이프흔
n. 횡단보도

□ langsam 랑잠
adj. 느린, 천천히

□ das Benzin /-e 다쓰 벤찐/디 벤찌느
n. 휘발유, 가솔린

□ der Diesel /kein Pl. 데어 디즐
n. 경유, 디젤

□ das Erdgas /- 다쓰 에얼가쓰/디 에얼가쓰
n. 천연가스

□ die Waschanlage /-n
디 브아슈안라그/디 브아슈안라근
n. 세차 장치

□ der Parkplatz /¨e
데어 팍플랕츠/디 팍플랟쯔
n. 주차장

□ das Parkverbot /-e
다쓰 팍프헤어봍/디 팍프헤어보트
n. 주차 금지

□ die Straße /-n 디 슈트흐아쓰/디 슈트흐아쓴
n. 도로

□ die Autobahn /-en
디 아우토반/디 아우토바는
n. 고속도로

□ die Mittellinie /-n
디 밑틀리니으/디 밑틀리니은
n. 중앙선

□ das Auto waschen
다쓰 아우토 브아슌
세차하다

□ parken 파큰
v. 주차하다

□ der Stau /-s, -e
데어 슈타우/디 슈타우쓰, 디 슈타우으
n. 교통 체증

□ der Bürgersteig /-e
데어 뷔어거슈타익/디 뷔어거슈타이그
n. 인도, 보도

□ der Tunnel /- 데어 툰늘/디 툰늘
n. 터널

□ fahren 프하흔 v. 운전하다

□ das Fahren /kein Pl. 다쓰 프하흔 n. 운전

□ der Fahrer /- 데어 프하흐어/디 프하흐어,
die Fahrerin /-nen 디 프하흐어흐인/디 프하흐어흐인느 n. 운전기사; 운전자

□ das Auto /-s 다쓰 아우토/디 아우토쓰 n. 자동차

□ der Lastwagen /- 데어 라슽브아근/디 라슽브아근 n. 화물차, 트럭
= der LKW /-s 데어 엘카브에/디 엘카브에쓰

□ das Cabrio /-s 다쓰 카브흐이오/디 카브흐이오쓰 n. 오픈카

□ das Lenkrad /¨er 다쓰 렝ㅋ흐앝/디 렝ㅋ흐애더 n. 운전대, 핸들
= das Steuer /- 다쓰 슈토이어/디 슈토이어

□ der Gurt /-e 데어 구얼/디 구어트 n. 안전벨트
= der Anschnallgurt /-e 데어 안슈날구얼/디 안슈날구어트

□ sich anschnallen 지히 안슈날른 v. 안전벨트를 착용하다

Sind alle angeschnallt?
진ㅌ 알르 안그슈날ㅌ?
다들 안전벨트 착용했나요?

tip. 독일은 자동차 전 좌석 안전벨트 착용이 의무예요.

□ treten 트흐에튼 v. 밟다

□ das Gaspedal /-e 다쓰 가쓰페달/디 가쓰페달르 n. 액셀러레이터

□ das Gaspedal treten 다쓰 가쓰페달 트흐에튼 액셀러레이터를 밟다

□ die Kupplung /-en 디 쿠플룽/디 쿠플룽은 n. 클러치

□ die Kupplung treten 디 쿠플룽 트흐에튼 클러치를 밟다

□ Gas geben 가쓰 게븐 v. 속력을 내다[회화]
= schnell fahren 슈넬 프하흔

□ anhalten 안할튼 v. 정지하다

□ bremsen 브흐엠즌 v. 제동을 걸다

□ die Bremse /-n 디 브흐엠즈/디 브흐엠즌 n. 브레이크

□ auf die Bremse treten 아우프흐 디 브흐엠즈 트흐에튼 브레이크를 밟다
□ die Handbremse /-n 디 한ㅌ브흐엠즈/디 한ㅌ브흐엠즌 n. 핸드 브레이크

□ die Motorhaube /-n 디 모토어하우브/디 모토어하우븐 n. (자동차의) 보닛

□ der Kofferraum /¨e 데어 코퍼흐아움/디 코퍼흐오이므 n. 트렁크

□ der Scheinwerfer /- 데어 슈아인브에어프허/디 슈아인브에어프허 n. 헤드라이트
□ der Blinker /- 데어 블링커/디 블링커 n. (자동차의) 방향 지시등
□ der Warnblinker /- 데어 브안블링커/디 브안블링커 n. 비상등

□ die Hupe /-n 디 후프/디 후픈 n. 경적
□ hupen 후픈 v. 경적을 울리다

□ der Rückspiegel /- 데어 흐윅슈피글/디 흐윅슈피글 n. 백미러
□ der Seitenspiegel /- 데어 자이튼슈피글/디 자이튼슈피글 n. 사이드 미러

□ der Scheibenwischer /- 데어 슈아이븐브이슈어/디 슈아이븐브이슈어 n. 와이퍼

□ der Stoßfänger /- 데어 슈토쓰프행어/디 슈토쓰프행어 n. 범퍼
= die Stoßstange /-n 디 슈토쓰슈탕으/디 슈토쓰슈탕은

□ das Nummernschild /-er 다쓰 눔먼슈일ㅌ/디 눔먼슈일더 n. (자동차의) 번호판

□ das Rad /¨er 다쓰 흐앝/디 흐애더 n. 바퀴

□ der Reifen /- 데어 흐아이프흔/디 흐아이프흔 n. 타이어
□ der Winterreifen /- 데어 브인터흐아이프흔/디 브인터흐아이프흔 n. 스노우 타이어
□ der Reservereifen /- 데어 흐에저브흐아이프흔/디 흐에저브흐아이프흔 n. 스페어타이어
= der Ersatzreifen /- 데어 에어잘츠흐아이프흔/디 에어잘츠흐아이프흔

Du solltest den Reifen mal wechseln.
두 졸트슽 덴 흐아이프흔 말 브에흐즐ㄴ
바퀴 한번 교체하는 게 좋을 것 같아.

□ die Reifenpanne /-n 디 흐아이프흔판느/디 흐아이프흔판는 n. 펑크

□ einen platten Reifen haben 아이는 플랕튼 흐아이프흔 하븐 (타이어) 펑크가 나다

□ der Verkehr /kein Pl. 데어 프헤어케어 n. 교통; 교류

□ die Verkehrsordnung /-en 디 프헤어케어쓰오어드눙/디 프헤어케어쓰오어드눙은 n. 도로 교통법

□ die Verkehrsregel /-n 디 프헤어케어쓰흐에글/디 프헤어케어쓰프에글ㄴ n. 교통 규칙

Man muss sich an die Verkehrregeln halten.
만 무쓰 지히 안 디 프헤어케어쓰흐에글ㄴ 할튼
교통 규칙들을 지켜야 해요.

□ das Verkehrsschild /-er 다쓰 프헤어케어쓰슈일ㅌ/디 프헤어케어쓰슈일더 n. 교통 표지판

□ der Wegweiser /- 데어 브엑브아이저/디 브엑브아이저 n. (도로) 표지판

□ verstoßen 프헤어슈토쓴 v. 위반하다

= vergehen 프헤어게흔

= übertreten 위버트흐에튼

□ das Verkehrsdelikt /-e 다쓰 프헤어케어쓰데리킅/디 프헤어케어쓰데리크트 n. 교통 법률 위반

□ die Geschwindigkeitsüberschreitung /-en 디 그슈브인디히카잍츠위버슈흐아이퉁/디 그슈브인디히카잍츠위버슈흐아이퉁은 n. 속도위반

□ das Telefonieren am Steuer 다쓰 텔레프호니어흔 암 슈토이어 운전 중 통화

□ Trunkenheit am Steuer 트흐웅큰하잍 암 슈토이어 음주 운전

□ das Bußgeld /-er 다쓰 부쓰겔ㅌ/디 부쓰겔더 n. 벌금

□ die Ampel /-n 디 암플/디 암플ㄴ n. 신호등

Biegen Sie an der Ampel rechts ab.
비근 지 안 데어 암플 흐에힡츠 압
신호등에서 우회전하세요.

□ der Zebrastreifen /- 데어 쩨브흐아슈트흐아이프흔/디 쩨브흐아슈트흐아이프흔
n. 횡단보도

□ die Kreuzung /-en 디 크흐오이쭝/디 크흐오이쭝은 n. 교차로

□ die Geschwindigkeit /-en 디 그슈브인디히카일/디 그슈브인디히카이튼 n. 속도
□ die Geschwindigkeitsgrenze /-n
디 그슈브인디히카잍츠그흐엔쯔/디 그슈브인디히카잍츠그흐엔쯘 n. 규정 속도, 제한 속도

□ schnell 슈넬 adj. 빠른

Fahren Sie nicht so schnell.
프하흔 지 니힡 조 슈넬
이렇게 빠르게 운전하지 마세요.

□ eilig 아일리히 adj. 서둘러, 급히

□ langsam 랑잠 adj. 느린, 천천히

□ der Fußgänger /- 데어 프후쓰갱어/디 프후쓰갱어 n. 보행자

□ die Tankstelle /-n 디 탕ㅋ슈텔르/디 탕ㅋ슈텔른 n. 주유소
□ tanken 탕큰 v. 주유하다

Ich muss das Auto tanken.
이히 무쓰 다쓰 아우토 탕큰
전 주유를 해야 해요.

□ das Benzin /-e 다쓰 벤찐/디 벤찌느 n. 휘발유, 가솔린
□ der Diesel /kein Pl. 데어 디즐 n. 경유, 디젤
□ das Erdgas /- 다쓰 에얼가쓰/디 에얼가쓰 n. 천연가스

□ der Liter /- 데어 리터/디 리터 n. 리터(ℓ) → **tip.** 관사 das를 사용할 수도 있어요.

□ die Menge /-n 디 멩으/디 멩은 n. 양
= die Quantität /-en 디 크브안티탤/디 크브안티태튼

□ die Waschanlage /-n 디 브아슈안라그/디 브아슈안라근 n. 세차 장치

□ das Auto waschen 다쓰 아우토 브아슌 세차하다

□ der Parkplatz /¨e 데어 팍플랕츠/디 팍플랟쯔 n. 주차장

□ parken 파큰 v. 주차하다

Hier darf man nicht parken.
히어 다프흐 만 니힡 파큰
여기에 주차를 하면 안 돼요.

tip. 독일에는 길에 유료 주차장이 있어요. 각 주차 공간 앞에 미터기가 있어 운전자가 30분, 1시간 등의 단위로 주차 비용을 선결제합니다. 지불한 시간이 지나서도 주차가 되어 있으면 주차 위반으로 벌금을 내요.

□ das Parkverbot /-e 다쓰 팍프헤어볻/디 팍프헤어보트 n. 주차 금지

□ der Stau /-s, -e 데어 슈타우/디 슈타우쓰, 디 슈타우으 n. 교통 체증

□ die Stoßzeit /-en 디 슈토쓰짜읻/디 슈토쓰짜이튼
n. 러시아워; 일과 중 제일 바쁜 시간

□ die Hauptverkehrszeit /-en 디 하우픝프헤어케어쓰짜읻/디 하우픝프헤어케어쓰짜이튼
n. 러시아워
= der Berufsverkehr /kein Pl. 데어 브흐우프흐쓰프헤어케어

□ links abbiegen 링크쓰 압비근 좌회전하다

□ rechts abbiegen 흐에힡츠 압비근 우회전하다

□ der Führerschein /-e 데어 프휘어흐어슈아인/디 프휘어흐어슈아이느 n. 운전 면허증

□ die Fahrprüfung /-en 디 프하프흐위프훙/디 프하프흐위프훙은 n. 운전 면허 시험

Hast du die Fahrprüfung bestanden?
하슽 두 디 프하프흐위프훙 브슈탄든?
운전 면허 시험 통과했니?

□ die Straße /-n 디 슈트흐아쓰/디 슈트흐아쓴 n. 도로

□ die Autobahn /-en 디 아우토반/디 아우토바는 n. 고속도로

tip. 독일의 'Autobahn 아우토반'에는 속도제한이 없는 구간이 있는데, 구간에 따라 권장 속도 130km, 제한 속도 100km 표지판이 있으니 운전 시 주의해야 해요.

□ der Bürgersteig /-e 데어 뷔어거슈타잌/디 뷔어거슈타이그 n. 인도, 보도

□ die Mittellinie /-n 디 믿틀리니으/디 믿틀리니은 n. 중앙선

□ Mittellinie überfahren 믿틀리니으 위버프하흔 중앙선을 침범하다

□ der Seitenstreifen /- 데어 자이튼슈트흐아이프흔/디 자이튼슈트흐아이프흔 n. 갓길

□ der Tunnel /- 데어 툰늘/디 툰늘 n. 터널

22. 신호 위반

꼭! 써먹는 **실전 회화**

Polizist Guten Tag, können Sie mir Ihren Führerschein zeigen?
구튼 탁, 쾬는 지 미어 이어흔 프휘어흐어슈아인 짜이근?
안녕하세요, 운전면허증 보여 주시겠어요?

Lukas Bin ich etwa zu schnell gefahren?
빈 이히 엗브아 쭈 슈넬 그프하흔?
제가 설마 너무 빠르게 달렸나요?

Polizist Nein, Sie sind über die rote Ampel gefahren.
나인, 지 진ㅌ 위버 디 흐오트 암플 그프하흔
아니요, 신호를 위반하셨어요. (아니요, 빨간 신호에 지나오셨어요.)

Lukas Entschuldigung, das habe ich nicht gesehen.
엔ㅌ슐디궁, 다쓰 하브 이히 니힡 그제흔
죄송합니다. 못 봤네요.

Polizist Sie müssen 100 Euro Bußgeld bezahlen.
지 뮈쓴 훈덜 오이흐오 부쓰겔ㅌ 브짤른
벌금 100유로를 내셔야 합니다.

Schritt 23.

숙박 Die Unterkunft 디 운터쿤플

□ die Unterkunft /¨e
디 운터쿤플/디 운터퀸프흐트
n. 숙박, 숙소

□ das Hotel /-s 다쓰 호텔/디 호텔쓰
n. 호텔

□ die Rezeption /-en
디 흐에쩹찌온/디 흐에쩹찌오는
n. 리셉션, 안내 데스크

□ reservieren 흐에저브이어흔
v. 예약하다, 잡아 놓다

□ buchen 부흔
v. 예약하다

□ stornieren 슈토어니어흔
v. 취소하다, 해약하다

□ einchecken 아인췌큰
v. 체크인하다

□ auschecken 아우쓰췌큰
v. 체크아웃하다

□ das Doppelzimmer /-
다쓰 돕플찜머/디 돕플찜머
n. 더블룸

□ das Einzelzimmer /-
다쓰 아인쯜찜머/디 아인쯜찜머
n. 싱글룸

□ der Zimmerservice /-s
데어 찜머써브이쓰/디 찜머써브이쓰
n. 룸서비스

□ der Weckruf /-e
데어 브엑흐우프흐/디 브엑흐우프흐
n. 모닝콜

□ das Dienstmädchen /-
다쓰 딘슽맽히은/디 딘슽맽히은
n. 하우스 키퍼

□ der Portier /-s
데어 포어티어/디 포어티어쓰
n. 도어맨

□ die Klimaanlage /-n
디 클리마안라그/디 클리마안라근
n. 냉난방 장치; 에어컨

□ die Heizung /-en
디 하이쭝/디 하이쭝은
n. 난방

□ die Toilette /-n 디 토일렡트/디 토일렡튼
= das WC /-s 다쓰 브에체/디 브에체쓰
n. 화장실

□ die Waschküche /-n
디 브아슈퀴히으/디 브아슈퀴히은
n. 세탁실

□ sauber 자우버
adj. 깨끗한, 깔끔한

□ schmutzig 슈뭍찌히
adj. 더러운, 지저분한

□ der Balkon /-e
데어 발콘/디 발코느
n. 발코니

□ der Sonnenschirm /-e
데어 존는슈이엄/디 존는슈이어므
n. 비치파라솔

□ das Schwimmbad /¨er
다쓰 슈브임밭/디 슈브임배더
n. 수영장

□ das Hallenbad /¨er
다쓰 할른밭/디 할른배더
n. 실내 수영장

□ das Freibad /¨er
다쓰 프흐아이밭/디 프흐아이배더
n. 야외 수영장

□ die Preisliste /-n
디 프흐아이쓰리스트/디 프흐아이쓰리스튼
n. 가격표, 요금표

□ der Normaltarif /-e
데어 노말타흐이프흐/디 노말타흐이프흐
n. 표준 요금, 정가

□ der Sondertarif /-e
데어 존더타흐이프흐/디 존더타흐이프흐
n. 할인 요금

□ das Laken /- 다쓰 라큰/디 라큰
n. 침대 시트

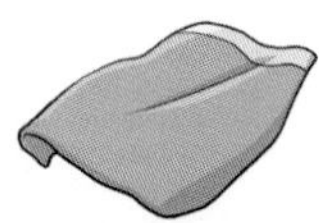

□ die Bettdecke /-n 디 벧덱크/디 벧덱큰
n. 담요, 이불

□ der Bettbezug /¨e 데어 벧브쭉/디 벧브쮜그
n. 이불보

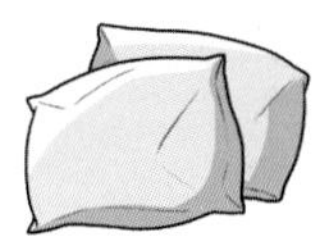

□ das Kopfkissen /-
다쓰 콮흐키쓴/디 콮흐키쓴
n. 베개

□ der Kissenbezug /¨e
데어 키쓴브쭉/디 키쓴브쮜그
n. 베개보

□ das Shampoo /-s
다쓰 슈암푸/디 슈암푸쓰
n. 샴푸

□ die Haarspülung /-en
디 하슈퓔룽/디 하슈퓔룽은
n. 린스

□ der Kamm /¨e 데어 캄/디 캠므
n. 빗

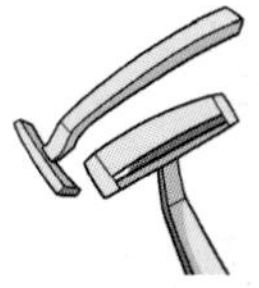

□ der Rasierer /-
데어 흐아지어흐어/디 흐아지어흐어
n. 면도기

□ das Handtuch /¨er
다쓰 한ㅌ투흐/디 한ㅌ튀히어
n. 수건; 손수건

□ die Zahnbürste /-n
디 짠뷔어스트/디 짠뷔어스튼
n. 칫솔

□ die Zahnpasta /die Zahnpasten
디 짠파스타/디 짠파스튼
n. 치약

□ der Föhn /-e 데어 프횐/디 프회느
n. 드라이어

□ das Toilettenpapier /-e
다쓰 토일렡튼파피어/디 토일렡튼파피어흐
n. 화장지

□ die Unterkunft /¨e 디 운터쿤픝/디 운터퀸프흐트 n. 숙박, 숙소

□ unterkommen 운터콤믄 v. 숙박하다; 숙소를 찾다

□ übernachten 위버나흐튼 v. 묵다, 숙박하다, 밤을 지내다

□ die Übernachtung /-en 디 위버나흐퉁/디 위버나흐퉁은 n. 숙박, 밤을 보냄

□ bleiben 블라이븐 v. 머무르다, 체류하다

□ verbringen 프헤어브흐잉은 v. 시간을 보내다

□ die Wohnung /-en 디 브오눙/디 브오눙은 n. 숙소; 주택, 집

□ das Haus /¨er 다쓰 하우쓰/디 호이저 n. 집, 주택

□ das Gasthaus /¨er 다쓰 가슽하우쓰/디 가슽호이저 n. 게스트하우스

□ die Pension /-en 디 펑지온/디 펑지오는 n. 펜션, 여관; 기숙사

□ die Jugendherberge /-n 디 유근ㅌ헤어베어그/디 유근ㅌ헤어베어근 n. 유스 호스텔, 청소년 숙박 시설

In der Jugendherberge kann man günstig übernachten.
인 데어 유근ㅌ헤어베어그 칸 만 귄스티히 위버나흐튼
유스 호스텔에서는 저렴하게 묵을 수 있어요.

tip. 독일에는 유스 호스텔이 잘 갖추어져 있고 저렴해서 많이 이용해요. 회원권을 준비해야 하니 독일 여행을 간다면 미리 알아보세요.

□ das Hotel /-s 다쓰 호텔/디 호텔쓰 n. 호텔

□ die Rezeption /-en 디 흐에쩹찌온/디 흐에쩹찌오는 n. 리셉션, 안내 데스크

□ der Rezeptionist /-en 데어 흐에쩹찌오니슽/디 흐에쩹찌오니스튼, die Rezeptionistin /-nen 디 흐에쩹찌오니스틴/디 흐에쩹찌오니스틴는 n. 안내원, 프런트 담당자

□ reservieren 흐에저브이어흔 v. 예약하다, 잡아 놓다

□ buchen 부흔 v. 예약하다

□ belegen 블레근 v. 확보하다; 지정하다

□ stornieren 슈토어니어흔 v. 취소하다, 해약하다

Ich möchte die Reservierung stornieren.
이히 뫼히트 디 흐에저브이어흐웅 슈토어니어흔
예약을 취소하고 싶어요.

□ einchecken 아인췍큰 v. 체크인하다

□ auschecken 아우쓰췍큰 v. 체크아웃하다

□ das Doppelzimmer /- 다쓰 돕플찜머/디 돕플찜머 n. 더블룸

□ das Einzelzimmer /- 다쓰 아인쯜찜머/디 아인쯜찜머 n. 싱글룸

□ die (Aus)Sicht /-e 디 (아우쓰)지힡/디 (아우쓰)지히트 n. 전망; 경치
= der Ausblick /-e 데어 아우쓰블릭/디 아우쓰블릭크
□ der Meerblick /-e 데어 메어블릭/디 메어블릭크 n. 바다 전망
□ der Blick auf die Stadt 데어 블릭 아우프흐 디 슈탙 시내 전망

Sie hat ein Zimmer mit Blick auf die Stadt gebucht.
지 핱 아인 찜머 밑 블릭 아우프흐 디 슈탙 그부흩
그녀는 시내 전망을 가진 방을 예약했어요.

□ die Zimmernummer /-n 디 찜머눔머/디 찜머눔먼 n. 방 호수

□ der Schlüssel /- 데어 슐뤼쓸/디 슐뤼쓸 n. 열쇠

Ich habe meinen Schlüssel im Zimmer vergessen.
이히 하브 마이는 슐뤼쓸 임 찜머 프헤어게쓴
열쇠를 방에 두고 왔습니다.

□ zurückgeben 쭈흐윅게븐 v. 돌려주다, 반납하다

□ der Zimmerservice /-s 데어 찜머써브이쓰/디 찜머써브이쓰 n. 룸서비스

Ich habe einen Zimmerservice bestellt.
이히 하브 아이는 찜머써브이쓰 브슈텔ㅌ
저는 룸서비스를 주문했어요.

□ der Weckruf /-e 데어 브엑흐우프흐/디 브엑흐우프흐 n. 모닝콜

□ wecken 브엑큰 v. 깨우다

□ das Dienstmädchen /- 다쓰 딘슽맽히은/디 딘슽맽히은 n. 하우스 키퍼

tip. 하우스 키퍼는 객실 정리, 청소, 점검 등을 하는 직원입니다.

□ der Putzmann /¨er 데어 풑츠만/디 풑츠맨너,
die Putzfrau /-en 디 풑츠프흐아우/디 풑츠프흐아우은 n. 청소부

□ putzen 풑쯘 v. 청소하다, 깨끗하게 하다

□ der Portier /-s 데어 포어티어/디 포어티어쓰 n. 도어맨

□ sich beschweren 지히 브슈브에어흔 v. 불평하다, 불만을 호소하다

□ klagen 클라근 v. 불만을 털어놓다; 슬퍼하다

□ die Einrichtung /-en 디 아인흐이히퉁/디 아인흐이히퉁은 n. 시설

□ die Klimaanlage /-n 디 클리마안라그/디 클리마안라근 n. 냉난방 장치; 에어컨

□ die Heizung /-en 디 하이쭝/디 하이쭝은 n. 난방

□ die Toilette /-n 디 토일렡트/디 토일렡튼 n. 화장실
= das WC /-s 다쓰 브에체/디 브에체쓰

Wo ist die Toilette?
브오 이슽 디 토일렡트?
화장실은 어디 있나요?

□ die Wäscherei /-en 디 브애슈어흐아이/디 브애슈어흐아이은 n. 세탁소

□ die Reinigung /-en 디 흐아이니궁/디 흐아이니궁은 n. 세탁; 세탁소

□ die Waschküche /-n 디 브아슈퀴히으/디 브아슈퀴히은 n. 세탁실

□ der Geldschrank /¨e 데어 겔ㅌ슈흐앙ㅋ/디 겔ㅌ슈흐앵크 n. 금고
= der Safe /-s 데어 쌔이프흐/디 쌔이프흐쓰
= der Tresor /-e 데어 트흐에조어/디 트흐에조어흐

□ die Minibar /-s 디 미니바/디 미니바쓰 n. 미니바

□ benutzen 브눝쯘 v. (무엇을) 사용하다, 이용하다
= verwenden 프헤어브엔든

□ sauber 자우버 adj. 깨끗한, 깔끔한

□ schmutzig 슈뭍찌히 adj. 더러운, 지저분한

□ bequem 브크브엠 adj. 편한; 편안한
□ unbequem 운브크브엠 adj. 불편한

Das Bett ist unbequem.
다쓰 벧 이슫 운브크브엠
침대가 불편해요.

□ der Balkon /-e 데어 발콘/디 발코느 n. 발코니

□ die Terrasse /-n 디 테흐아쓰/디 테흐아쓴 n. 테라스

□ der Sonnenschirm /-e 데어 존는슈이엄/디 존는슈이어므 n. 비치파라솔

□ das Schwimmbad /¨er 다쓰 슈브임밭/디 슈브임배더 n. 수영장
□ das Hallenbad /¨er 다쓰 할른밭/디 할른배더 n. 실내 수영장
□ das Freibad /¨er 다쓰 프흐아이밭/디 프흐아이배더 n. 야외 수영장

□ die Preisliste /-n 디 프흐아이쓰리스트/디 프흐아이쓰리스튼 n. 가격표, 요금표
□ der Normaltarif /-e 데어 노말타흐이프흐/디 노말타흐이프흐 n. 표준 요금, 정가
□ der Sondertarif /-e 데어 존더타흐이프흐/디 존더타흐이프흐 n. 할인 요금
□ der Zuschlag /¨e 데어 쭈슐락/디 쭈슐래그 n. 추가 요금, 할증금
□ zusätzlich 쭈잴쯜리히 adj. 부가의, 추가의

□ die Nacht /¨e 디 나흩/디 내히트 n. 밤
□ 2 Nächte 쯔브아이 내히트 2박
□ 3 Tage-2 Nächte 드흐아이 타그-쯔브아이 내히트 2박3일

□ die Hauptsaison /-s 디 하우픝재종/디 하우퓥재종쓰 n. 성수기

□ die Nebensaison /-s 디 네븐재종/디 네븐재종쓰 n. 비수기

In der Hauptsaison sind die Zimmer teurer.
인 데어 하우픝재종 진ㅌ 디 찜머 토이어흐어
성수기에는 방들이 더 비싸요.

□ das Laken /- 다쓰 라큰/디 라큰 n. 침대 시트

□ ein Bett beziehen 아인 벹 브찌흔 침대에 시트를 깔다

□ die Bettdecke /-n 디 벹뎈크/디 벹뎈큰 n. 담요, 이불

□ der Bettbezug /¨e 데어 벹브쭠/디 벹브쮜그 n. 이불보

□ das Kopfkissen /- 다쓰 콮흐키쓴/디 콮흐키쓴 n. 베개

□ der Kissenbezug /¨e 데어 키쓴브쭠/디 키쓴브쮜그 n. 베개보

Das Kopfkissen ist zu groß.
다쓰 콮흐키쓴 이슽 쭈 그흐오쓰
베개가 너무 커요.

tip. 독일의 유스 호스텔 Jugendherberge는 좋은 시설에 비해 저렴한 대신, 대부분 체크인을 할 때 투숙객에게 이불보와 베개보를 직접 씌우도록 줍니다. 퇴실할 땐 그 침구류를 세탁함에 반납해야 해요.

□ das Handtuch /¨er 다쓰 한ㅌ투흐/디 한ㅌ튀히어 n. 수건; 손수건

□ die Seife /-n 디 자이프흐/디 자이프흔 n. 비누

□ die Pflegedusche /-n 디 프흘레그두슈/디 프흘레그두슌 n. 바디워시

□ das Shampoo /-s 다쓰 슈암푸/디 슈암푸쓰 n. 샴푸

□ die Haarspülung /-en 디 하슈퓔룽/디 하슈퓔룽은 n. 린스

□ die Zahnbürste /-n 디 짠뷔어스트/디 짠뷔어스튼 n. 칫솔

□ die Zahnpasta /die Zahnpasten 디 짠파스타/디 짠파스튼 n. 치약

□ der Kamm /¨e 데어 캄/디 캠므 n. 빗

□ der Föhn /-e 데어 프횐/디 프회느 n. 드라이어

□ der Rasierer /- 데어 흐아지어흐어/디 흐아지어흐어 n. 면도기

□ rasieren 흐아지어흔 v. 면도하다

□ das Toilettenpapier /-e 다쓰 토일렡튼파피어/디 토일렡튼파피어흐 n. 화장지

□ das Taschentuch /¨er 다쓰 타슌투흐/디 타슌튀히어 n. 티슈(휴대용 화장지)

= das Tempo /-s 다쓰 템포/디 템포쓰

Hast du ein Taschentuch?
하슽 두 아인 타슌투흐?
티슈 가지고 있니?

23. 체크인

꼭! 써먹는 **실전 회화**

Rezeptionistin Haben Sie eine Reservierung?
하븐 지 아이느 흐에저브이어흐웅?
예약을 하셨나요?

Lukas Ja, ich habe ein Doppelzimmer für zwei Nächte gebucht.
야, 이히 하브 아인 돞플찜머 프휘어 쯔브아이 내히트 그부흐
네, 더블룸으로 2박 예약했습니다.

Rezeptionistin Das Zimmer 105 ist für Sie reserviert worden. Hier ist der Schlüssel, bitte schön.
다쓰 찜머 훈덜프휜프흐 이슽 프휘어 지 흐에저브이얼 브오어든.
히어 이슽 데어 슐뤼쓸, 비트 슈왼
105호 방이 잡혀있네요. 여기 열쇠입니다.

Lukas Danke schön. Kann man heute noch das Schwimmbad benutzen?
당크 슈왼. 칸 만 호이트 노흐 다쓰 슈브임밭 브눝쯘?
감사합니다. 오늘 수영장도 사용할 수 있나요?

Rezeptionistin Natürlich. Aber Sie müssen eine zusätzliche Gebühr dafür zahlen.
나튀얼리히. 아버 지 뮈쓴 아이느 쭈잴쯜리히으 그뷔어 다프휘어 짤른
물론이죠. 다만 추가 요금은 지불하셔야 합니다.

Schritt 24.

관광 Der Tourismus 데어 투흐이스무쓰

□ der Tourismus /kein Pl.
데어 투흐이스무쓰
n. 관광

□ die Reise /-n 디 흐아이즈/디 흐아이즌
n. 여행

□ die Touristeninformation /-en
디 투흐이스튼인프호마찌온/
디 투흐이스튼인프호마찌오는
n. 관광 안내소

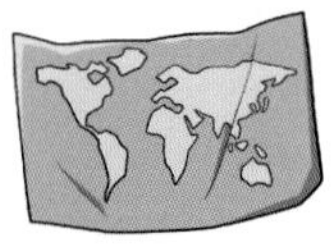

□ der Stadtplan /¨e
데어 슈탙플란/디 슈탙플래느
n. 지도

□ das Denkmal /-e, ¨er
다쓰 덴ㅋ말/디 덴ㅋ말르, 디 덴ㅋ맬러
n. 기념비, 기념탑

□ der Tourist /-en
데어 투흐이슽/디 투흐이스튼,
die Touristin /-nen
디 투흐이스틴/디 투흐이스틴는
n. 관광객

□ der Reiseführer /-
데어 흐아이즈프휘어흐어/
디 프아이즈프휘어흐어,
die Reiseführerin /-nen
디 흐아이즈프휘어흐어흐인/
디 흐아이즈프휘어흐어흐인는
n. 가이드, 안내원

□ die Sehenswürdigkeit /-en
디 제흔쓰브위어디히카잍/
디 제흔스브위어디히카이튼
n. 관광지

□ das Gebäude /-
다쓰 그보이드/디 그보이드
n. 건물, 빌딩

☐ der Dom /-e 데어 돔/디 도므
n. 대성당

☐ die Kirche /-n 디 키어히으/디 키어히은
n. 성당

☐ die Ruine /-n 디 흐우이느/디 흐우이는
n. 유적지; 폐허

☐ das Museum /die Museen
다쓰 무제움/디 무제은
n. 박물관; 미술관

☐ die Ausstellung /-en
디 아우쓰슈텔룽/디 아우쓰슈텔룽은
n. 전시회

☐ die Öffnungszeit /-en
디 외프흐눙쓰짜잍/디 외프흐눙쓰짜이튼
n. 문 여는 시간; 영업시간

☐ die Schlusszeit /-en
디 슐루쓰짜잍/디 슐루쓰짜이튼
n. 문 닫는 시간

☐ die Burg /-en 디 부엌/디 부어근
n. 성

☐ der Platz /¨e 데어 플랕츠/디 플랱쯔
n. 광장; 자리, 좌석; 장소

□ der Park /-s 데어 팍/디 팍쓰
n. 공원

□ der Freizeitpark /-s
데어 프흐아이짜잍팍/디 프흐아이짜잍팍쓰
n. 놀이공원

□ der Zoo /-s 데어 쪼/디 쪼쓰
n. 동물원

□ der botanische Garten /¨
데어 보타니슈 가튼/디 보타니슈 개어튼
식물원

□ die Kreuzfahrt /-en
디 크흐오이츠프핡/디 크흐오이츠프하튼
n. 크루즈 여행

□ das Individuum /die Individuen
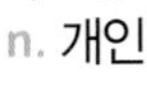
다쓰 인디브이두움/디 인디브이두은
n. 개인

□ die Gruppe /-n
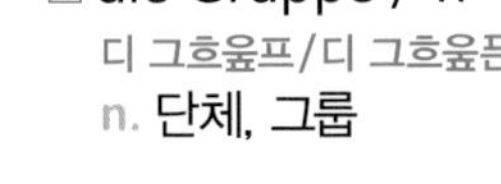
디 그흐웊프/디 그흐웊픈
n. 단체, 그룹

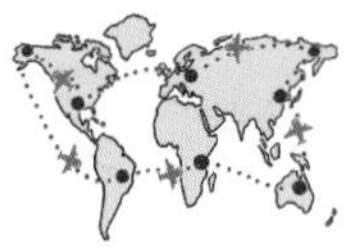

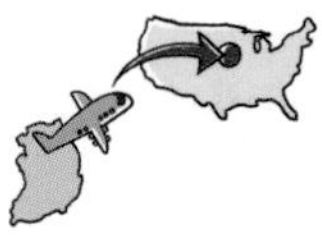

□ die Route /-n 디 흐우트/디 흐우튼
n. 경로, 노정

□ das Reiseziel /-e
다쓰 흐아이즈찔/디 흐아이즈찔르
n. 여행 목적지; 행선지

□ der Berg /-e 데어 베얼/디 베어그
n. 산, 산악

□ das Tal /¨er 다쓰 탈/디 탤러
n. 계곡

□ der Fluss /¨e 데어 프흘루쓰/디 프흘뤼쓰
n. 강

□ der See /-n 데어 제/디 젠
n. 호수

□ das Meer /-e 다쓰 메어/디 메어흐
n. 바다

□ der Strand /¨e
데어 슈트흐안ㅌ/디 슈트흐앤드
n. 해변

□ fotografieren 프호토그흐아프히어흔
v. 사진을 찍다

□ das Selfie /-s 다쓰 셀프히/디 셀프히쓰
n. 셀프 카메라

□ das Andenken /-
다쓰 안덴큰/디 안덴큰
n. 기념품

□ das Geschenk /-e
다쓰 그슈엥ㅋ/디 그슈엥크
n. 선물

□ der Schlüsselanhänger /-
데어 슐뤼쓸안행어/디 슐뤼쓸안행어
n. 열쇠고리

□ der Tourismus /kein Pl. 데어 투흐이스무쓰 n. 관광
□ der Tourist /-en 데어 투흐이슽/디 투흐이스튼,
die Touristin /-nen 디 투흐이스틴/디 투흐이스틴는 n. 관광객
□ die Touristeninformation /-en
디 투흐이스튼인프호마찌온/디 투흐이스튼인프호마찌오는 n. 관광 안내소

□ informieren 인프호미어흔 v. 정보를 제공하다

□ der Reiseführer /- 데어 흐아이즈프휘어흐어/디 흐아이즈프휘어흐어,
die Reiseführerin /-nen 디 흐아이즈프휘어흐어흐인/디 흐아이즈프휘어흐어흐인는
n. 가이드, 안내원
□ führen 프휘어흔 v. 안내하다, 인도하다
= leiten 라이튼

□ der Stadtplan /¨e 데어 슈탙플란/디 슈탙플래느 n. 지도

Kann ich einen Stadtplan bekommen?
칸 이히 아이는 슈탙플란 브콤믄?
제가 지도를 한 장 받을 수 있을까요?

□ der Besucher /- 데어 브주흐어/디 브주흐어,
die Besucherin /-nen 디 브주흐어흐인/디 브주흐어흐인는 n. 방문객
□ besuchen 브주흔 v. 방문하다

□ die Sehenswürdigkeit /-en 디 제흔쓰브위어디히카잍/디 제흔스브위어디히카이튼
n. 관광지

□ das Denkmal /-e, ¨er 다쓰 뎅ㅋ말/디 뎅ㅋ말르, 디 뎅ㅋ맬러 n. 기념비, 기념탑

tip. 복수형이 2가지입니다.

□ das Gebäude /- 다쓰 그보이드/디 그보이드 n. 건물, 빌딩

□ der Dom /-e 데어 돔/디 도므 n. 대성당

□ die Kirche /-n 디 키어히으/디 키어히은 n. 성당

In Deutschland gibt es viele kleine Kirchen.
인 도이츄란ㅌ 깁ㅌ 에쓰 프힐르 클라이느 키어히은
독일에는 작은 성당들이 많이 있어요.

□ der Tempel /- 데어 템플/디 템플 n. 사원; 신전

□ die Landschaft /-en 디 란ㅌ슈아픝/디 란ㅌ슈아프흐튼 n. 풍경, 경치

□ die Ruine /-n 디 흐우이느/디 흐우이는 n. 유적지; 폐허

□ das Museum /die Museen 다쓰 무제움/디 무제은 n. 박물관; 미술관

□ die Öffnungszeit /-en 디 외프흐눙쓰짜잍/디 외프흐눙쓰짜이튼
n. 문 여는 시간; 영업시간

□ öffnen 외프흐는 v. 열다; 개장하다

□ die Schlusszeit /-en 디 슐루쓰짜잍/디 슐루쓰짜이튼 n. 문 닫는 시간

□ schließen 슐리쓴 v. 닫다; 폐장하다
= zumachen 쭈마흔

Wann schließt das Museum?
브안 슐리씉 다쓰 무제움?
그 박물관은 언제 문을 닫나요?

□ die Ausstellung /-en 디 아우쓰슈텔룽/디 아우쓰슈텔룽은 n. 전시회

□ das Werk /-e 다쓰 브에엌/디 브에어크 n. 작품; 일, 작업

□ das Stück /-e 다쓰 슈튘/디 슈튀크 n. 작품, 미술품

tip. Stück은 '악곡, 각본'의 뜻으로도 쓰이고, 'ein Stück Kuchen 아인 슈튘 쿠흔(케이크 한 조각)' 같은 '부분, 조각'을 나타낼 때도 쓰여요.

□ die Burg /-en 디 부엌/디 부어근 n. 성

□ das Schloss /¨er 다쓰 슐로쓰/디 슐뢰써 n. 대궐; 성

□ der Palast /¨e 데어 팔라슽/디 팔래스트 n. 궁

□ der königliche Palast 데어 쾨니클리히으 팔라슽 왕궁

□ der König /-e 데어 쾨니히/디 쾨니그 n. 왕

□ die Königin /-nen 디 쾨니긴/디 쾨니긴는 n. 여왕

□ der Prinz /-en 데어 프흐인츠/디 프흐인쯘 n. 왕자

□ die Prinzessin /-nen 디 프흐인쩨씬/디 프흐인쩨씬는 n. 공주

□ der Platz /¨e 데어 플랕츠/디 플랱쯔 n. 광장; 자리, 좌석; 장소

□ der Park /-s 데어 팍/디 팍쓰 n. 공원

Sie liebt es im Park zu spazieren.
지 리픝 에쓰 임 팍 쭈 슈파찌어흔
그녀는 공원에서 산책하는 것을 좋아해요.

□ der Freizeitpark /-s 데어 프흐아이짜잍팍/디 프흐아이짜잍팍쓰 n. 놀이공원

□ der Zoo /-s 데어 쪼/디 쪼쓰 n. 동물원

□ der botanische Garten /¨ 데어 보타니슈 가튼/디 보타니슈 개어튼 식물원

□ beliebt 블리픝 adj. 인기 있는, 호평 받는

□ berühmt 브흐윔ㅌ adj. 유명한, 이름난

= bekannt 브칸ㅌ

□ die Berühmtheit /-en 디 브흐윔ㅌ하잍/디 브흐윔ㅌ하이튼 n. 명성; 유명인

□ eindrucksvoll 아인드흐욱쓰프홀 adj. 인상적인

Die Ausstellung war eindrucksvoll.
디 아우쓰슈텔룽 브아 아인드흐욱쓰프홀
그 전시회는 인상적이었어요.

□ grandios 그흐안디오쓰 adj. 위엄 있는, 장엄한

□ herrlich 헤얼리히 adj. 훌륭한, 장엄한, 아름다운

□ historisch 히스토흐이슈 adj. 역사적인

= geschichtlich 그슈이히틀리히

□ die Reise /-n 디 흐아이즈/디 흐아이즌 n. 여행

□ reisen 흐아이즌 v. 여행하다

□ die Tour /-en 디 투어/디 투어흔 n. 투어 프로그램

□ teilnehmen 타일네믄 v. 참가하다

Ich möchte an der Tour teilnehmen.
이히 뫼히트 안 데어 투어 타일네믄
저는 그 투어 프로그램에 참가하고 싶어요.

□ die Kreuzfahrt /-en 디 크흐오이츠프할/디 크흐오이츠프하튼 n. 크루즈 여행

□ das Individuum /die Individuen 다쓰 인디브이두움/디 인디브이두은 n. 개인

□ individuell 인디브이두엘 adj. 개인적

□ die Gruppe /-n 디 그흐웁프/디 그흐웁픈 n. 단체, 그룹

□ die Route /-n 디 흐우트/디 흐우튼 n. 경로, 노정

□ das Budget /-s 다쓰 뷰제/디 뷰젵츠 n. 예산

□ die Region /-en 디 흐에기온/디 흐에기오는 n. 지방, 지역

□ die Stadt /¨e 디 슈탙/디 슈탵트 n. 시, 도시

□ das Dorf /¨er 다쓰 도어프흐/디 되어프허 n. 마을; 시골

□ das Land /¨er 다쓰 란ㅌ/디 랜더 n. 시골; 육지, 땅; 나라, 국가

□ der Wald /¨er 데어 브알ㅌ/디 브앨더 n. 숲, 산림

Es dauert drei Stunden bis zum Wald.
에스 다우얼 드흐아이 슈툰든 비쓰 쭘 브알ㅌ
숲까지 세 시간이 걸려요.

□ der Berg /-e 데어 베엌/디 베어그 n. 산, 산악

□ das Tal /¨er 다쓰 탈/디 탤러 n. 계곡

□ der Fluss /¨e 데어 프흘루쓰/디 프흘뤼쓰 n. 강

□ der See /-n 데어 제/디 젠 n. 호수

□ das Meer /-e 다쓰 메어/디 메어흐 n. 바다

□ der Strand /¨e 데어 슈트흐안ㅌ/디 슈트흐앤드 n. 해변

□ eintreten 아인트흐에튼 v. 들어가다

= (hin)eingehen (힌)아인게흔

□ der Eingang /¨e 데어 아인강/디 아인갱으 n. 입구

□ die Eintrittskarte /-n 디 아인트흐잍츠카트/디 아인트흐잍츠카튼 n. 입장권

□ der Eintrittspreis /-e 데어 아인트흐잍츠프흐아이쓰/디 아인트흐잍츠프흐아이즈 n. 입장료

tip. 독일로 여행을 가는 학생이라면 국제 학생증을 꼭 준비하세요. 여러 관광지의 입장료를 할인받거나 무료로 입장할 수 있는 혜택이 많아요.

□ hinausgehen 힌아우쓰게흔 v. 나가다

□ der Ausgang /¨e 데어 아우쓰강/디 아우쓰갱으 n. 출구

□ planen 플라는 v. 계획하다

Ich plane eine Reise nach Köln.
이히 플라느 아이느 흐아이즈 나흐 쾰른
저는 쾰른 여행을 계획하고 있어요.

□ das Reiseziel /-e 다쓰 흐아이즈찔/디 흐아이즈찔르 n. 여행 목적지; 행선지

□ der Weg /-e 데어 브엑/디 브에그 n. 길, 도로; 방법, 수단

□ die Straße /-n 디 슈트흐아쓰/디 슈트흐아쓴 n. 길, 도로, 거리

□ die Hauptstraße /-n 디 하우픝슈트흐아쓰/디 하우픝슈트흐아쓴 n. 대로, 큰길

□ die Entfernung /-en 디 엔트프헤어눙/디 엔트프헤어눙은 n. 거리; 간격

□ fotografieren 프호토그흐아프히어흔 v. 사진을 찍다

□ das Selfie /-s 다쓰 셀프히/디 셀프히쓰 n. 셀프 카메라

□ das Andenken /- 다쓰 안뎅큰/디 안뎅큰 n. 기념품

□ das Geschenk /-e 다쓰 그슈엥ㅋ/디 그슈엥크 n. 선물

□ die Postkarte /-n 디 포슽카트/디 포슽카튼 n. 우편엽서

Sie hat mir eine Postkarte geschrieben.
지 할 미어 아이느 포슽카트 그슈흐이븐
그녀는 제게 우편엽서를 보냈어요.

□ der Schlüsselanhänger /- 데어 슐뤼쓸안행어/디 슐뤼쓸안행어 n. 열쇠고리

□ die Botschaft /-en 디 볻슈아픝/디 볻슈아프흐튼 n. 대사관

24. 여행

꼭! 써먹는 **실전 회화**

Elisabeth Wohin reist du?
브오힌 흐아이슽 두?
어디로 여행을 가니?

Lukas Ich fahre nach Köln.
이히 프하흐 나흐 쾰른
쾰른으로 가.

Elisabeth Köln ist doch eine der größten Städte in Deutschland.
쾰른 이슽 도흐 아이느 데어 그흐외쓰튼 슈탣트 인 도이츄란ㅌ
쾰른은 독일의 큰 도시 중 하나지.

Lukas Stimmt, und dort steht der berühmte Kölner Dom.
슈팀ㅌ, 운ㅌ 도엍 슈텔 데어 브흐윔트 쾰르너 돔
맞아, 그리고 거기에는 유명한 쾰른 대성당이 있어.

Schritt 25.

사건&사고 Der Vorfall und der Unfall 데어 프호어프할 운ㅌ 데어 운프할

□ der Notfall /¨e
데어 놑프할/디 놑프핼르
n. 응급, 비상시

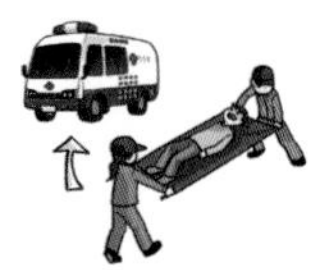

□ die Hilfe /-n 디 힐프흐/디 힐프흔
n. 도움, 구조

□ die Erste Hilfe /kein Pl.
디 에어스트 힐프흐
n. 응급 조치

□ der Erste-Hilfe-Kasten /¨
데어 에어스트-힐프흐-카스튼/
디 에어스트-힐프흐-캐스튼
n. 구급상자

□ der Krankenwagen /-
데어 크흐앙큰브아근/디 크흐앙큰브아근
= der Rettungswagen /-
데어 흐엩퉁쓰브아근/디 흐엩퉁쓰브아근
= der Unfallwagen /-
데어 운프할브아근/디 운프할브아근
n. 구급차

□ sich verletzen 지히 프헤어렡쯘
= sich verwunden 지히 프헤어브운든
v. 다치다, 부상당하다

□ der Knochen /- 데어 크노흔/디 크노흔
n. 뼈

□ der Knochenbruch /¨e
데어 크노흔브흐우흐/디 크노흔브흐위히으
n. 골절

□ die Brandwunde /-n
디 브흐안ㅌ브운드/디 브흐안ㅌ브운든
n. 화상

□ die Frostbeule /-n
디 프흐오슽보일르/디 프흐오슽보일른
n. 동상

□ geschnitten werden
그슈닡튼 브에어든
= sich ritzen 지히 흐잍쯘
v. 베이다

□ das Blut /kein Pl. 다쓰 블뤁
n. 피

□ bluten 블루튼
v. 출혈하다

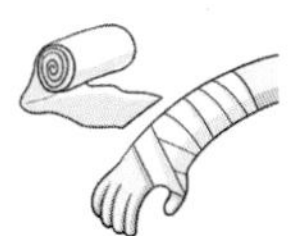

□ der Verband /¨e
데어 프헤어반ㅌ/디 프헤어밴드
= die Binde /-n 디 빈드/디 빈든
n. 붕대

□ der Gips /-e 데어 깊쓰/디 깊쓰
n. 깁스, 석고 붕대

□ der Herzinfarkt /-e
데어 헤어쯔인프하큳/디 헤어쯔인프하크트
n. 심근 경색

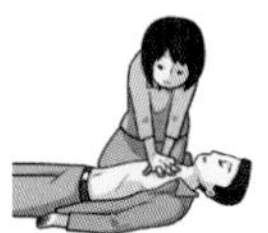

□ die Reanimation /-en
디 흐에아니마찌온/디 흐에아니마찌오는
= die Herzmassage /-n
디 헤어츠마싸쥬/디 헤어츠마싸쥰
n. 심폐 소생술

□ ersticken 에어슈틱큰
v. 숨막히다

□ die Ohnmacht /-en
디 온마흩/디 온마흐튼
n. 기절, 실신

□ die Heilung /-en 디 하일룽/디 하일룽은
n. 치료, 치유

□ heilen 하일른 v. 치료하다, 낫다

□ sich erholen 지히 에어홀른
v. 회복하다; 휴양하다

□ der Vorfall /¨e
데어 프호어프할/디 프호어프핼르
n. 사건

□ die Anzeige /-n
디 안짜이그/디 안짜이근
n. 신고, 고발

□ anzeigen 안짜이근
v. 신고하다, 고발하다

□ stehlen 슈텔른
v. 도둑질하다, 훔치다

□ der Dieb /-e 데어 딮/디 디브,
die Diebin /-nen 디 디빈/디 디빈는
n. 도둑

□ der Taschendieb /-e
데어 타슌딮/디 타슌디브,
die Taschendiebin /-nen
디 타슌디빈/디 타슌디빈는
n. 소매치기

□ die Polizei /-en
디 폴리짜이/디 폴리짜이은
n. 경찰

□ der Verbrecher /-
데어 프헤어브흐에히어/디 프헤어브흐에히어,
die Verbrecherin /-nen
디 프헤어브흐에히어흐인/
디 프헤어브흐에히어흐인는
n. 범죄자

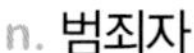

□ der Räuber /-
데어 흐오이버/디 흐오이버,
die Räuberin /-nen
디 흐오이버흐인/디 흐오이버흐인는
n. 강도

□ der Zeuge /-n
데어 쪼이그/디 쪼이근,
die Zeugin /-nen
디 쪼이긴/디 쪼이긴는
n. 증인

□ der Betrug /¨e
데어 브트흐욱/디 브트흐위그
n. 사기

□ betrügen 브트흐위근
v. 속이다, 사기치다

□ der Betrüger /-
데어 브트흐위거/디 브트흐위거,
die Betrügerin /-nen
디 브트흐위거흐인/디 브트흐위거흐인는
n. 사기꾼

□ der Unfall /¨e 데어 운프할/디 운프핼르
n. 사고; 재난, 재해

□ der Verkehrsunfall /¨e
데어 프헤어케어쓰운프할/
디 프헤어케어스운프핼르
n. 교통사고

□ der Zusammenstoß /¨e
데어 쭈잠믄슈토쓰/디 쭈잠믄슈퇴쓰
n. 충돌

□ zusammenstoßen 쭈잠믄슈토쓴
v. 충돌하다, 부딪치다

□ der Schlepper /-
데어 슐렢퍼/디 슐렢퍼
n. 견인차

□ verhaften 프헤어하프흐튼
v. 체포하다, 구속하다

□ das Gericht /-e
다쓰 그흐이힡/디 그흐이히트
n. 재판; 법정; 판결; 법관, 재판관

□ der Notfall /¨e 데어 놑프할/디 놑프핼르 n. 응급, 비상시

□ dringend 드흐잉은ㅌ adj. 긴급한
= eilig 아일리히

□ ruhig 흐우이히 adj. 침착한, 냉정한
= gefasst 그프하슽

□ die Hilfe /-n 디 힐프흐/디 힐프흔 n. 도움, 구조
□ die Erste Hilfe /kein Pl. 디 에어스트 힐프흐 n. 응급 조치

□ der Erste-Hilfe-Kasten /¨ 데어 에어스트-힐프흐-카스튼/디 에어스트-힐프흐-캐스튼 n. 구급상자

□ der Krankenwagen /- 데어 크흐앙큰브아근/디 크흐앙큰브아근 n. 구급차
= der Rettungswagen /- 데어 흐엩퉁쓰브아근/디 흐엩퉁쓰브아근
= der Unfallwagen /- 데어 운프할브아근/디 운프할브아근

□ die Notaufnahme /-n 디 놑아우프흐나므/디 놑아우프흐나믄 n. 응급실

□ verletzen 프헤어렡쯘 v. 상처를 입히다
= verwunden 프헤어브운든
□ sich verletzen 지히 프헤어렡쯘 v. 다치다, 부상당하다
= sich verwunden 지히 프헤어브운든

□ schmerzen 슈메어쯘 v. 아프다, 통증이 있다

Mein Bauch schmerzt.
마인 바우흐 슈메어쯭
제 배가 아파요.

□ leiden 라이든 v. (신체적, 정신적으로) 괴로워하다
= sich quälen 지히 크브앨른

□ der Knochen /- 데어 크노흔/디 크노흔 n. 뼈

□ brechen 브흐에히은 v. 부러지다

□ der Knochenbruch /¨e 데어 크노흔브흐우흐/디 크노흔브흐위히으 n. 골절

□ die Brandwunde /-n 디 브흐안ㅌ브운드/디 브흐안ㅌ브운든 n. 화상

□ sich verbrennen 지히 프헤어브흐엔는 v. 데다

□ die Frostbeule /-n 디 프흐오슽보일르/디 프흐오슽보일른 n. 동상

□ schneiden 슈나이든 v. 베다, 자르다

□ geschnitten werden 그슈닡튼 브에어든 베이다

= sich ritzen 지히 흐잍쯘 v.

□ das Blut /kein Pl. 다쓰 블뤁 n. 피

□ bluten 블루튼 v. 출혈하다

□ die Blutstillung /-en 디 블뤁슈틸룽/디 블뤁슈틸룽은 n. 지혈

□ der Verband /¨e 데어 프헤어반ㅌ/디 프헤어밴드 n. 붕대

= die Binde /-n 디 빈드/디 빈든

□ der Gips /-e 데어 깊쓰/디 깊쓰 n. 깁스, 석고 붕대

□ vergipsen 프헤어깊쓴 v. 깁스를 하다

□ der Krampf /¨e 데어 크흐암프흐/디 크흐앰프흐 n. 경련, 발작

Ich habe einen Krampf im Bein.
이히 하브 아이는 크흐암프흐 임 바인
다리에 경련이 일어났어요.

□ der Schlaganfall /¨e 데어 슐락안프할/디 슐락안프핼르 n. 뇌졸중(으로 인한) 발작

□ die Epilepsie /-n 디 에필렢씨/디 에필렢씬 n. 간질

□ der Herzinfarkt /-e 데어 헤어쯔인프하킅/디 헤어쯔인프하크트 n. 심근 경색

□ die Reanimation /-en 디 흐에아니마찌온/디 흐에아니마찌오는 n. 심폐 소생술
= die Herzmassage /-n 디 헤어츠마싸쥬/디 헤어츠마싸쥰

□ ersticken 에어슈틱큰 v. 숨이 막히다

□ die Ohnmacht /-en 디 온마흐/디 온마흐튼 n. 기절, 실신
□ in Ohnmacht fallen 인 온마흐 프할른 기절하다, 실신하다
= ohnmächtig werden 온매히티히 브에어든
= bewusstlos werden 브브우슽로쓰 브에어든

tip. 독일인들은 학교에서 응급대처법을 배우기 때문에 길에서 발작을 일으키거나 쓰러진 사람을 발견했을 때 빠르게 응급조치를 취하고 구급차를 부르는 모습을 볼 수 있어요.

□ die Heilung /-en 디 하일룽/디 하일룽은 n. 치료, 치유
□ heilen 하일른 v. 치료하다, 낫다
□ sich erholen 지히 에어홀른 v. 회복하다; 휴양하다

□ der Vorfall /¨e 데어 프호어프할/디 프호어프핼르 n. 사건

□ die Polizei /-en 디 폴리짜이/디 폴리짜이은 n. 경찰
□ der Polizist /-en 데어 폴리찌슽/디 폴리찌스튼,
die Polizistin /-nen 디 폴리찌스틴/디 폴리찌스틴는 n. 경찰관
□ die Polizeiwache /-n 디 폴리짜이브아흐/디 폴리짜이브아흔 n. 경찰서

□ anzeigen 안짜이근 v. 신고하다, 고발하다
□ die Anzeige /-n 디 안짜이그/디 안짜이근 n. 신고, 고발

□ das Verbrechen /- 다쓰 프헤어브흐에히은/디 프헤어브흐에히은 n. 범죄
□ der Verbrecher /- 데어 프헤어브흐에히어/디 프헤어브흐에히어,
die Verbrecherin /-nen 디 프헤어브흐에히어흐인/디 프헤어브흐에히어흐인는 n. 범죄자

□ stehlen 슈텔른 v. 도둑질하다, 훔치다
□ der Diebstahl /¨e 데어 딮슈탈/디 딮슈탤르 n. 도둑질, 강탈
□ der Dieb /-e 데어 딮/디 디브,
die Diebin /-nen 디 디빈/디 디빈는 n. 도둑

Er hat einen Dieb angezeigt.
에어 핱 아이는 딮 안그짜이클
그는 도둑을 신고했어요.

□ der Räuber /- 데어 흐오이버/디 흐오이버,
die Räuberin /-nen 디 흐오이버흐인/디 흐오이버흐인는 n. 강도
□ der Einbrecher /- 데어 아인브흐에히어/디 아인브흐에히어,
die Einbrecherin /-nen 디 아인브흐에히어흐인/디 아인브흐에히어흐인는 n. 강도; 침입자

□ der Taschendieb /-e 데어 타슌딮/디 타슌디브,
die Taschendiebin /-nen 디 타슌디빈/디 타슌디빈는 n. 소매치기

Passen Sie auf die Taschendiebe auf.
파쓴 지 아우프흐 디 타슌디브 아우프흐
소매치기를 조심하세요.

□ der Betrug /¨e 데어 브트흐욱/디 브트흐위그 n. 사기
□ betrügen 브트흐위근 v. 속이다, 사기치다
□ der Betrüger /- 데어 브트흐위거/디 브트흐위거,
die Betrügerin /-nen 디 브트흐위거흐인/디 브트흐위거흐인는 n. 사기꾼

□ der Mord /-e 데어 모얼/디 모어드 n. 살인
□ der Mörder /- 데어 뫼어더/디 뫼어더,
die Mörderin /-nen 디 뫼어더흐인/디 뫼어더흐인는 n. 살인범

□ der Beweis /-e 데어 브브아이쓰/디 브브아이즈 n. 증거

□ der Zeuge /-n 데어 쪼이그/디 쪼이근,
die Zeugin /-nen 디 쪼이긴/디 쪼이긴는 n. 증인

□ der Vermisste /-n 데어 프헤어미쓰트/디 프헤어미쓰튼,
die Vermisste /-n 디 프헤어미쓰트/디 프헤어미쓰튼 n. 실종자
□ das vermisste Kind /-er 다쓰 프헤어미쓰트 킨ㅌ/디 프헤어미쓰트 킨더 미아

□ der Verlust /-e 데어 프헤어루슽/디 프헤어루스트 n. 잃어버림, 분실

□ verlieren 프헤어리어흔 v. 잃다, 분실하다

□ die Fundsache /-n 디 프훈ㅌ자흐/디 프훈ㅌ자흔 n. 분실물

□ das Fundbüro /-s 다쓰 프훈ㅌ뷔흐오/디 프훈ㅌ뷔흐오쓰 n. 분실물 보관소

□ der Unfall /¨e 데어 운프할/디 운프핼르 n. 사고; 재난, 재해

□ der Verkehrsunfall /¨e 데어 프헤어케어쓰운프할/디 프헤어케어스운프핼르 n. 교통사고

□ der Zusammenstoß /¨e 데어 쭈잠믄슈토쓰/디 쭈잠믄슈퇴쓰 n. 충돌

□ zusammenstoßen 쭈잠믄슈토쓴 v. 충돌하다, 부딪치다

□ (aus)rutschen (아우쓰)흐웉슌 v. 미끄러지다

□ das Glatteis /kein Pl. 다쓰 글랕아이쓰 n. 빙판(길)

Ich bin auf dem Glatteis ausgerutscht.
이히 빈 아우프흐 뎀 글랕아이쓰 아우쓰그흐웉슡
저는 빙판 위에서 미끄러졌어요.

□ der Schlepper /- 데어 슐렢퍼/디 슐렢퍼 n. 견인차

□ überholen 위버홀른 v. 추월하다

□ das Überholverbot /-e 다쓰 위버홀프헤어봍/디 위버홀프헤어보트 n. 추월 금지

□ die Fahrerflucht /-en 디 프하흐어프흘루흩/디 프하흐어프흘루흐튼 n. 뺑소니

□ verhaften 프헤어하프흐튼 v. 체포하다, 구속하다

□ bestrafen 브슈트흐아프흔 v. 처벌하다, 징계하다

tip. Gericht은 이 외에도 '준비된 음식, 차려진 음식'의 의미가 있어요. 문맥에 따라 의미를 정확하게 판단해야 해요.

□ das Gericht /-e 다쓰 그흐이힡/디 그흐이히트 n. 재판; 법정; 판결; 법관, 재판관

□ der Richter /- 데어 흐이히터/디 흐이히터,
die Richterin /-nen 디 흐이히터흐인/디 흐이히터흐인는 n. 재판관, 판사

□ der Ankläger /- 데어 안클래거/디 안클래거,
die Anklägerin /-nen 디 안클래거흐인/디 안클래거흐인는 n. 원고

□ der Angeklagte /-n 데어 안그클라크트/디 안그클라크튼,
die Angeklagte /-n 디 안그클라크트/디 안그클라크튼 n. 피고

□ den Fall behandeln 덴 프할 브한들ㄴ 사건을 다루다
□ die Tat untersuchen 디 탙 운터주흔 범행을 조사하다
□ die Tatsache /-n 디 탙자흐/디 탙자흔 n. 사실, 진상

□ das Urteil /-e 다쓰 우어타일/디 우어타일르 n. 판결

□ die Strafe /-n 디 슈트흐아프흐/디 슈트흐아프흔
n. 형벌; 벌금

25. 미아 신고

꼭! 써먹는 **실전 회화**

Elisabeth Hilfe! Ich vermisse meinen Sohn.
힐프흐! 이히 프헤어미쓰 마이는 존
도와주세요! 제 아들을 잃어버렸어요.

Polizist Wo haben Sie ihn zuletzt gesehen?
브오 하븐 지 인 쭈렡츹 그제흔?
어디서 제일 마지막으로 보셨나요?

Elisabeth Er war bis vor kurzem mit mir auf dem Spielplatz.
에어 브아 비쓰 프호어 쿠어쯤 밑 미어 아우프흐 뎀 슈필플랕츠
조금전까지만 해도 저와 함께 놀이터에 있었어요.

Polizist Können Sie uns Ihren Sohn beschreiben?
쾬는 지 운쓰 이어흔 존 브슈흐아이븐?
아드님에 대해 설명해 주실 수 있나요?

Elisabeth Er ist sieben Jahre alt und hat eine rote Jacke an.
에어 이슽 지븐 야흐 알ㅌ 운ㅌ 핱 아이느 흐오트 약크 안
그는 일곱살이고 빨간 재킷을 입고 있어요.

연습 문제 Übung 위붕

다음 단어를 읽고 맞는 뜻과 연결하세요.

1. das Auto •	• 관광
2. das Flugzeug •	• 교통
3. das Hotel •	• 바다
4. das Meer •	• 비행기
5. die Reise •	• 사건
6. der Stadtplan •	• 사고
7. das Taxi •	• 숙박, 숙소
8. der Tourismus •	• 여행
9. der Unfall •	• 자동차
10. die Unterkunft •	• 지도
11. der Verkehr •	• 택시
12. der Vorfall •	• 호텔

1. das Auto – 자동차 2. das Flugzeug – 비행기 3. das Hotel – 호텔
4. das Meer – 바다 5. die Reise – 여행 6. der Stadtplan – 지도
7. das Taxi – 택시 8. der Tourismus – 관광 9. der Unfall – 사고
10. die Unterkunft – 숙박, 숙소 11. der Verkehr – 교통 12. der Vorfall – 사건

Kapitel 7

기타

숫자 Die Zahl 디 짤

1. 기수 Die Kardinalzahl 디 카디날짤

tip. 첫글자가 대문자면 명사, 소문자면 수사입니다. 하지만 대체로 백만 이하는 소문자로 씁니다.

tip. eins는 단수 명사 앞에서는 s 에쓰가 탈락하고, ein 아인(남성), eine 아이느(여성)로 쓰여요.
- Ein Glas Wein 와인 한 잔
- Eine Flasche Wasser 물 한 병
- Ich nehme eins. 한 개를 원합니다.

- □ 0, null 눌 영
- □ 1, eins 아인쓰 일, 하나
- □ 2, zwei 쯔브아이 이, 둘
- □ 3, drei 드흐아이 삼, 셋
- □ 4, vier 프히어 사, 넷
- □ 5, fünf 프휜프흐 오, 다섯
- □ 6, sechs 제흐쓰 육, 여섯
- □ 7, sieben 지븐 칠, 일곱
- □ 8, acht 아흩 팔, 여덟
- □ 9, neun 노인 구, 아홉
- □ 10, zehn 첸 십, 열
- □ 11, elf 엘프흐 십일, 열하나
- □ 12, zwölf 쯔브욀프흐 십이, 열둘
- □ 13, dreizehn 드흐아이첸 십삼, 열셋
- □ 14, vierzehn 프히어첸 십사, 열넷
- □ 15, fünfzehn 프휜프흐첸 십오, 열다섯
- □ 16, sechzehn 제히첸 십육, 열여섯
- □ 17, siebzehn 짚첸 십칠, 열일곱
- □ 18, achtzehn 아흩첸 십팔, 열여덟
- □ 19, neunzehn 노인첸 십구, 열아홉

- □ 20, zwanzig 쯔브안찌히 이십, 스물
- □ 30, dreißig 드흐아이씨히 삼십, 서른
- □ 40, vierzig 프히어찌히 사십, 마흔
- □ 50, fünfzig 프휜프흐찌히 오십, 쉰
- □ 60, sechzig 제히찌히 육십, 예순
- □ 70, siebzig 짚찌히 칠십, 일흔
- □ 80, achtzig 아흩찌히 팔십, 여든
- □ 90, neunzig 노인찌히 구십, 아흔

□ 100, hundert 훈� 백

□ 1 000, tausend 타우즌ㅌ 천

□ 10 000, zehntausend 첸타우즌ㅌ 만

□ 100 000, hunderttausend 훈�타우즌ㅌ 십만

□ 1 000 000, eine Million 아이느 밀리온 백만

□ 10 000 000, zehn Millionen 첸 밀리오는 천만

□ 100 000 000, hundert Millionen 훈덜 밀리오는 억

□ 1 000 000 000, eine Milliarde 아이느 밀리아드 십억

tip. 숫자 표기법

독일은 한국과 숫자를 표기하는 방법이 조금 달라요.
한국은 일반적으로 세 자리마다 반점(,)을 찍는데, 독일을 비롯한 대부분의 유럽 국가에서는 세 자리마다 한 칸을 띄어 쓰는 것이 원칙이에요. 일부 경우는 세 자리마다 온점(.)을 찍기도 해요.

- 한국: 10,000 / 만
- 독일: 10 000 / zehntausend 첸타우즌ㅌ

tip. 독일어에 '숫자'를 의미하는 단어는 'die Zahl 디 짤', 'die Nummer 디 눔머', 'die Ziffer 디 찌프허' 이렇게 3가지가 있어요. 'die Nummer'는 오로지 순서를 나타낼 때 붙이는 숫자로 '번호'를 의미해요. 하지만 'die Ziffer'와 'die Zahl'은 헷갈릴 수 있어요.
다음 예문을 보면 'die Zahl'은 몇 자리의 수가 됐든 그 수 하나를 한꺼번에 읽을 때의 '숫자'를 의미하고, 'die Ziffer'는 0에서 9까지 각각의 아라비아 숫자를 의미해요.

Nehmen wir die Zahl Dreizehn.
Sie besteht aus den Ziffern eins und drei.
네믄 브이어 디 짤 드흐아이첸. 지 브슈텔 아우쓰 덴 찌프헌 아인쓰 운ㅌ 드흐아이
숫자 13을 예로 들어 볼게요. 13은 숫자 1과 3으로 이루어져 있어요.

2. 서수 Die Ordinalzahl 디 오어디날짤

☐ erste 에어스트 1번째의

☐ zweite 쯔브아이트 2번째의

☐ dritte 드흐잍트 3번째의

☐ vierte 프히어트 4번째의

☐ fünfte 프휜프흐트 5번째의

☐ sechste 제흐스트 6번째의

☐ siebte 짚트 7번째의

☐ achte 아흐트 8번째의

☐ neunte 노인트 9번째의

☐ zehnte 첸트 10번째의

☐ elfte 엘프흐트 11번째의

☐ zwölfte 쯔브욀프흐트 12번째의

☐ dreizehnte 드흐아이첸트 13번째의

☐ vierzehnte 프히어첸트 14번째의

☐ fünfzehnte 프휜프흐첸트 15번째의

☐ sechzehnte 제히첸트 16번째의

☐ siebzehnte 짚첸트 17번째의

☐ achtzehnte 아흩첸트 18번째의

☐ neunzehnte 노인첸트 19번째의

☐ zwanzigste 쯔브안찌히스트 20번째의

☐ einundzwanzigste 아인운ㅌ쯔브안찌히스트 21번째의

☐ zweiundzwanzigste 쯔브아이운ㅌ쯔브안찌히스트 22번째의

☐ dreißigste 드흐아이씨히스트 30번째의

☐ hundertste 훈덭스트 100번째의

tip. 서수를 만드는 법은 간단해요. 1부터 19까지는 '숫자+te 트'이고 20부터는 '숫자+ste 스트'이니까요. 단, 1, 3, 7번째는 발음을 위해 글자에 약간의 변형이 있으니 주의하세요.

tip. 독일어에서 서수는 형용사의 경우와 마찬가지로, 뒤에 오는 명사에 따라 어미가 달라져요.

• Das ist mein dritter Versuch. 다쓰 이슽 마인 드흐잍터 프헤어주흐 이건 제 세번째 시도예요.

형용사 어미 변화

① 부정 관사가 있거나 관사가 없을 때

	남성	여성	중성	복수
1격	-er	-e	-es	-en
2격	-en	-en	-en	-en
3격	-en	-en	-en	-en
4격	-en	-e	-es	-en

② 정관사가 있을 때

	남성	여성	중성	복수
1격	-e	-e	-e	-en
2격	-en	-en	-en	-en
3격	-en	-en	-en	-en
4격	-en	-e	-e	-en

유로화 Der Euro 데어 오이흐오

tip. 유로화를 나타내는 기호는 €입니다.

□ fünfzig Cent 프휜프흐찌히 쎈트
50센트

□ zwei Euro 쯔브아이 오이흐오
2유로

□ zehn Euro 첸 오이흐오
10유로

□ fünfzig Euro 프휜프흐찌히 오이흐오
50유로

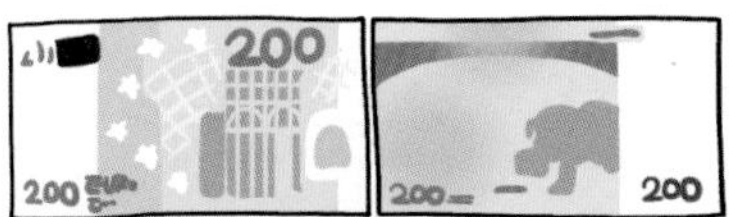

□ zweihundert Euro
쯔브아이훈� 오이흐오
200유로

tip. 유로화 동전의 뒷면은 국가별로 다릅니다.

□ ein Euro 아인 오이흐오
1유로

□ fünf Euro 프휜프흐 오이흐오
5유로

□ zwanzig Euro 쯔브안찌히 오이흐오
20유로

□ hundert Euro 훈덜 오이흐오
100유로

□ fünfhundert Euro
프휜프흐훈덜 오이흐오
500유로

모양 Die Form 디 프호엄

□ der Punkt /-e
데어 풍클/디 풍크트
n. 점

□ die Linie /-n
디 리니으/디 리니은
n. 선

□ die Fläche /-n
디 프흘래히으/디 프흘래히은
n. 면

□ die Gerade /-n
디 그흐아드/디 그흐아든
= die gerade Linie /-n
디 그흐아드 리니으/
디 그흐아드 리니은
n. 직선

□ die Querlinie /-n
디 크브에어리니으/
디 크브에어리니은
n. 사선, 대각선

□ die Diagonale /-n
디 디아고날/디 디아고날른
n. 대각선

□ die Kurve /-n
디 쿠어브/디 쿠어븐
n. 곡선

□ die Form /-en
디 프호엄/디 프호어믄
n. 모양, 형태

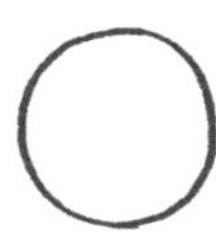

□ der Kreis /-e
데어 크흐아이쓰/
디 크흐아이즈
n. 원

□ das Oval /-e
다쓰 오브알/디 오브알르
= die Ellipse /-n
디 엘륍즈/디 엘륍즌
n. 타원

□ der Halbkreis /-e
데어 할ㅍ크흐아이쓰/
디 할ㅍ크흐아이즈
n. 반원

□ rund 흐운ㅌ
adj. 둥근, 원형의

□ die Kugel /-n
디 쿠글/디 쿠글ㄴ
n. 구

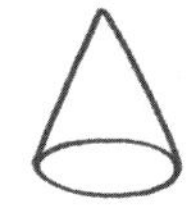

□ der Kegel /-
데어 케글/디 케글
n. 원뿔

□ das Dreieck /-e
다쓰 드흐아이엑/
디 드흐아이엑크
n. 삼각형

□ das Quadrat /-e
다쓰 크브아드흐앝/
디 크브아드흐아트
n. 사각형, 정사각형

□ das Rechteck /-e
다쓰 흐에힡엑/디 흐에힡엑크
n. 직사각형

□ das Fünfeck /-e
다쓰 프휜프흐엑/
디 프휜프흐엑크
n. 오각형

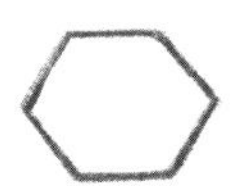

□ das Sechseck /-e
다쓰 제흐쓰엑/디 제흐쓰엑크
= das Hexagon /-e
다쓰 헥싸곤/디 헥싸고느
n. 육각형

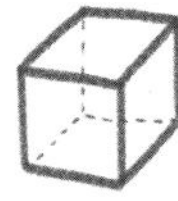

□ der Würfel /-n
데어 브위어프흘/
디 브위어프흘ㄴ
n. 정육면체; 주사위

□ das Trapez /-e
다쓰 트흐아페츠/
디 트흐아페쯔
n. 사다리꼴

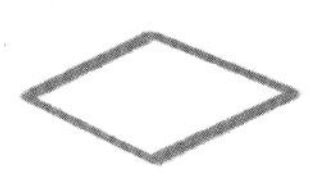

□ das Karo /-s
다쓰 카흐오/디 카흐오쓰
= die Raute /-n
디 흐아우트/디 흐아우튼
n. 마름모

□ die Horizontlinie /-n
디 호흐이쫀ㅌ리니으/
디 호흐이쫀ㅌ리니은
= die Horizontale /-n
디 호흐이쫀탈르/
디 호흐이쫀탈른
n. 수평선

□ die Senkrechte /-n
디 젱ㅋ흐에히트/
디 젱ㅋ흐에히튼
= die Vertikale /-n
디 브에어티칼르/
디 브에어티칼른
n. 수직선

□ waagerecht
브아그흐에힡
adj. 가로의

□ senkrecht
젱ㅋ흐에힡
adj. 세로의

□ das Kreuz /-e
다쓰 크흐오이츠/
디 크흐오이쯔
n. 십자가

□ das Herz /-en
다쓰 헤어츠/
디 헤어쯘
n. 하트

□ der Stern /-en
데어 슈테언/
디 슈테어는
n. 별

□ der Pfeil /-e
데어 프하일/
디 프하일르
n. 화살표

색깔 Die Farbe 디 프하브

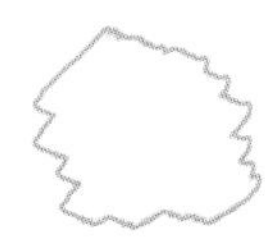

□ das Weiß
다쓰 브아이쓰
n. 흰색

□ weiß 브아이쓰
adj. 흰색의

□ das Schwarz
다쓰 슈브아츠
n. 검정색

□ schwarz 슈브아츠
adj. 검정색의

□ das Grau
다쓰 그흐아우
n. 회색

□ grau 그흐아우
adj. 회색의

□ das Rot 다쓰 흐옽
n. 빨간색

□ rot 흐옽
adj. 빨간색의

□ das Orange 다쓰 오흐앙쥬
n. 주황색

□ orange 오흐앙쥬
adj. 주황색의

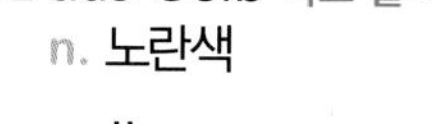

□ das Gelb 다쓰 겔프
n. 노란색

□ gelb 겔프
adj. 노란색의

□ das Grün
다쓰 그흐윈
n. 초록색

□ grün 그흐윈
adj. 초록색의

□ das Blau
다쓰 블라우
n. 파란색

□ blau 블라우
adj. 파란색의

□ das Indigoblau
다쓰 인디고블라우
n. 남색

□ indigoblau 인디고블라우
adj. 남색의

□ das Violett 다쓰 브이올렡
n. 보라색

□ violett 브이올렡
adj. 보라색의

□ das Lila 다쓰 릴라
n. 자주색

□ lila 릴라
adj. 자주색의

□ das Rosa 다쓰 흐오자
n. 분홍색

□ rosa 흐오자
adj. 분홍색의

□ das Braun 다쓰 브흐아운
n. 갈색

□ braun 브흐아운
adj. 갈색의

□ das Kaki 다쓰 카키
n. 카키색

□ kaki 카키
= kakifarben 카키프하븐
adj. 카키색의

□ golden 골든
= goldfarbig 골ㅌ프하비히
= goldfarben 골ㅌ프하븐
adj. 금색의

□ silbern 질번
= silberfarbig 질버프하비히
= silberfarben 질버프하븐
adj. 은색의

□ hell 헬
adj. 연한, 밝은

□ dunkel 둥클
adj. 진한, 어두운

tip. 독일어는 색이 세분화되어 있진 않아요. 무지개색만 외우고, 각 색의 앞에 'hell 헬(연한)'과 'dunkel 둥클(진한)'을 붙이면 대부분의 색을 표현할 수 있을 정도예요.

- 하늘색의 – hellblau 헬블라우,
  짙은 남색의 – dunkelblau 둥클블라우
- 연두색의 – hellgrün 헬그흐윈,
  짙은 녹색의 – dunkelgrün 둥클그흐윈
- 연분홍의 – hellrot 헬흐옽,
  검붉은 – dunkelrot 둥클흐옽

□ der Regenbogen /- 데어 흐에근보근/ 디 흐에근보근
n. 무지개

□ bunt 분ㅌ
adj. 알록달록한

□ buntfarbig 분ㅌ프하비히
= buntfarben 분ㅌ프하븐
adj. 여러 색의

□ einfarbig 아인프하비히
= monochrom 모노크흐옴
adj. 단색의

Schritt 30. MP3. S30

위치 Die Position 디 포지찌온

□ vor 프호어
präp. ~의 앞에; ~전에
adv. 앞으로

□ auf 아우프흐
präp. ~의 위에
adv. 위로

□ über 위버
präp. ~의 윗쪽에
adv. ~을 넘어서

□ hinter 힌터
präp. ~의 뒤에
adj. 뒤의

□ unter 운터
präp. ~의 아래에
adv. ~보다 아래에

□ an 안
präp. ~의 옆에, 가에

□ neben 네븐
präp. ~의 옆에, 곁에

□ außen 아우쓴
adv. ~의 밖에

□ in 인
präp. ~의 안에

□ innen 인는
adv. 내부에(서), 안쪽에(서)

□ links 링ㅋ쓰
präp. ~의 왼쪽에
adv. 왼쪽에

□ zwischen 쯔브이슌
präp. 사이에

□ rechts 흐에힡츠
präp. ~의 오른쪽에
adv. 오른쪽에

□ gegenüber 게근위버
präp. ~의 맞은편에
adv. 맞은편에

□ zu 쭈
präp. ~으로, ~에게
adv. ~쪽으로, 향하여

Schritt 31. **MP3. S31**

방향 Die Richtung 디 흐이히퉁

□ der Kompass /-e 데어 콤파쓰/디 콤파쓰
n. 나침반

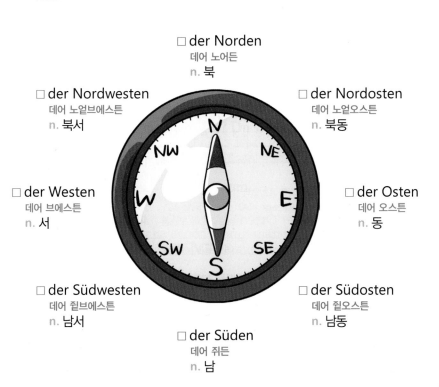

□ der Norden
데어 노어든
n. 북

□ der Nordwesten
데어 노얼브에스튼
n. 북서

□ der Nordosten
데어 노얼오스튼
n. 북동

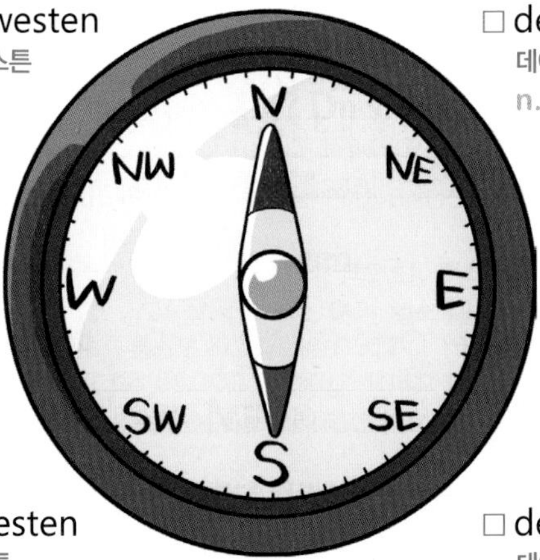

□ der Westen
데어 브에스튼
n. 서

□ der Osten
데어 오스튼
n. 동

□ der Südwesten
데어 쥘브에스튼
n. 남서

□ der Südosten
데어 쥘오스튼
n. 남동

□ der Süden
데어 쥐든
n. 남

세계 지도 Die Weltkarte 디 브엘ㅌ카흐트

① Nordamerika 노얼아메흐이카 n. 북아메리카

② Mittelamerika 밑틀아메흐이카 n. 중앙아메리카
= Zentralamerika 쩬트흐알아메흐이카

③ Südamerika 쥗아메흐이카 n. 남아메리카

④ Europa 오이흐오파 n. 유럽

⑤ Mittlerer Osten 밑틀러흐어 오스튼 n. 중동

⑥ Afrika 아프흐이카 n. 아프리카

⑦ Asien 아지은 n. 아시아

⑧ Ozeanien 오쩨아니은 n. 오세아니아

⑨ der Nordpol 데어 노얼폴 n. 북극

⑩ der Südpol 데어 쥗폴 n. 남극

① der Pazifik 데어 파찌프힉 n. 태평양

② der Atlantik 데어 아틀란틱 n. 대서양

③ der Indische Ozean 데어 인디슈 오쩨안 n. 인도양

④ die Nordsee 디 노엍제 n. 북극해

⑤ die Südsee 디 쥗제 n. 남극해

⑥ das Mittelmeer 다쓰 밑틀메어 n. 지중해

Schritt 33.　MP3. S33

국가 Die Länder 디 랜더

■ Europa 오이흐오파 n. 유럽

tip. 사람의 이름과 국가명, 고유명사에는 관사를 쓰지 않으나 예외가 있으니 잘 살펴 보세요.

□ Deutschland 도이츄란ㅌ n. 독일

□ der Deutsche 데어 도이츄, die Deutsche 디 도이츄 n. 독일 사람

□ Österreich 외스터흐아이히 n. 오스트리아

□ der Österreicher 데어 외스터흐아이히어, die Österreicherin 디 외스터흐아이히어흐인 n. 오스트리아 사람

□ Belgien 벨기은 n. 벨기에

□ der Belgier 데어 벨기어, die Belgierin 디 벨기어흐인 n. 벨기에 사람

□ Dänemark 대느막 n. 덴마크

□ der Däne 데어 대느, die Dänin 디 대닌 n. 덴마크 사람

□ die Schweiz 디 슈브아이츠 n. 스위스

tip. 스위스는 예외로 여성 'die 디' 관사를 가져요.

□ der Schweizer 데어 슈브아이쩌, die Schweizerin 디 슈브아이쩌흐인 n. 스위스 사람

□ Frankreich 프흐안ㅋ흐아이히 n. 프랑스

□ der Franzose 데어 프흐안쪼즈, die Französin 디 프흐안쬐진 n. 프랑스 사람

□ Tschechische Republik 츄에히슈 흐에푸블릭 n. 체코

□ der Tscheche 데어 츄에히으, die Tschechin 디 츄에힌 n. 체코 사람

□ Polen 폴른 n. 폴란드

□ der Pole 데어 폴르, die Polin 디 폴린 n. 폴란드 사람

□ die Niederlande 디 니더란드 n. 네덜란드

tip. 네덜란드는 예외로 복수형 'die 디' 관사를 써요.

□ der Niederländer 데어 니더랜더, die Niederländerin 디 니더랜더흐인 n. 네덜란드 사람

□ Luxemburg 룩셈부엌 n. 룩셈부르크
□ der Luxemburger 데어 룩셈부어거,
die Luxemburgerin 디 룩셈부어거흐인 n. 룩셈부르크 사람

□ Spanien 슈파니은 n. 스페인
□ der Spanier 데어 슈파니어, die Spanierin 디 슈파니어흐인 n. 스페인 사람

□ Finnland 핀란ㅌ n. 핀란드
□ der Finne 데어 핀느, die Finnin 디 핀닌 n. 핀란드 사람

□ Norwegen 노어브에근 n. 노르웨이
□ der Norweger 데어 노어브에거,
die Norwegerin 디 노어브에거흐인 n. 노르웨이 사람

□ Schweden 슈브에든 n. 스웨덴
□ der Schwede 데어 슈브에드, die Schwedin 디 슈브에딘 n. 스웨덴 사람

□ Griechenland 그흐이히은란ㅌ n. 그리스
□ der Grieche 데어 그흐이히으, die Griechin 디 그흐이힌 n. 그리스 사람

□ Italien 이탈리은 n. 이탈리아
□ der Italiener 데어 이탈리에너, die Italienerin 디 이탈리에너흐인 n. 이탈리아 사람

□ England 엥글란ㅌ n. 영국
= Großbritannien 그흐오쓰브흐이탄니은
□ der Engländer 데어 엥글랜더, die Engländerin 디 엥글랜더흐인 n. 영국 사람

□ Rumänien 흐우매니은 n. 루마니아
□ der Rumäne 데어 흐우매느, die Rumänin 디 흐우매닌 n. 루마니아 사람

□ Russland 흐우쓰란ㅌ n. 러시아
□ der Russe 데어 흐우쓰, die Russin 디 흐우씬 n. 러시아 사람

□ die Türkei 디 튀어카이 n. 터키
□ der Türke 데어 튀어크, die Türkin 디 튀어킨 n. 터키 사람

tip. 터키는 예외로 여성 'die 디' 관사를 써요. 2022년 6월 국호를 '튀르키예'로 변경했어요.

■ Nordamerika 노얼아메흐이카 n. 북아메리카

□ Vereinigte Staaten von Amerika 프헤어아이닉트 슈타튼 프혼 아메흐이카 n. 미국
= die USA 디 우에쓰아
□ der Amerikaner 데어 아메흐이카너,
die Amerikanerin 디 아메흐이카너흐인 n. 미국 사람

tip. 미국은 주로 USA라고 해요. 미국은 합중국(둘 이상의 국가나 주가 독립된 법과 제도로 하나의 주권 밑에 연합)이라 복수형 'die 디' 관사를 써요.

□ Kanada 카나다 n. 캐나다
□ der Kanadier 데어 카나디어, die Kanadierin 디 카나디어흐인 n. 캐나다 사람

■ Lateinamerika 라타인아메흐이카 n. 중남미

□ Mexiko 멕씨코 n. 멕시코
□ der Mexikaner 데어 멕씨카너,
die Mexikanerin 디 멕씨카너흐인 n. 멕시코 사람

□ Kuba 쿠바 n. 쿠바
□ der Kubaner 데어 쿠바너, die Kubanerin 디 쿠바너흐인 n. 쿠바 사람

□ Dominikanische Republik 도미니카니슈 흐에푸블릭 n. 도미니카 공화국
□ der Dominikaner 데어 도미니카너,
die Dominikanerin 디 도미니카너흐인 n. 도미니카 공화국 사람

□ Argentinien 아흐겐티니은 n. 아르헨티나
□ der Argentinier 데어 아흐겐티니어,
die Argentinierin 디 아흐겐티니어흐인 n. 아르헨티나 사람

□ Brasilien 브흐아질리은 n. 브라질
□ der Brasilianer 데어 브흐아질리아너,
die Brasilianerin 디 브흐아질리아너흐인 n. 브라질 사람

□ Chile 췰레 n. 칠레
□ der Chilene 데어 췰레느, die Chilenin 디 췰레닌 n. 칠레 사람

□ Kolumbien 콜룸비은 n. 콜롬비아

□ der Kolumbianer 데어 콜룸비아너,
die Kolumbianerin 디 콜룸비아너흐인 n. 콜롬비아 사람

□ Ecuador 에쿠아도어 n. 에콰도르

□ der Ecuadorianer 데어 에쿠아도어흐이아너,
die Ecuadorianerin 디 에쿠아도어흐이아너흐인 n. 에콰도르 사람

□ Guatemala 구아테말라 n. 과테말라

□ der Guatemalteke 데어 구아테말테크,
die Guatemaltekin 디 구아테말테킨 n. 과테말라 사람

□ Peru 페흐우 n. 페루

□ der Peruaner 데어 페흐우아너,
die Peruanerin 디 페흐우아너흐인 n. 페루 사람

□ Uruguay 우흐우구아이 n. 우루과이

□ der Uruguayer 데어 우흐우구아이어,
die Uruguayerin 디 우흐우구아이어흐인 n. 우루과이 사람

□ Paraguay 파흐아구아이 n. 파라과이

□ der Paraguayer 데어 파흐아구아이어,
die Paraguayerin 디 파흐아구아이어흐인 n. 파라과이 사람

■ Ozeanien 오째아니은 n. 오세아니아

□ Australien 아우쓰트흐알리은 n. 호주

□ der Australier 데어 아우쓰트흐알리어,
die Australierin 디 아우쓰트흐알리어흐인 n. 호주 사람

□ Neuseeland 노이제란ㅌ n. 뉴질랜드

□ der Neuseeländer 데어 노이제랜더,
die Neuseeländerin 디 노이제랜더흐인 n. 뉴질랜드 사람

■ Afrika 아프흐이카 n. 아프리카

□ Ägypten 애귑튼 n. 이집트

□ der Ägypter 데어 애귑터,
die Ägypterin 디 애귑터흐인 n. 이집트 사람

□ Marokko 마흐오코 n. 모로코

□ der Marokkaner 데어 마흐오카너,
die Marokkanerin 디 마흐오카너흐인 n. 모로코 사람

□ Nigeria 니게흐이아 n. 나이지리아

□ der Nigerianer 데어 니게흐이아너,
die Nigerianerin 디 니게흐이아너흐인 n. 나이지리아 사람

□ Südafrika 쥘아프흐이카 n. 남아프리카 공화국

□ der Südafrikaner 데어 쥘아프흐이카너,
die Südafrikanerin 디 쥘아프흐이카너흐인 n. 남아프리카 공화국 사람

□ der Sudan 데어 주단 n. 수단 → tip. 수단은 예외로 남성 'der 데어' 관사를 써요.

□ der Sudaner 데어 주다너, die Sudanerin 디 주다너흐인 n. 수단 사람

■ Asien 아지은 n. 아시아

□ Südkorea 쥘코흐에아 n. 대한민국, 남한

□ der Südkoreaner 데어 쥘코흐에아너,
die Südkoreanerin 디 쥘코흐에아너흐인 n. 대한민국 사람

□ Nordkorea 노얼코흐에아 n. 북한

□ der Nordkoreaner 데어 노얼코흐에아너,
die Nordkoreanerin 디 노얼코흐에아너흐인 n. 북한 사람

□ China 히나 n. 중국

□ der Chinese 데어 히네즈, die Chinesin 디 히네진 n. 중국 사람

□ Japan 야판 n. 일본

□ der Japaner 데어 야파너,
die Japanerin 디 야파너흐인 n. 일본 사람

□ die Philippinen 디 필리피는 n. 필리핀

tip. 필리핀은 예외로 복수형 'die 디' 관사를 써요.

□ der Philippiner 데어 필리피너,
die Philippinerin 디 필리피너흐인 n. 필리핀 사람

□ Indien 인디은 n. 인도

□ der Inder 데어 인더, die Inderin 디 인더흐인 n. 인도 사람

□ Indonesien 인도네지은 n. 인도네시아

□ der Indonesier 데어 인도네지어,
die Indonesierin 디 인도네지어흐인 n. 인도네시아 사람

□ Malaysia 말라이지아 n. 말레이시아

□ der Malaysier 데어 말라이지어,
die Malaysierin 디 말라이지어흐인 n. 말레이시아 사람

□ Singapur 징가푸어 n. 싱가포르

□ der Singapurer 데어 징가푸어흐어,
die Singapurerin 디 징가푸어흐어흐인 n. 싱가포르 사람

□ Thailand 타이란ㅌ n. 태국

□ der Thailänder 데어 타이랜더,
die Thailänderin 디 타이랜더흐인 n. 태국 사람

□ Taiwan 타이브안 n. 대만

□ der Taiwanese 데어 타이와네즈,
die Taiwanesin 디 타이와네진 n. 대만 사람

□ Vietnam 브이엩남 n. 베트남

□ der Vietnamese 데어 브이엩나메즈,
die Vietnamesin 디 브이엩나메진 n. 베트남 사람

접속사 & 전치사 & 부사

1. 접속사 Konjunktion 콘융ㅋ찌온

□ und 운ㅌ 그리고, ~과, 또, 및

□ sowohl 조브올 ~과 마찬가지로, ~도 또한
 □ sowohl A als auch B 조브올 아 알쓰 아우흐 베 A는 물론이고 B도

□ weder...noch 브에더···노흐 ~도 아니다, 어느 쪽도 아니다

□ aber 아버 그러나, 그런데, 하지만
 □ zwar A aber B 쯔브아 아 아버 베 A이긴 하지만 B이다

□ sondern 존던 그렇지는 않고 (오히려), 그것과는 달리
 □ nicht A, sondern B 니힡 아, 존던 베 A가 아닌 B
 □ nicht nur A, sondern B 니힡 누어 아, 존던 베 A일 뿐만 아니라 또한 B

□ oder 오더 또는, 혹은
 □ entweder A oder B 엔ㅌ브에더 아 오더 베 A 또는 B(양자 택일)

□ denn 덴 왜냐하면; 그 까닭은, ~이니까; 말하자면

□ weil 브아일 ~때문에

□ da 다 ~이니까, ~이므로, ~때문에

□ deswegen 데쓰브에근 그 때문에, 그런 까닭에

□ daher 다헤어 그런 까닭에

□ so dass 조 다쓰 ~할 정도로; 그리하여, 그런 까닭에

□ trotzdem 트흐옽츠뎀 ~임에도 불구하고

□ dennoch 덴노흐 그럼에도 불구하고, 그럼에도 또한

□ obwohl 옵브올 ~임에도 불구하고, 비록 ~일지언정, 아무리 ~일지라도

□ jedoch 예도흐 그렇지만, 그래도; 그러나, 그런데도 역시

□ wenn 브엔 만약 ~면

□ seit(dem) 자잍(뎀) ~이후, ~이래

□ bevor 브프호어 ~하기 전에, ~에 앞서

□ ehe 에흐 ~전에; ~보다는 차라리

□ nachdem 나흐뎀 ~후에, ~뒤에

□ je nachdem 예 나흐뎀 ~에 따라서, ~에 비례하여

□ sobald 조발ㅌ ~하자마자, ~하는 즉시

□ während 브애흐은ㅌ ~하는 동안에; ~하는 반면에

□ bis 비쓰 ~까지

□ falls 프할쓰 ~의 경우에는; 만일 ~이라면

□ wie 브이 ~과 같이, ~처럼

2. 전치사 Präposition 프흐애포지찌온

□ ab 압 ~로부터(장소, 시간); ~이상(수량)

□ an 안 ~에(시간); ~옆에, ~가에

□ auf 아우프흐 ~위에; ~을 향해서; ~에 입각하여

□ bei 바이 ~가까이; ~에서; ~즈음하여; ~일 경우라면

□ bis 비쓰 ~까지

□ durch 두어히 ~을 통해서; ~에 의해

□ für 프휘어 ~을 위하여; ~ 대신에; ~치고는

□ gegen 게근 ~에 거슬러서, ~에 반대해서; ~경에

□ hinter 힌터 ~에 뒤에; ~의 뒤로; ~의 다음에

□ in 인 ~에(시간); ~안에, ~안으로

□ laut 라웉 ~에 의하면, ~에 따라서

□ mit 밑 ~과 함께; ~이 든(포함, 구성); ~으로(수단, 방법), ~을 써서

□ nach 나흐 ~쪽으로, ~향하여; ~다음에; ~에 따라서

□ ohne 오느 ~없이, ~을 제외하고

□ seit 자잍 ~이래, ~이후

□ über 위버 ~윗쪽에; ~에 대하여

□ um 움 ~주위를, ~을 둘러싸고; ~에(시간); ~하기 위하여

□ unter 운터 ~의 아래에

□ von 프혼 ~부터(장소, 시간), ~에서; ~에 관하여

□ vor 프호어 ~의 앞에, 전에, ~의 앞으로

□ wegen 브에근 ~때문에

□ wider 브이더 ~에 반대하여, 거슬러

□ zu 쭈 ~의 곳으로, ~에(장소, 시간); ~을 위하여

□ zwischen 쯔브이슌 ~사이에

3. 부사 Adverb 알브에얿

☐ allzu 알쭈 너무나, 극도로

☐ also 알조 따라서, 즉, 그러므로

☐ anbei 안바이 이것과 함께, 첨부하여

☐ außerdem 아우써뎀 그밖에, 이외에; 뿐만 아니라, 또한

☐ beinahe 바이나흐 거의, 하마터면

☐ bereits 브흐아잍츠 이미, 벌써; 거의

☐ da 다 거기에

☐ daher 다헤어 그곳으로부터

☐ dann 단 그리고 나서, 그 다음에; 그 경우에; 그러면

☐ darum 다흐움 그 주변에; 그것에 관하여; 그러므로, 그런 까닭에

☐ deshalb 데쓰할ㅍ 그 때문에, 그 까닭에, 그래서

☐ dort 도얼 거기에, 저기에, 그곳에서

☐ draußen 드흐아우쓴 밖에서

☐ ebenfalls 에븐프할쓰 마찬가지로, ~도 또한, 역시

☐ ehe 에흐 이전에; 오히려

☐ fast 프하슽 거의, 대략

☐ gleich 글라이히 (시간) 곧, 바로, 즉시; (장소) 가까이, 바로 곁에

☐ gleichzeitig 글라이히짜이티히 동시에

☐ herum 헤어흐움 주위에, 둘러서

☐ hier 히어 여기에, 이곳에; 지금, 현재

□ ja 야 예; 반드시, 분명히, 확실히

□ jetzt 옡츹 지금, 현재

□ mehr 메어 조금 더, 보다, 이상으로

□ nachher 나흐헤어 바로 그다음에, 잇달아서; 나중에

□ nein 나인 아니오

□ niemals 니말쓰 결코 ~이 아니다

□ noch 노흐 아직, 지금도; 가까스로, 겨우

□ schließlich 슐리쓸리히 끝으로, 마침내, 결국

□ schon 슈온 정말로; 이미, 벌써

□ sehr 제어 매우, 대단히, 아주

□ so 조 그렇게; 대략; 그러면; 그래서, 그러니까

□ sogar 조가 게다가, 더욱이, 조차

□ später 슈패터 후에, 뒤에

□ vielleicht 프힐라이힡 아마, 어쩌면; 약

□ vorher 프호어헤어 사전에, 미리

□ vorhin 프호어힌 조금 전에, 아까; 방금

□ weniger 브에니거 덜

□ ziemlich 찌믈리히 상당히, 꽤; 대체로

□ zudem 쭈뎀 그 외에, 거기에다; 또한

□ zuerst 쭈에어슽 최초에; 그중에서도

□ zuletzt 쭈렡츹 마지막으로, 최후에

Schritt 35.

주요 동사

1. sein 자인

① 있다, 존재하다; 살아 있다

Da ist ein Haus.
다 이슽 아인 하우쓰
저기 집이 한 채 있어요.

② 있다, 머물다

Ich bin zu Hause.
이히 빈 쭈 하우즈
저는 집에 있어요.

③ ~이다

Er ist mein Bruder.
에어 이슽 마인 브흐우더
그는 제 동생이에요.

Sie ist aus der Schweiz.
지 이슽 아우쓰 데어 슈브아이츠
그녀는 스위스 출신이에요.

④ 상태가(기분이) ~하다

Er ist heute gut gelaunt.
에어 이슽 호이트 궅 그라운ㅌ
그는 오늘 기분이 좋아요.

⑤ 몇 살이다(나이)

Meine kleine Schwester ist 8 Jahre alt.
마이느 클라이느 슈브에스터 이슽 아흩 야흐 알ㅌ
제 여동생은 8살이에요.

2. haben 하븐

① 가지다, 소유하다

Ich habe ein Auto.
이히 하브 아인 아우토
전 자동차를 가지고 있어요.

② (배고픔, 갈증, 즐거움 등을) 느끼다

Er hat Durst.
에어 할 두어슽
그는 목이 말라요(그는 갈증을 느껴요).

Ich habe Hunger.
이히 하브 훙어
저는 배가 고파요(저는 배고픔을 느껴요).

Sie hat Lust ins Kino zu gehen.
지 할 루슽 인쓰 키노 쭈 게흔
그녀는 영화를 보러 가고 싶어해요.

③ (가족, 친구 등이) 있다

Ich habe einen kleinen Bruder.
이히 하브 아이는 클라이는 브흐우더
저는 남동생이 있어요.

④ (병, 아픔 등이) 있다

Sie hat Kopfschmerzen.
지 할 콮흐슈메어쯘
그녀는 두통이 있어요.

⑤ 좋고 싫음을 말할 때

Ich habe ihn gern.
이히 하브 인 게언
저는 그를 좋아해요.

3. wollen 브올른

① ~하고 싶다, ~할 예정이다

Er will Germanistik studieren.
에어 브일 게어마니스틱 슈투디어흔
그는 독어독문학을 전공하고 싶어해요.

② 원하다, 바라다

Wollen Sie Wein oder Bier?
브올른 지 브아인 오더 비어?
포도주를 원하세요, 맥주를 원하세요?

③ ~한 체하다

Das will ich nicht gehört haben.
다쓰 브일 이히 니힡 그회얼 하븐
못 들은 걸로 하겠습니다(저는 그것을 듣지 못한 체하겠습니다).

④ (권유 및 요청) ~하시겠습니까?

Wollen Sie noch eine Tasse Tee trinken?
브올른 지 노흐 아이느 타쓰 테 트흐잉큰?
차 한 잔 더 드시겠습니까?

4. müssen 뮈쓴

① (자연적 필연성) ~하지 않으면 안 된다, ~하지 않을 수 없다, ~할 수밖에 없다

Alle Menschen müssen sterben.
알르 멘슌 뮈쓴 슈테어븐
모든 사람은 죽을 수밖에 없다.

② (의무) ~할 의무가 있다, 반드시 ~해야 할 것이다

Du musst die Hausaufgaben machen.
두 무슽 디 하우쓰아우프흐가븐 마흔
너는 숙제를 해야 해.

③ (추측) 틀림없이 ~이다(하다)

Er muss wohl krank sein.
에어 무쓰 브올 크흐앙ㅋ 자인
그는 아마 앓고 있는 게 틀림없어요.

④ (소원) (상대방이) ~하길 원하다

Du musst kommen.
두 무슽 콤믄
넌 꼭 와야 해.

5. machen 마흔

① 만들다, 생산하다

Ich mache einen Kuchen.
이히 마흐 아이는 쿠흔
저는 케이크를 만들어요.

② (행)하다; 개최하다, 베풀다

Er macht jedes Wochenende Party.
에어 마흩 예드쓰 브오흔엔드 파티
그는 주말마다 파티를 열어요.

③ 정돈하다, 설비하다; 준비하다

Meine Mutter macht die Betten.
마이느 뭍터 마흩 디 벧튼
엄마가 잠자리를 준비(정돈)해요.

④ 일으키다; (결과로서) 발생하다, 생기다

Liebe macht blind.
리브 마흩 블린ㅌ
사랑은 사람의 눈을 멀게 해요.

⑤ 액수가 되다(회화)

2 plus 3 macht 5.
쯔브아이 플루쓰 드흐아이 마흩 프휜프흐
2 더하기 3은 5가 돼요.

6. gehen 게흔

① 가다, 떠나다; 나가다; 출발하다

Wohin gehst du?
브오힌 게슽 두?
어디로 가니?

② 걷다, 보행하다, 걸어가다

Sie geht langsam.
지 겥 랑잠
그녀는 천천히 걷는다.

③ 잘 되어간다; 될 수 있다

Die Geschäfte gehen gut.
디 그슈애프흐트 게흔 굳
그 가게들은 잘 돼요.

④ (일정 수의 사람이나 사물이) 들어갈 수 있다, 수용 가능하다

In diesen Saal gehen 100 Menschen rein.
인 디즌 잘 게흔 훈덭 멘슌 흐아인
이 홀에는 100명이 들어갈 수 있어요.

⑤ 달하다, 미치다

Mein Sohn geht mir schon bis zum Kinn.
마인 존 겥 미어 슈온 비쓰 쭘 킨
제 아들의 키는 벌써 제 턱까지 닿아요.

⑥ 인사할 때

Wie geht es Ihnen?
브이 겥 에쓰 이는?
어떻게 지내세요?

Schritt 36.

동사 변화

독일어에서 동사 변화는 부정사, 과거형, 과거분사의 3가지를 기초로 만들어져요. 부정사는 인칭, 수, 시제에 제약을 받지 않는 동사 원형이며 과거형은 단순 과거를 만드는 변형이에요. 과거분사는 현재완료와 과거완료 시제에 사용돼죠.

구분	부정사	과거형	과거분사
규칙 변화	**sagen** 말하다	sagte	gesagt
	----en(n)	----te	ge----t
불규칙 변화	**singen** 노래하다	sang	gesungen
	----en(n)	(어간모음변화)	ge+(어간모음변화)+ en
혼합 변화	**denken** 생각하다	dachte	gedacht
	----en(n)	(어간모음변화)+ te	ge+(어간모음변화)+ t

위의 3가지 형태로 다양한 시제들을 만들 수 있어요. 독일어에는 5가지 기본 시제가 있는데요. 과거를 나타내는 현재완료, 단순과거, 대과거/과거완료와 현재, 미래가 있어요.

과거			현재	미래
대과거/과거완료	단순과거	현재완료		
habe/sein의 과거형 +과거분사	과거형	haben/sein +과거분사	부정사 인칭변화	werden +부정사

대과거와 현재완료를 만들 때 대부분의 동사는 'haben 하븐'과 함께 쓰이지만 'fahren 프하흔', 'kommen 콤믄' 등과 같이 주체의 위치가 변하는 동사의 경우에는 'sein 자인'과 함께 써요.

문법적으로 시제는 5가지로 나눠지만 일상회화에서는 현재와 현재완료 두 가지 시제를 주로 사용해요. 현재완료에 과거를 나타내는 시간부사를 넣어 단순과거를 나타내고, 현재에 미래를 나타내는 시간부사를 넣어 미래를 표현할 수 있기 때문이에요.

예 Was hast du gestern gemacht? 브아쓰 하슽 두 게스턴 그마흩?
어제 뭐 했니?
Was machst du morgen? 브아쓰 마흐슽 두 모어근?
내일 뭐 할거니?

단순과거와 대과거는 주로 기사나 수필 같은 글에서 찾아볼 수 있어요. 그럼 지금부터 인칭과 시제에 따른 동사 변화를 알아볼게요.

1. 규칙 변화 동사

tip. 미래 완료(Futur II) 시제도 있지만 잘 사용하지 않습니다.

부정사 Infinitiv	주어 Subjekt	현재 Präsens	단순과거 Präteritum	현재완료 Perfekt	대과거/과거완료 Plusquamperfekt	미래 I Futur I
kaufen 사다	ich	kaufe	kaufte	habe gekauft	hatte gekauft	werde kaufen
	du	kaufst	kauftest	hast gekauft	hattest gekauft	wirst kaufen
	er/sie/es	kauft	kaufte	hat gekauft	hatte gekauft	wird kaufen
	wir	kaufen	kauften	haben gekauft	hatten gekauft	werden kaufen
	ihr	kauft	kauftet	habt gekauft	hattet gekauft	werdet kaufen
	sie/Sie	kaufen	kauften	haben gekauft	hatten gekauft	werden kaufen
lieben 사랑하다, 좋아하다	ich	liebe	liebte	habe geliebt	hatte geliebt	werde lieben
	du	liebst	liebtest	hast geliebt	hattest geliebt	wirst lieben
	er/sie/es	liebt	liebte	hat geliebt	hatte geliebt	wird lieben
	wir	lieben	liebten	haben geliebt	hatten geliebt	werden lieben
	ihr	liebt	liebtet	habt geliebt	hattet geliebt	werdet lieben
	sie/Sie	lieben	liebten	haben geliebt	hatten geliebt	werden lieben
glauben 믿다	ich	glaube	glaubte	habe geglaubt	hatte geglaubt	werde glauben
	du	glaubst	glaubtest	hast geglaubt	hattest geglaubt	wirst glauben
	er/sie/es	glaubt	glaubte	hat geglaubt	hatte geglaubt	wird glauben
	wir	glauben	glaubten	haben geglaubt	hatten geglaubt	werden glauben
	ihr	glaubt	glaubtet	habt geglaubt	hattet geglaubt	werdet glauben
	sie/Sie	glauben	glaubten	haben geglaubt	hatten geglaubt	werden glauben

부정사 Infinitiv	주어 Subjekt	현재 Präsens	단순과거 Präteritum	현재완료 Perfekt	대과거/과거완료 Plusquamperfekt	미래 I Futur I
reden 말하다	ich	rede	redete	habe geredet	hatte geredet	werde reden
	du	redest	redetest	hast geredet	hattest geredet	wirst reden
	er/sie/es	redet	redete	hat geredet	hatte geredet	wird reden
	wir	reden	redeten	haben geredet	hatten geredet	werden reden
	ihr	redet	redetet	habt geredet	hattet geredet	werdet reden
	sie/Sie	reden	redeten	haben geredet	hatten geredet	werden reden
arbeiten 일하다	ich	arbeite	arbeitete	habe gearbeitet	hatte gearbeitet	werde arbeiten
	du	arbeitest	arbeitetest	hast gearbeitet	hattest gearbeitet	wirst arbeiten
	er/sie/es	arbeitet	arbeitete	hat gearbeitet	hatte gearbeitet	wird arbeiten
	wir	arbeiten	arbeiteten	haben gearbeitet	hatten gearbeitet	werden arbeiten
	ihr	arbeitet	arbeitetet	habt gearbeitet	hattet gearbeitet	werdet arbeiten
	sie/Sie	arbeiten	arbeiteten	haben gearbeitet	hatten gearbeitet	werden arbeiten

tip. 과거분사에 ge-를 붙이지 않는 경우가 간혹 있어요.

① -ieren으로 끝나는 외래어 동사

- stud**ieren** (연구하다, 전공하다) / studierte / studiert

② be-, emp-, ent-, er-, ge-, ver-, zer-로 시작되는 동사

- **be**suchen (방문하다) / **be**suchte / **be**sucht

  Ich habe ihn besucht. (O) 이히 하브 인 브주흐 나는 그들을 보러 갔다.
  Ich habe ihn gebesucht. (×)

- **er**zählen (이야기하다) / **er**zählte / **er**zählt

  Er hat mir die Geschichte erzählt. (O) 에어 할 미어 디 그슈이히트 에어쨀ㅌ
  그는 내게 그 이야기를 들려주었다.

  Er hat mir die Geschichte geerzählt. (×)

2. 불규칙 변화 동사

부정사 Infinitiv	주어 Subjekt	현재 Präsens	단순과거 Präteritum	현재완료 Perfekt	대과거/과거완료 Plusquamperfekt	미래 I Futur I
gehen 가다	ich	gehe	ging	bin gegangen	war gegangen	werde gehen
	du	gehst	gingst	bist gegangen	warst gegangen	wirst gehen
	er/sie/es	geht	ging	ist gegangen	war gegangen	wird gehen
	wir	gehen	gingen	sind gegangen	waren gegangen	werden gehen
	ihr	geht	gingt	seid gegangen	wart gegangen	werdet gehen
	sie/Sie	gehen	gingen	sind gegangen	waren gegangen	werden gehen
kommen 오다	ich	komme	kam	bin gekommen	war gekommen	werde kommen
	du	kommst	kamst	bist gekommen	warst gekommen	wirst kommen
	er/sie/es	kommt	kam	ist gekommen	war gekommen	wird kommen
	wir	kommen	kamen	sind gekommen	waren gekommen	werden kommen
	ihr	kommt	kamt	seid gekommen	wart gekommen	werdet kommen
	sie/Sie	kommen	kamen	sind gekommen	waren gekommen	werden kommen

부정사 Infinitiv	주어 Subjekt	현재 Präsens	단순과거 Präteritum	현재완료 Perfekt	대과거/과거완료 Plusquamperfekt	미래 I Futur I
finden 찾다, 발견하다	ich	finde	fand	habe gefunden	hatte gefunden	werde finden
	du	findest	fandst	hast gefunden	hattest gefunden	wirst finden
	er/sie/es	findet	fand	hat gefunden	hatte gefunden	wird finden
	wir	finden	fanden	haben gefunden	hatten gefunden	werden finden
	ihr	findet	fandet	habt gefunden	hattet gefunden	werdet finden
	sie/Sie	finden	fanden	haben gefunden	hatten gefunden	werden finden
halten 붙잡다, 유지하다	ich	halte	hielt	habe gehalten	hatte gehalten	werde halten
	du	haltest	hieltest	hast gehalten	hattest gehalten	wirst halten
	er/sie/es	haltet	hielt	hat gehalten	hatte gehalten	wird halten
	wir	halten	hielten	haben gehalten	hatten gehalten	werden halten
	ihr	haltet	hieltet	habt gehalten	hattet gehalten	werdet halten
	sie/Sie	halten	hielten	haben gehalten	hatten gehalten	werden halten
fliegen 날다	ich	fliege	flog	bin geflogen	war geflogen	werde fliegen
	du	fliegst	flogst	bist geflogen	warst geflogen	wirst fliegen
	er/sie/es	fliegt	flog	ist geflogen	war geflogen	wird fliegen
	wir	fliegen	flogen	sind geflogen	waren geflogen	werden fliegen
	ihr	fliegt	flogt	seid geflogen	wart geflogen	werdet fliegen
	sie/Sie	fliegen	flogen	sind geflogen	waren geflogen	werden fliegen

부정사 Infinitiv	주어 Subjekt	현재 Präsens	단순과거 Präteritum	현재완료 Perfekt	대과거/과거완료 Plusquamperfekt	미래 I Futur I
helfen 돕다	ich	helfe	half	habe geholfen	hatte geholfen	werde helfen
	du	hilfst	halfst	hast geholfen	hattest geholfen	wirst helfen
	er/sie/es	hilft	half	hat geholfen	hatte geholfen	wird helfen
	wir	helfen	halfen	haben geholfen	hatten geholfen	werden helfen
	ihr	helft	halft	habt geholfen	hattet geholfen	werdet helfen
	sie/Sie	helfen	halfen	haben geholfen	hatten geholfen	werden helfen
liegen 누워 있다	ich	liege	lag	habe/bin gelegen	hatte/war gelegen	werde liegen
	du	liegst	lagst	hast/bist gelegen	hattest/warst gelegen	wirst liegen
	er/sie/es	liegt	lag	hat/ist gelegen	hatte/war gelegen	wird liegen
	wir	liegen	lagen	haben/sind gelegen	hatten/waren gelegen	werden liegen
	ihr	liegt	lagt	habt/seid gelegen	hattet/wart gelegen	werdet liegen
	sie/Sie	liegen	lagen	haben/sind gelegen	hatten/waren gelegen	werden liegen
essen 먹다	ich	esse	aß	habe gegessen	hatte gegessen	werde essen
	du	isst	aßt	hast gegessen	hattest gegessen	wirst essen
	er/sie/es	isst	aß	hat gegessen	hatte gegessen	wird essen
	wir	essen	aßen	haben gegessen	hatten gegessen	werden essen
	ihr	esst	aßt	habt gegessen	hattet gegessen	werdet essen
	sie/Sie	essen	aßen	haben gegessen	hatten gegessen	werden essen

3. 혼합 변화 동사

부정사 Infinitiv	주어 Subjekt	현재 Präsens	단순과거 Präteritum	현재완료 Perfekt	대과거/과거완료 Plusquamperfekt	미래 I Futur I
bringen 가져오다	ich	bringe	brachte	habe gebracht	hatte gebracht	werde bringen
	du	bringst	brachtest	hast gebracht	hattest gebracht	wirst bringen
	er/sie/es	bringt	brachte	hat gebracht	hatte gebracht	wird bringen
	wir	bringen	brachten	haben gebracht	hatten gebracht	werden bringen
	ihr	bringt	brachtet	habt gebracht	hattet gebracht	werdet bringen
	sie/Sie	bringen	brachten	haben gebracht	hatten gebracht	werden bringen
nennen 이름 짓다, 명명하다	ich	nenne	nannte	habe genannt	hatte genannt	werde nennen
	du	nennst	nanntest	hast genannt	hattest genannt	wirst nennen
	er/sie/es	nennt	nannte	hat genannt	hatte genannt	wird nennen
	wir	nennen	nannten	haben genannt	hatten genannt	werden nennen
	ihr	nennt	nanntet	habt genannt	hattet genannt	werdet nennen
	sie/Sie	nennen	nannten	haben genannt	hatten genannt	werden nennen
rennen 달리다	ich	renne	rannte	bin gerannt	war gerannt	werde rennen
	du	rennst	ranntest	bist gerannt	warst gerannt	wirst rennen
	er/sie/es	rennt	rannte	ist gerannt	war gerannt	wird rennen
	wir	rennen	rannten	sind gerannt	waren gerannt	werden rennen
	ihr	rennt	ranntet	seid gerannt	wart gerannt	werdet rennen
	sie/Sie	rennen	rannten	sind gerannt	waren gerannt	werden rennen

부정사 Infinitiv	주어 Subjekt	현재 Präsens	단순과거 Präteritum	현재완료 Perfekt	대과거/과거완료 Plusquamperfekt	미래 I Futur I
wissen 알고 있다	ich	weiß	wusste	habe gewusst	hatte gewusst	werde wissen
	du	weißt	wusstest	hast gewusst	hattest gewusst	wirst wissen
	er/sie/es	weiß	wusste	hat gewusst	hatte gewusst	wird wissen
	wir	wissen	wussten	haben gewusst	hatten gewusst	werden wissen
	ihr	wisst	wusstet	habt gewusst	hattet gewusst	werdet wissen
	sie/Sie	wissen	wussten	haben gewusst	hatten gewusst	werden wissen
mögen 좋아하다	ich	mag	mochte	habe gemocht	hatte gemocht	werde mögen
	du	magst	mochtest	hast gemocht	hattest gemocht	wirst mögen
	er/sie/es	mag	mochte	hat gemocht	hatte gemocht	wird mögen
	wir	mögen	mochten	haben gemocht	hatten gemocht	werden mögen
	ihr	mögt	mochtet	habt gemocht	hattet gemocht	werdet mögen
	sie/Sie	mögen	mochten	haben gemocht	hatten gemocht	werden mögen
müssen ~해야 한다	ich	muss	musste	habe gemusst	hatte gemusst	werde müssen
	du	musst	musstest	hast gemusst	hattest gemusst	wirst müssen
	er/sie/es	muss	musste	hat gemusst	hatte gemusst	wird müssen
	wir	müssen	mussten	haben gemusst	hatten gemusst	werden müssen
	ihr	müsst	musstet	habt gemusst	hattet gemusst	werdet müssen
	sie/Sie	müssen	mussten	haben gemusst	hatten gemusst	werden müssen

찾아보기

1. 알파벳순

A

B

C

D

E

F

G

H

I

J

K

L

M

N

Q

R

S

T

U

W

Y

Z

etc.

찾아보기

2. 가나다순

ㅂ

ㅇ

ㅊ

ㅋ

ㅌ

ㅍ

ㅎ

기타